KB267565

여성노동권과 법의 정치

여성노동권과 법의 정치

2009년 9월 25일 초판 인쇄 2009년 10월 5일 초판 발행
지은이 · 정형옥 | **펴낸이** · 한봉숙 | **펴낸곳** · 푸른사상사
기획 · 편집 · 김세영, 김대식 | **디자인** · 지순이 | **마케팅** · 김두천, 강태미
등록 제2-2876호
주소 서울시 중구 을지로3가 296-10 장양B/D 7층
대표전화 02) 2268-8706(7) | **팩시밀리** 02) 2268-8708
메일 prun21c@yahoo.co.kr / prun21c@hanmail.net
홈페이지 www.prun21c.com
@2009, 정형옥

ISBN 978-89-5640-709-8-93330

값 18,000원

☞ 21세기 출판문화를 창조하는 푸른사상은 좋은 책을 만들기 위해 노력하고 있습니다.
☞ 저자와의 합의에 의해 인지 생략합니다.

이 도서의 국립중앙도서관 출판시 도서목록(CIP)은 e-CIP 홈페이지(http://www.nl.go.kr/cip.php)에서
이용하실 수 있습니다. (CIP제어번호 : CIP2009002918)

여성노동권과 법의 정치

정형옥

Women's Labor Rights and the Politics of Law

푸른사상
PRUNSASANG

1987년 우리나라에서는 고용에서의 성차별을 금지하는 남녀고용평등법이 제정되었다. 제정 당시 여러 가지 내용상 한계를 지니고 있었지만, 여성계 등의 적극적 문제제기로 수차례 법이 개정되면서 보완되었다. 많은 사람들이 성차별은 법에 의해 강력하게 규제되고, 여성들은 '법에 의해' 보호받을 수 있을 것이라고 '기대'하게 되었다. 2007년. 현재. 단지 여성이라는 '진부한' 이유로 여전히 회사에서 차별받고 있다면 과연 법에 의해 보호받을 수 있을까. 이 책은 위와 같은 소박한 질문에서 시작되었다.

여성들은 오랫동안 노동시장에서 배제되어 왔고, 노동시장에 진입하더라도 다양한 형태의 차별적인 현실에 직면하게 되었다. 이를 해결하고자 하는 하나의 방법으로 여성들은 성차별을 금지하는 '강력한 법'을 만들 것을 요구했다. 그리고 90년대 이후 한국 사회에서 성차별을 금지하는 법률은 점점 정교화되었다. 법제도적인 측면만을 본다면 과히 '축제기간'이라고 해도 과언이 아닐 정도로 여성들은 많은 성취를 이루어냈다. 이에 따라 여성들은 '억울한' 현실을 법을 통해 해결할 수 있을 것이라고 기대했다. 그러나 성차별적 현실은 크게 변화하지 않았고, 성차별을 하는 방식도 점점 교묘해졌다. 이에 법을 통해 문제를 해결하고자 했던 여성들은 '법 앞에서' 다시 한 번 절망했다. 여성들이 기대했던 것과는 달리 대부분의 경우에 성차별은 '법에 의해' 정당화되었기 때문이다.

　이 책은 '송사에 휘말리지 말라' 는 법문화가 존재하는 한국에서 단지 '법을 믿고' 성차별 관련 소송을 제기한 여성들의 경험에 관한 이야기이다. 이를 통해 한국 사회에서 여성들에게 법은 어떤 의미를 갖는가를 밝히고자 했다. 이를 위해 실제 성차별 관련 소송에 참여한 많은 사람들을 만났다. 소송당사자, 사건을 대리한 변호사·노무사, 여성단체 활동가 등 연구과정에서 도움을 주신 모든 분들께 감사드린다. 그리고 이 책은 필자의 박사학위논문인『'남녀고용평등' 의 법적 실효성 고찰 : 해고소송사건을 중심으로』를 바탕으로 한 것이다. 스승인 조순경 선생님의 따뜻한 지도 덕분에 완성할 수 있었다. 진심으로 감사드린다. 또한 오랜 기간 동안 지극히 '개인적인' 작업인 연구에 몰입할 수 있도록 완전하게 지원해준 사랑하는 남편과 부모님께 감사의 말을 전하고 싶다. 그리고 내 딸 주연이. 이 연구를 하는 중에 나에게 와서 '한 몸이 되어' 연구를 진행하고, '엄마' 라는 또 다른 이름을 선물해줘 너무 고맙다는 말을 하고 싶다.

2009. 8.

정 형 옥

사랑하는 부모님께 이 책을 바칩니다.

제1장 여성노동자에게 법은 어떤 의미인가

1997년 한국. IMF 극복을 위해서는 인적 구조조정이 필요하다는 사회적 분위기 속에서 (정리)해고가 대규모로 이루어졌다. 당시 많은 여성노동자[1]들이 '여성'이라는 이유로 가장 먼저 해고되었다. 그녀들은 성차별을 금지하는 '법에 의해' 구제받았을까?

우리나라는 근로기준법 제정당시인 1953년부터 성별에 근거한 고용상의 차별금지를 명시하고 있었다[2]. 그러나 이 조항은 1982년 '한국통신 정년차별' 소송[3]이 제기되기 전까지 약 30년간 사실상 사문화되어

---

[1] 본 연구에서는 맥락에 따라 '노동자' 또는 '근로자' 개념을 함께 사용하고자 한다. 즉, 근로기준법 등 관련 법률에서는 '근로자' 가 공식적인 개념이기 때문에 주로 법적 논의와 관련이 된 부분에서는 '근로자' 개념이 사용될 것이다.

[2] 근로기준법 제6조 (균등한 처우) 사용자는 근로자에 대하여 남녀의 성(性)을 이유로 차별적 대우를 하지 못하고, 국적·신앙 또는 사회적 신분을 이유로 근로조건에 대한 차별적 처우를 하지 못한다.

[3] 이 사건은 1999년 대법원 재상고심 확정판결로 종료될 때까지 약 15년 동안 진행되었다. 이 사건은 각급 법원을 거치면서 차별여부가 달리 판단되어, 법원의 차별 판단기준을 분석하는 대표적 판결로도 인용된다.(정금나, 1999 ; 박주영, 2006) 또한 "이 사건은 소송 당시 사회적 여론형성에도 크게 기여하여, 교통사고로 인한 손해배상 청구소송사건(원고 이경숙)의 '미혼여성 퇴직 연령 25세 판결'을 항소심에서

있었다. 당시 근로기준법 위반으로 문제제기 된 위 사건은 고용상의 성차별과 관련된 한국 최초의 소송이었다.

이러한 사회적 상황에서 여성계를 중심으로 성차별을 근절하기 위해서는 근로기준법보다 더 구체적이고 실효성이 있는 법률이 제정되어야 한다는 요청이 제기되기 시작했다(정부장관(제2)실(1995)). 한편, 정부도 1984년 UN 여성차별철폐협약(Convention on the Elimination of All Forms of Discrimination Against Women)을 비준함에 따라 성차별을 규제하고 고용평등을 실현할 수 있는 구체적인 입법을 마련할 필요가 있었다. 이러한 대내외적인 상황에서 이루어진 1987년 헌법 제9차 개정에서는 '여자의 근로는 특별한 보호를 받으며, 고용 임금 및 근로조건에 있어서 부당한 차별을 받지 아니 한다'고 변경하여 고용에서의 성차별금지원칙을 천명했다. 그리고 이후 1987년 남녀고용평등법[4]을 비롯하여, 1999년 남녀차별금지및구제에관한법률(2005년 폐지), 2001년 국가인권위원회법 등 관련 법률이 제정되었다. 이러한 개별 법률이 만들어지기 이전에도 남녀고용평등은 평등권적 이념에 의해 규제되었기 때문에 엄밀히 말하면 위와 같은 입법을 통해 여성노동자들이 차별받지 않을 새로운 법적 권리가 확보되었다기보다는 구체적인 단행 법률들을 만들어 남녀고용평등이라는 법규범의 실효성을 높이고자 한 것이라고 볼 수 있다(정부장관(제2)실, 1995).

뒤집어 여직원에게도 남자와 같은 55세 정년을 인정하는 판결을 받아냈고('86.3.4), 정부로 하여금 각 기업체에 '결혼퇴직' 사규의 삭제를 지시하게 하였으며, 국무회의에서 '고용직 공무원 규정 중 개정령'을 의결하게 함('84.6.23)으로서 전화교환원을 포함한 고용직 공무원의 정년을 43세에서 50세로 연장하도록 하였고, '97년 10월 한국통신 인사규정상의 전화교환원 정년을 58세로 지정하게 함으로서 남녀차별 정년을 실질적으로 해소시켰다(박영혜, 1999)"고 그 사회적 의미를 평가받고 있다.

4) 2007.12.21 법개정 당시 법률명이 '남녀고용평등과 일·가정 양립 지원에 관한 법률'로 변경(2008.6.22 시행)되었으나 본 연구에서는 '남녀고용평등법'이라는 사건 당시 법률명과 법조항을 그대로 사용한다.

위와 같은 법률의 제·개정은 대체로 여성계의 적극적인 문제제기에서 시작되었고, 여성계는 그 과정에 지속적으로 개입해 정치적 압력집단으로 중요한 역할을 했다. 예를 들어, 남녀고용평등법은 당시 선거를 앞둔 국내의 정치적 상황에서 집권당에 의해 주도적으로 제정되면서(김엘림, 1999), 여러 가지 내용적 한계가 있었고, 이후 여성계의 문제제기에 따라 수차례 법이 개정되었다. 당시 여성계에서는 법개정 촉구대회, 서명운동, 교육활동, 선전활동 등의 여론화에 주력하면서, 동시에 1988년에는 '남녀고용평등법 개정을 위한 특별위원회'를 구성했고 1989년 3월 임시국회에서 제1차 개정을 이루어냈다(정강자, 1998 : 51). 이후 2001년 이른바 '모성보호법' 등의 법개정 작업도 '여성노동법개정 연대회의'의 적극적인 문제제기와 요구가 입법과정에서 큰 영향력을 발휘했다. 이러한 과정을 거쳐 한국에서 남녀고용평등과 관련한 법률적 기반은 상당히 두터워졌다.

그러나 이를 활용한 법적 문제제기는 아직까지 매우 적은 것으로 나타난다(심재진, 2002 ; 황정미, 2004 ; 백진아, 2006). "여성운동의 성과로서 순수하게 남녀평등만을 위해 제정된 대한민국 최초의 단행 법률(이은영, 2004 : 17)"이라는 평가를 받는 남녀고용평등법의 예를 보자. 해당 법이 시행된 1988년부터 2005년까지 약 18년 동안 법위반으로 고소·고발된 사건 중에서 성차별과 관련한 사건5)은 총 48건에 불과하다(노동부, 2006). 또한 2009년 7월 현재 대법원 종합법률정보 사이트에서 참조조문의 키워드를 '남녀고용평등법'으로 해서 검색되는 대법원 판례의 수는 5건뿐이다6). 1980년대 이후 한국 사회에서 성차별을 금지하고 남녀고용평

---

5) 노동부에서는 남녀고용평등법 신고사건을 유형에 따라 모집채용, 임금, 배치승진, 정년퇴직해고, 직장내성희롱, 육아휴직, 기타로 분류하는데 여기서 성차별 관련 사건이란 '모집채용, 임금, 배치승진, 정년퇴직해고'와 관련한 사건을 의미한다.
6) 검색일자 2009.7.30. 정년차별을 다룬 대법원 판례 2건(대법원 1993.04.09 선고 92누

등을 실현하고자 하는 법률이 상당히 강화되었음에도 왜 법적 문제제기는 미비한가? 이처럼 법을 활용한 사례가 매우 적은 것은 그 사이에 법적 분쟁이 필요하지 않을 정도로 성차별적 현실이 개선되었기 때문인가?

최근 노동부의 「남녀고용평등의식 조사결과」(2008)에 따르면 많은 사람들이(81.3%) 과거와 비교해 볼 때 성차별이 '개선'되었다고 응답하였고, 성별고용평등정도를 나타내는 종합지표에서도 아주 미약하지만('05년 55.7%에서 '06년 56.5%) 성차별이 조금씩 개선되고 있는 것으로 나타난다(노동부, 2007). 실제로 법이 제정되고 시행되는 과정에서 성차별에 대한 사회적 인식이 어느 정도 높아지고, 직접적이고 명시적인 차별은 감소하는 등 법제정의 긍정적인 효과도 존재한다.

그러나 한국 여성노동자의 현실은 근본적으로 크게 달라지지 않은 것으로 보인다. 2008년 현재 여성의 경제활동참가율은 49.9%로 1987년의 45.0%에 비해 불과 5%정도가 증가한 것으로 나타나며[7], 1993년 남성임금의 57.5%(정액급여 기준)에 불과하던 여성임금은 2007년 현재 67.7%로 다소 좁혀졌으나 여전히 약 30%가 넘는 성별임금격차가 존재한다(노동부, 2008). 실제로 많은 연구들이 1980년대 이후 한국 여성의 노동시장 진출은 양적으로 조금 증가했지만 경제위기시에는 여성이 우선적으로 해고되는 등 경기변동에 따라 불안정한 모습을 띠고 있으며,

---

15765 판결 ; 대법원 1996.08.23 선고 94누13589 판결), 동일가치노동 동일임금조항 위반을 다룬 판례(대법원 2003.03.14 선고 2002도3883 판결), 승진차별에서 기인한 40세 직급정년을 다룬 판례(대법원 2006.07.28 선고 2006두3476 판결), 직장내성희롱 관련 판례(대법원 2008.07.10 선고 2007두22498 판결)가 그것이다. 여기에는 남녀고용평등법 등을 위반한 성차별이 문제가 된 사건이라도 대법원까지 가지 않고 사건이 종결된 경우, 성차별을 주장했지만 법적 쟁점이 '비진의 의사표시'에 해당한 경우(사내부부해고사건, 결혼퇴직사건 등) 등은 제외되어 있다.

7) 구직기간 1주 기준. http://www.kosis.kr(국가통계포털).

임금차별 및 성별직종분리도 개선되지 않았다고 지적하고 있다(조순경, 1999 ; 장하진, 2000 ; 강이수, 2001 ; 금재호, 2002). 무엇보다 여성을 중심으로 진행된 비정규직의 증가와 그로 인해 심화된 차별의 문제는 더욱 심각한 상황이다. 한국에서 비정규직은 정규직으로 가는 가교bridge라기보다는 비정규직 트랙에서 순환하는 함정trap으로 존재하며(한준·장지연, 2000 ; 남재량·김태기, 2001), 각종 사회적 보호로부터도 배제되고 있기 때문이다(심상완, 1999 ; 윤정향, 2003). 이처럼 불안정하고 차별적인 여성들의 노동현실을 반영이라도 하는 것처럼 지방노동관서 및 종합상담센터, 고용평등상담실에 접수된 성차별과 관련한 상담은 2000년 568건, 2001년 1,356건, 2002년 1,996건, 2003년 1,857건, 2004년 2,036건으로 해마다 증가하는 추세이다(노동부, 2006).

위와 같은 각종 지표들과 연구들은 성차별을 금지하는 법을 만드는 것만으로 '남녀고용평등'이 이루어지는 것은 아니라는 것을 보여준다. 기본적으로 법으로 다뤄질 수 있는 것은 한계가 있고, 법의 변화가 의식, 문화, 관념 등의 사회적 변화와 함께 가지 않는다면 제한적인 의미만을 갖기 때문이다. 그럼에도 성차별을 금지하는 법이 만들어지자 마치 노동시장에서 여성에 대한 차별도 동시에 사라진 것처럼 '착각'하게 된다. 또한 성차별이 발생하더라도 모든 것이 '법에 의해' 해결될 수 있다는 '기대'도 하게 된다. 그러나 한국에서 성차별을 금지하는 법은 강화되었지만 노동시장현실은 크게 달라진 것 같지 않고, 성차별과 관련한 고용상담은 증가하고 있지만, 법적 분쟁은 매우 미비하다는 사실은 성차별을 금지하는 법이 어떻게 사회에서 실현되고 있는가에 관심을 갖게 한다. 입법 자체도 중요한 성과이지만 '법전상의 법law on the book'은 그 자체로서보다는 사회에서 실질적인 규범으로 작동할 때 의미가 있기 때문이다. 그러나 노동시장에서의 성차별을 금지하는 법에 주목한 대부분의 연구들(최윤희, 1991 ; 김엘림·박현미, 1993 ; 정양희, 1996 ; 정금나, 1999 ; 한승희, 2000 ; 조순경 외, 2002 ; 이원희, 2002 ; 임중호 외, 2002 ; 윤덕경·장영아, 2003 ; 박선영 외, 2004 ; 박주영, 2006 등)은 법의 실효성 부재를 지적하고 있는 것으로 나타난다.

고용상의 성차별을 금지하는 법이 실효성이 있다는 것은 무엇을 의미하는가. 그것은 사업주가 법을 준수하기 위해(또는 법위반에 대한 처벌을 면하기 위해) 차별을 하지 않는 일종의 예방적 효과가 있다는 것과 성차별이 발생했을 때 법에 의해 사업주가 처벌되고, 피해자가 구제될 수 있다는 것을 의미한다. 물론 이러한 두 가지 법의 효과는 완전히 분리되는 것은 아니다. 구체적인 사건에서 사업주가 처벌되고, 피해자가 구제되는 방식으로 법이 현실화될 때 잠재적인 예방효과도 발생하기 때문이다. 이때 자발적인 법준수로 인한 예방적 효과는 특정한 사건으로 가시화되지 않는 반면, 사업주처벌과 피해자구제를 통한 법의 사회적 실현은 구체적인 사건을 통해 가시화된다. 따라서 실제 노동시장에서 발생한 성차별사건에서 법이 어떻게 실현되고 있는가를 통해 법이 실효성을 가질 수 있는 조건을 파악하는 것은 보다 의미있는 방법이라고 생각된다. 이것은 '피해자의 관점'에서 법의 실효성을 논하는 것이라고도 볼 수 있다. 피해자의 관점에서 법이 실효성이 있다는 것은 피해자가 법적 권리주장을 통해 피해사실을 인정받고, 구제받는 것이 가능하다는 것을 의미하기 때문이다. 이에 본 연구에서는 법이 구체적인 사건에서 어떻게 실현되고 있는가를 통해 법이 실효성을 가질 수 있는 조건을 밝히고자 한다. "법이 어떻게 실효성을 갖는가는 그 법의 내용만큼이나 중요(코터렐, 1984 : 81)"하기 때문이다.

이를 위해 본 연구에서는 성차별사건이 적용되는 법적 구조legal structure와 법적 구조에 영향을 미치는 사회적 조건을 분석하고자 한다.

여기서 법적 구조란 사회적으로 성차별을 주장하는 사건들이 '법적' 문제로 재구성될 때 적용되는 법규범 그 자체, 그리고 법규범의 현실적 형태인 법해석과 그것에 영향을 미치는 법조인의 전문성, 증거원칙, 법적 판단관행(선례) 등의 문제를 포괄하는 개념이다. 한편, 사회적 조건이란 법적 구조 및 행위에 영향을 미치는 사회적 제도, 관행, 이데올로기, 경제력 등을 포괄하는 개념이다. 그러나 여기서 간과하지 않아야 하는 것은 법적 구조와 사회적 조건이 상호적으로 영향을 주고받는다는 사실이다. 이러한 사실은 분석적인 차원에서는 법적 구조와 사회적 조건을 분리하지만 법적 구조와 사회적 조건은 완전히 분리되는 것은 아니며 긴밀하게 상호 연결되어 있다는 것을 의미한다. 기본적으로 법은 사회 속에서 존재하는 것이며, 법이 사회와 분리되어 작동하는 것이 아니기 때문이다[8]. 특히, 법의 실효성은 단지 법적 구조의 변화만으로 담보되는 것은 아니며 근본적으로 법이 적용되고 실현되는 사회적 조건과 밀접한 관련이 있다. 이와 같은 문제의식에서 시작된 본 연구의 구성은 다음과 같다.

제2장에서는 여성·노동·법과 관련한 기존 논의를 검토한다. 우선, 여성의 차별적 지위를 개선하기 위한 방법으로 법은 어떤 의미를 가질 수 있는가를 살펴본다. 법에 대한 여성주의자들의 입장은 크게 '남성규범'으로 법을 비판하는 입장과 법적 권리주장의 유용성을 주장하는 입장으로 나누어 살펴볼 것이다. 그리고 성차별을 금지하는 법의 실효성과 관련한 국내외의 논의를 검토할 것이다.

제3장에서는 본 연구의 연구방법과 분석대상이 되는 연구사례에 대

---

8) 주로 '법사회학' 분야의 연구들이 이런 관점에서 출발하고 있다. 법과 사회에 관한 기본 논의는 로렌스 M. 프리드만(1977), 『법과 사회』, 법문사 ; M. 레빈더(1977), 『법사회학』, 법문사 ; 양건(2000), 『법사회학』, 아르케 참조

해 소개할 것이다. 특히, 연구사례의 선정기준을 제시하고 자료수집방법을 밝힐 것이다.

제4장에서는 한국의 노동시장에서 실제 발생하고 있는 성차별사건이 적용되는 법적 구조의 문제를 살펴볼 것이다. 이를 통해 성차별적 노동현실이 어떻게 '법적' 문제로 재구성되며, 문제되는 법규범은 무엇이고, 그러한 법규범이 구체적인 사건에서 어떻게 현실화되는가를 파악해 법의 실효성을 저해하는 법적 구조를 드러낼 것이다.

제5장에서는 한국의 노동시장에서 발생하는 성차별사건이 소송으로 제기되고, 유지되는데 영향을 미치는 사회적 조건을 살펴보고자 한다.

제6장에서는 위와 같은 분석에 기반해 앞으로 한국 사회에서 어떤 법적, 사회적 변화가 있어야 성차별을 금지하는 법이 실효성을 확보할 수 있을지 몇 가지 방안을 제시하고자 한다.

제2장 여성·노동·법

근대 이후 사회에서 법은 제도화된 권력으로 작동하고 있다. 이에 수많은 개인과 집단들은 법을 통해 자신의 지위 및 권리를 확인받고자 했다. 여성주의자들도 오래 전부터 여성의 법적 권리를 주장했다. 그러나 또 다른 한편에서는 여성운동의 에너지를 법적 권리주장에 쏟는 것이 진정 여성해방에 도움이 될 것인지 고민하고 있다. 이에 다음에서는 여성·노동·법과 관련한 기존 논의를 살펴보고자 한다.

1. '남성 규범'으로서 법에 대한 비판

초기 여성주의자들은 주로 법의 남성독점을 문제시했다. 법 자체에 대한 문제제기라기보다는 여성을 배제한 '나쁜 법'에 대한 문제제기였던 것이다[1]. 이러한 주장은 주로 자유주의 페미니즘으로 분류되는 논

---

1) 예를 들어, 영국에서 여성의 참정권은 1918년에 허용되었는데, 이는 오랫동안의 참정권 운동의 결과였다. 미국에서도 1890년에서부터 미국 헌법수정 제19조항이

자들에 의해 강조되었다. 그러나 남성과 '동등한' 법적 권리확보만으로 여성문제는 해결되지 않았고, 바로 그 지점에서 자유주의 페미니즘에 대한 비판과 여성의 법적 권리주장에 대한 한계가 지적되었다. 또한 법적인 권리를 확보하는 것만으로 여성에 대한 억압이 해결되지 않는다는 인식은 법규범 자체에 대한 관심으로 이어졌다. 법규범 자체가 남성중심적이라면 그 안에서 평등을 주장하는 것은 한계가 있기 때문이다.

법에 대한 초기 여성주의자들의 비판의 핵심은 법이 가부장제를 해체하기보다는 유지, 강화시키는 역할을 하고 있다는 것이었다. 무엇보다 공/사 분리이데올로기와 그에 따른 법의 차별적 개입이 법을 통해 여성의 열악한 지위를 유지하게 하는 중요한 방법이라고 지적되었다 (Rifkin, 1980 ; Williams, 1982, Taub & Schneiber, 1982 ; Polan, 1982 ; Olsen, 1983). 우선, 오랫동안 여성들은 공적 영역으로부터 배제되어 왔는데, 법은 여성에 대한 이러한 차별적 취급을 정당화하는 이데올로기를 채택했다고 밝혔다. 실제로는 여성들이 오랫동안 집밖에서 일을 해왔음에도 여성은 남성보다 특별한 보호가 필요하다는 이데올로기적 주장의 지지를 받은 법(Rifkin, 1980)에 의해 여성이 공적 영역에 진출하는 것이 제한적으로 허용되었다는 것이다2). 한편, 여성의 영역이라고 간주되는 사적 영역은

통과된 1920년까지 여성들의 투표권을 얻기 위한 참정권 운동이 활발하게 진행되었다(Tong, 1998 : 36-40). 여성에게도 정치적으로 남성과 '동등한' 권리를 보장하라고 주장했던 이러한 참정권 운동은 19세기 여성운동의 핵심을 차지했다. 더불어 여성의 '동등한' 교육 및 직업의 기회를 확보하기 위한 운동도 활발하게 이루어졌다. 아직까지도 남성과 동등한 '법적 권리'를 보장하라는 것은 여성운동의 핵심적인 주장이다.

2) 실제로 법원은 성별에 따라 다른 관점의 판결을 내렸다. 제과공장에서 일하는 (모든) 근로자의 노동시간을 1일 10시간 이하 또는 1주 60시간 이하로 제한한 뉴욕주의 노동법에 관한 Lochner v. New York 사건(198 U.S. 45(1905))에서 미국 대법원은 계약의 자유가 노동시간을 제한하는 보호법제보다 중요하다고 판결했으나, 1908년

법의 부재라는 방법을 통해 남성 지배를 조장해왔다고 밝혔다. 그 이유는 사적 영역에 대한 법의 개입은 개인의 '프라이버시 권리right to privacy'와 충돌한다고 생각되었기 때문이다. 이와 같이 '사적 영역은 법적 규제의 영역이 아니다'는 인식은 두 가지의 성차별적 효과를 가져왔다. 첫째, 사적 영역이 법적 규제의 대상이 되지 못함으로서 가부장적 가족 내에서 발생하는 여성에 대한 폭력 등은 법적 보호를 받지 못하게 되었다(Olsen, 1984 : 487). 둘째, 우리 사회의 '중요한' 활동영역은 법에 의해 규제되는데, 법이 사적 영역에 대해 무간섭주의적 입장을 취할 때, 그것은 "여성은 법적 규제를 받을 만큼 충분히 중요하지 않다는 것"을 암시한다(Olsen, 1995 : 207). 즉, 법이 규제하지 않는 사적 영역에서 조차도 바로 그 '규제하지 않음'이 규제하는 것과 마찬가지로 가치판단이 개입된 것이며, 강력한 이데올로기를 갖고 있는 것이다(Barnett, 1998 : 128-129).

더 나아가 Mackinnon(1983)은 법이 단지 남성이 여성을 지배하는 사회를 반영하는 것이 아니라 법이 남성적인 방식으로 여성을 지배한다고 지적했다. 따라서 그녀는 법적 선례, '사실facts', 법적인 의도를 따르면 따를수록, 사회적으로 남성 규범을 점점 더 강화하게 될 것이라고 주장한다. 추상적 권리는 남성 경험에 권위를 부여한다는 것이다(Mackinnon, 1983 : 435). 또한 Baer(1992)도 헌법에 대한 분석을 통해 법적으로 사고한다는 것은 감정보다는 이성, 구체성보다는 추상성, 특수성 보다는 일반성을 우선시하는 '남성적'인 사고를 의미했다고 지적하고, 법의 역사는

Muller v. Oregon 사건(208 U.S. 412(1908))에서는 여성의 육체적 특성과 어머니로서의 역할을 잘 수행할 수 있도록 여성에 대해서만 최장 노동시간을 규제하는 법을 지지하였고, 1924년 Radice v. New York 사건(264 U.S. 292(1924))에서는 여성에게 해롭다는 이유로 여성의 야간근로(밤 10시부터 아침 6시까지)를 금지하는 법을 합법적이라고 결정했다.

남성이, 남성에 대하여, 남성 청자에게 말하는 역사였다고 밝힌다. 따라서 Baer(1992)는 여성주의 법학의 임무는 "이성과 감성, 이론과 경험, 일반적인 것과 개인적인 것 사이의 이분법을 깨는 것"이라고 주장한다.

이와 유사한 관점에서 West(1988)도 특정 법률이 여성종속을 유지시키는 것이 아니라 근대법학의 전제 자체가 남성적이라고 주장한다. West(1988)는 근대법학이 남성적인 이유에 대해 다음과 같은 두 가지 점을 지적했다. 첫째, 법의 지배the rule of law의 공식적인 가치는 타인과의 분리를 전제로 한 자율성이기 때문에, 연결에 기반한 친밀함은 인정받지 못한다는 것이다. 즉, 법학이론은 기본적으로 인간은 타인과 분리되어 있다는 분리명제the separation thesis를 받아들이는데, 이는 여성의 '연결'된 삶connection thesis을 설명하는데 괴리가 있다는 것이다. 그 결과 돌봄 노동, 감정 노동intimate labor은 보상받지 못하고 여성의 경제적 빈곤이라는 물질적 결과를 가져온다. 또한 타인에 의한 성적 침해 및 태아의 침해는 법적 보호의 대상으로 간주하지 않아, 여성의 피해는 인정되지 못했다고 주장한다. 강간과 낙태와 관련한 법적 논쟁이 그 예이다. 둘째, 근대법학에서 법과 삶 사이의 관계는 남성에 관한 것이지 여성에 관한 것이 아니라는 점이다. 즉, 인간으로서 여성은 법의 보호에서 배제되어 왔으며, 따라서 여성은 법학에서도 보이지 않는다고 지적한다. West(1988)의 지적처럼 법에서는 타인과 분리된, 일관되고, 합리적이고, 자유로운 선택이 가능한 신화적인 존재를 법적 주체로 상정한다. 따라서 법에서의 주체는 항상 정상적인 상황에서 '그의' 행동을 완전하게 설명할 수 있으며, '합리적 인간reasonable person'이라면 유사한 상황에서 그렇게 했을 것이라고 전제된다. 즉, 법에서의 주체는 '추상적 개인'으로 간주되는데, 그 결과 여성들은 무시되거나 열등하다고 여겨졌다(Barnett, 1998 : 83).

위와 같은 여성주의자들의 비판의 핵심은 법이 근본적으로 남성의 관점과 경험, 언어로 구조화되어 있어, 법을 통해 남성적 가치를 만들어 내고 재생산시키고 있다는 것이다.

다음에서는 노동영역을 중심으로 '남성 규범'으로서의 법을 비판한 여성주의 논의를 살펴보자.

많은 연구들이 법적 관심의 대상이 되는 '노동' 범주의 남성중심성에 대해 지적했다. Finely(1989)는 중립성과 객관성을 표방하는 법적 언어는 남성의 경험에 기초한 남성 언어이며, 이로 인해 여성의 경험, 관점, 목소리가 침묵된다고 지적하면서, 여성의 경험, 관점, 목소리가 법에 반영되도록 해야 한다고 주장한다. 예를 들어, 여성들은 인류초기부터 현대까지 언제나 일해오고 있었지만, 노동법에서 일이란 집밖에서 일하는 것을 의미한다는 것이다. 더 나아가 Garycar(1994)는 '노동법'에서 다루는 '일'에만 관심을 둠으로서 사적 영역에서 이루어지는 '여성의 일'에 대해서는 법적 관심을 갖지 않는 것에 대해 문제를 제기한다. 즉, 노동법은 '일'의 개념을 너무 좁게 해석하여 여성이 수행하는 다양한 '일'이 법적 대상이 되지 못하고 있으므로 관심의 초점을 '노동법'이 아니라 '일'에 둔다면 매우 다른 법적 고찰considerations이 가능하다고 지적한다. 예를 들어, 가족법 하에서 가정주부 또는 부모로서의 기여를 인정할 수도 있다는 것이다.

또 다른 연구들은 노동법이 가정하는 '보편적인' 노동자의 기준에 대해 문제를 제기한다. Barnett(1998 : 70-71)은 법이 젠더-중립적인gender-neutral 언어로 이야기한다고 하지만, 법의 언어를 해체해보면 법의 일차적인 주체가 남성임이 드러난다고 지적한다. 여성은 남성에 의해 판단되어 지는데, 예를 들어, 노동시장에서 남성은 법의 주체로서 규범이 되며, 따라서 여성이 노동시장에서 성공하기 위해서는 남성의 기준에 따라, 그리고 남성적인 조건 하에서 성공해야 한다는 것이다. 또한 O'Donowan(1996)도 노동법에 대한 분석을 통해 노동법에서 풀타임 남성이 보편적인 모델로 '기준'의 역할을 하고 있으며, 재생산의 책임을 지는 여성은 '예외'로서 다루어진다고 지적한다. 그에 따르면 노동법에서 여성과 재생산의 문제를 '예외'로서 취급하는 것은 법적 주체로서의 '남성'을 말하는 또 하나의 방식이다. 실제로 노동법에서 임신은 개인적이고 자의적인 것으로, 그리고 어떤 식으로든 직장과는 무관한 경험으로 그려져 있다(박은정, 1996 : 29). 한편, Schiewe(1996)과 정형옥(2006)은 법이 기준으로 받아들이는 노동시간에 대한 분석을 통해 노동법이 남성을 법의 '모델'로 하여 구성된 것임을 밝힌다. 즉, 노동법이 전 생애에 걸쳐 풀타임으로 일하는 것을 전제로 하는 '남성시간male times'을 규범으로 받아들이고 그것을 기준으로 보상체계를 마련함으로서 여성에게 차별적인 효과를 가져왔다는 것이다.

그런가하면 Conaghan(1986)은 노동법에서 중요하게 생각하는 '노사자치의 원칙' 또한 남성중심적인 규범이라고 지적한다. 노사자치의 원칙의 중요한 전제는 노동조합이 노동자를 대표한다고 보는 것인데, 과연 노동조합이 여성노동자의 경험을 대변할 수 있느냐고 묻는다. 그리고 노동조합에 의해 조직된 여성노동자는 매우 소수이며, 역사적으로 볼 때 노동조합은 여성노동자의 경험을 무시했을 뿐만 아니라 심지어 여성노동자에게 적대적인 경우도 있었음을 상기시킨다. Petersen(1996)은 이러한 남성중심적인 노동법(공식적인 법)의 규범이 실제 사업장에서의 여성노동자의 경험과 갈등적이라고 지적한 뒤 덴마크 공공부문에 대한 조사를 통해 여성다수사업장에서 보여지는 "비공식적 법informal law"이 이러한 갈등을 완화시키는 역할을 하고 있음을 밝힌다. 그가 "배려의 규범norm of consideration"이라고 개념화한 "비공식적인 법"은 주로 여성지배적인 작업장에서 발생하고 발전되는 경향이 있는데, 이를 통해 "공식적인 법formal law"에서 가정하는 노동자 규범과 다른 여성노동자의 현실에서 발생하는 갈등을 완화시키면서 고용된 여성노동자의 실질적인 욕구를 충족시키는 역할을 한다는 것이다.

이처럼 가부장제의 유지 기제로서, 그리고 남성권력의 제도화된 규범으로 법을 보는 입장에 서는 논자들은 기본적으로 법의 용어 안에서 여성의 투쟁은 한계가 있다고 주장한다. 법의 변화만으로는 가부장제의 변화에 한계가 있기 때문에 법의 남성권력 패러다임 자체가 도전받고 변형되어야 한다는 것이다. 그렇다면 법이 가부장적인 성격을 지니고 있기 때문에 여성들은 법적 권리주장을 포기할 것인가.

2. 여성들은 법을 포기할 것인가

법적 권리주장에 관한 비판은 전통법학의 기반이 되는 자유주의에 대한 강력한 비판을 특징으로 하는 비판법학자들에 의해서 강조되었다. 비판법학자들이 권리주장을 비판하는 이유의 하나는 그것이 '개인주의적' 성격을 지니고 있다는 점이다. 즉, 권리를 주장하는 것은 "자본주의 사회의 소유욕 강한 개인주의에 의해 보급된 것"이므로 사회운동이 '권리'를 주장하는 것을 우려한다. 이들에 따르면 권리담론에 근거한 법적 투쟁은 사람들을 수용적으로 만들고 국가에 의지하게 하며, 대중운동의 파워를 약화시키는 경향이 있다는 것이다(Schneider, 1986 : 508). 즉, 권리담론은 실제의 복잡하고 중층적인 권력관계를 단순화시킬 수 있고, 경합된 다른 권리들을 무시하거나, 권리를 결국 더 힘 있는 집단이 주장하는 권리로 만들어 버리기 쉽다는 것이다. 또한 개인주의적으로 좁혀진 권리의 초점은 정치적, 사회적 변화의 필요에 대한 민감성을 둔화시킬 수 있다고 주장한다(박은정, 2005 : 101). 비판법학자들과 유사하게 여성주의 법이론가들 중에서도 여성의 법적 권리주장을 중요시하는 것은 여성에게 근본적으로 도움이 되지 않으며 진정한 여성적 이슈를 은폐하는 것일 수 있으므로 법에 호소할 것이 아니라 차라리 법의 담론적 권력을 해체하자(Smart, 1989)는 주장을 펴는 사람도 적지 않았다.

그러나 여성들에게는 '당연히 주어진 권리'가 없었기 때문에 오랫동안 '권리주장'은 여성문제를 해결하는 하나의 중요한 방법이었다. 이것은 또 다른 여성주의자들이 '권리'를 당연히 부여받은 (남성)비판법학자들과 다른 지점에 설 수밖에 없는 이유이기도 하다3). 이들은 법적 권리를 주장하는 것이 비판법학자, 그리고 일부 여성주의자들이 주장하는 것처럼 몇 가지 문제점이 있음에도 불구하고 여성에게는 특별한 영향력을 갖는다고 보았다(Olsen, 1984 ; Schneider, 1986 ; Williams, 1987 ; Barnett, 1998 ; 박은정, 2005). 그리고 법에 대한 '거대이론'을 거부하고, 사안별로 실천적으로 법에 개입할 필요성을 제기했다.

---

3) 비판법학이론과 여성주의 법학이론은 공통점과 차이점이 있다. 공통점은 두 학파 모두 법의 위계적이고 탈맥락적인 측면을 드러내고자 한다는 점이다. 그러나 두 학파는 출발에서부터 큰 차이가 있다. 주로 백인남성들로 구성된 비판법학은 권력의 위치로부터 분석을 시작했지만, 대부분 여성학자로 구성된 여성주의법학에서는 지배, 억압, 가치절하의 주제(subjects)로 세상을 보았다. 또한 비판법학은 법의 해체를 추구하지만, 여성주의 법학에서는 여성에게 (법률상) 권한을 부여할 것(empower)을 추구한다. 무엇보다 이들의 근본적인 차이는 권리에 대한 논쟁과 관련이 있다(Weigberg, 1993 : 399-411). 실제로 1980년대 중반 비판법학운동을 하는 여성주의자들(feminists within CLS)은 비판법학운동 또한 여성문제에 대해 관심을 갖지 않으며, 많은 여성을 배제하거나 침묵시키는 위계적인 절차와 남성적인 스타일의 담론을 받아들이고 있다고 비판하기 시작했다(Chamallas, 2003 : 66). 즉, 비판법학자들의 권리 비판에 대해 인종차별비판론자들과 여성주의자들은 역비판을 하였고 이는 비판법학 내외부에 상당한 파장을 일으켰다(김정오, 1994 : 254).

우선, Olsen(1984)은 권리담론이 가지고 있는 문제를 지적한 비판법학자들의 주장에 대해 권리의 모호성을 지적한 부분은 어느 정도 일리가 있다고 보면서도, 여성의 권리주장은 기존 질서에 저항하기 위해 허용된 사회적 실천의 표현이므로 '부르조아 개인주의적'이라는 이유로 권리담론을 포기하는 것은 잘못된 것이라고 주장한다. 또한 Olsen(1984, 1990)은 법이 근본적으로 가부장적이지 않으며, 이데올로기적 차원에서의 객관성과 중립성은 '남성 규범'이지만, 법은 우리가 흔히 생각하는 것처럼 객관적이거나 중립적이지 않다고 주장한다. 따라서 Olsen(1984)은 젠더의 중요성을 인식하지 않는 권리비판론은 한계가 있다며, 법적 영역 내에서의 구체적인 여성주의 투쟁으로 여성의 권리가 향상되어 왔으며, 지속적인 집단적이고 정치적인 활동을 통해서만이 그 권리를 보호할 수 있다고 주장한다. Barnett(1998)도 권리의 불확정성에도 불구하고, 법적 권리는 평등과 규제를 요구할 수 있는 권위 있는 기준을 제공해왔으며, 권리주장은 평등을 위한 여성운동에서 중요한 역할을 해왔고 계속해서 할 것이라고 밝힌다. 따라서 권리담론을 비판하는 법학자들이 권리주장이 공동체를 잠식시킨다는 이타적이고 이상적인 근거를 제시한다 할지라도 그것은 남성적 관점에서 나온 것이라고 비판한다.

Schneider(1986)는 권리담론과 정치학이 상호 연관되었다는 변증법적 관점에 기반해 여성권리논쟁을 분석했는데, 이를 통해 정치적 대화의 결론으로서가 아니라 과정으로서의 권리를 드러낸다. Schneider(1986)는 Satte v. Wanrow 사건을 분석해 권리주장이라는 방법을 이용한 여성주의자의 법적 실천의 예를 보여준다. 이 사건은 '자기방어'의 성편견 sex-bias에 도전한 것으로 이후 형사법 체계에서의 여성에 대한 성편견적 취급에 관한 논쟁을 불러일으켰다. Schneider(1986)는 여성주의 법학자로서의 이러한 자신의 경험을 통해 법적 권리주장이 실천의 형식으로 이

해될 수 있다고 주장한다. 또한 Schneider(1986)는 권리주장이 '개인주의'적인 측면을 강화한다는 비판에 대해서도 오히려 권리주장이 집단의 정치적 의식을 발전시키는 데 도움을 줄 수 있다고 밝힌다. 예를 들어, 노동계급의 연대에서 나온 단체교섭권collective bargaining activity은 '집단적'인 것으로 권리를 사고할 수 있게 하며, 여성의 법적 권리주장은 집단적 정체성을 여성에게 제공할 수도 있다는 것이다. 따라서 여성의 권리가 모든 문제의 답인 것처럼 인식되지는 않아야 하지만, 실천을 통한 권리주장은 여성주의 운동의 중요한 부분이므로 권리담론을 포기하지 않아야 한다고 주장한다.

Rhode(1990)도 권리에 기반한 캠페인은 정치적 투쟁을 확장할 수도, 제한할 수도 있기 때문에, 전략적 가능성에 대한 평가를 위해서는 역사적으로 위치지워진 맥락적 분석이 필요하다고 한다. 선택적으로 법에 호소한다면, 권리 레토릭은 그들의 억압을 영구화시키는 힘에 도전함으로서 억압받는 집단을 임파워시킬 수 있다는 것이다. 실제로 Lacey(2004)은 UN 여성차별철폐협약CEDAW의 사례로 권리담론을 분석하면서 여성들 간의 중요한 차이를 인지해 권리를 설계함으로서 젠더 본질주의를 어느 정도 초월할 수 있고, 권리를 현실화시킬 수 있다고 주장한다. 박은정(2005)은 국제법 분야에서도 여성주의적 관점을 위한 권리논의가 가지는 전략상의 효용성을 인정하지 않을 수 없다고 밝힌다. 즉, 없던 권한을 있는 권한으로 만들어 주는, 보이지 않는 것을 보이게 해주고, 배제되었던 것을 포함시키는, '권리를 가진다'는 것의 위력을 무시할 수 없다는 것이다. 한편, 권리에 대한 (백인)여성주의자들의 회의주의는 단지 상대적으로 특권층인 그들의 입장에서 나온 것일 뿐이라는 비판이 존재한다(Williams, 1987 ; Harris, 1990). 예를 들어, Williams(1987)는 시민권을 위한 흑인 투쟁의 경험으로부터 권리에 대한 논쟁을 검토해 권리에 대한 부정적인 인식은 백인의 사회적 관계에 대한 이해에서 기인하는 것이라고 지적한다. 그리고 흑인의 경험을 통해 정치적으로 효과적인 행동은 주로 권리를 주장하기asserting rights와 연결되어 왔다고 밝힌다. 그녀는 권리개념은 흑인에게는 강력한powerful 상징이라고 보면서, 권리개념을 버릴 것이 아니라 보다 확장되어야 한다고 주장하는 것이다.

지금까지 여성과 소수자들과 식민지인들이 만들었던 가장 강력한 논변은 그들이 법에 의해 보장된다고 상정된 최소한의 권리조차 보장받지 못했다는 것이다(헬드, 1998 : 252). 그러나 법 자체의 가부장적인 성격, 그리고 권리개념의 모호성과 개인주의적 성격으로 인해 여성주의자들이 여성의 권리를 법에 호소하는 것에는 양가적인 감정이 존재하는 것도 사실이다. 그러나 법은 고정된 것이 아니라 논쟁적이다. Barnett(1998)의 지적처럼 어떤 면에서 "법은 자율적이지 않고, 젠더 중립적이지 않다. 법은 권력을 가지며, 그 권력은 계급과 젠더와 연관되어 있다". 그렇기 때문에 여성주의자들은 법을 포기해야 하는 것이 아니라 법적 규칙에 문제를 제기하고, 남성의 삶을 기반으로 하고 있는 법의 전제에 균열을 내기 위해 법에 보다 적극적으로 개입해야 한다. 역사적으로 볼 때 법적 영역에서의 투쟁을 통해 여성들의 권리가 향상되어 온 것을 무시할 수 없고, 법적 투쟁은 여성들에게 집단적 정체성을 제공하기도 하므로, 실천을 통한 법적 권리주장을 포기해서는 안된다. 오랫동안 여성주의자들이 여성의 법적 권리를 주장해온 것도 이런 입장에 기반한 것이라고 볼 수 있다. 그렇다면 여성들이 오랜 투쟁을 거쳐 획득한 법적 권리가 실제 여성의 사회적 지위를 개선하는 데 어떤 역할을 하고 있는가. 여기서 우리가 법의 실효성에 관심을 가질 필요성이 제기된다.

3. 성차별금지와 법의 실효성

성차별을 금지하는 법의 실효성과 관련한 연구를 할 때 우선 법제정의 실질적인 효과가 있는가를 파악하는 것 즉, 법이 사회적으로 얼마나 준수되고 있는가를 살펴볼 수 있다. 그러나 사회구성원으로 하여금 특정한 행위를 하지 못하게 하는 '금지법'이 사회에서 어느 정도 준수되고 있다는 것을 밝히는 연구는 방법론적으로 가능하지 않다. 즉, 성차별을 금지하는 법이 사회적으로 얼마나 준수되고 있는가를 파악할 수 있는 자료는 존재하지 않거나, 자료를 만드는 것은 현실적으로 어려운 일이다. 이에 대부분의 연구들은 법이 의도하는 사회적인 변화를 가지고 왔는가를 통해 간접적으로 법의 효과를 밝히고자 하였다. 대표적인 방법이 법시행 이후 여성의 노동시장에서의 차별적 지위가 어느 정도 개선되었는가를 파악하는 것이다.

이와 관련한 연구들은 주로 관련 통계를 이용해 법시행 전후의 성별고용효과 또는 성별임금격차를 분석하거나, 산업별·직종별 여성비율의 변화를 비교하는 방법으로 법의 시행이 여성의 고용기회평등이나 임금, 그리고 성별직무분리의 변화에 어떤 효과를 미쳤는가를 분석한다. 예를 들어, Beller(1979)는 1967년에서 1974년 사이의 횡단면자료cross-sectional data를 분석하여 미국에서 민권법 제7편(Title Ⅶ of the Civil Rights Act of 1964)의 성차별금지조항의 시행이 민간부분의 성별임금차이를 줄이는 효과가 있었다고 밝혔다. 또한 Zabalza와 Tzannatos(1985)도 1950년에서 1980년 사이의 고용통계를 분석해 영국에서 1975년 차별금지법the Equal Pay Act, Sex Discrimination Act이 시행된 이후 여성의 임금과 고용이 증가되는 긍정적인 효과가 나타났다고 밝혔다. 반면, Kidd와

Meng(1997)는 호주 통계청the Australian Bureau of Statistics의 1981-82년과 1989-90년의 수입분배조사Income Distribution Survey를 이용하여 1980년대에 도입된 성차별금지법the Sex Discrimination Act과 적극적조치법the Affirmative Action Act의 효과를 분석한 결과 성별직업분리와 임금차이의 변화(1982년과 1990년 비교)가 매우 적었다며, 고용평등법제의 도입이 실제 차별개선에는 별다른 효과를 미치지 못한 것이라고 주장했다. 또한, Neumark와 Stock(2006)은 1940년에서 60년 사이의 미국의 인구조사U.S Censuses of Population의 개인차원의 데이터를 분석하여 성차별금지법the Equal Pay Act of 1963, Title VII of the Civil Rights Act of 1964의 시행으로 임금차별이 금지된 후 흑인여성과 백인여성 양쪽 모두 상대적인 고용이 줄어들었다고 밝혔다. 임금차별금지조항이 여성노동력의 상대적인 가치를 높였기 때문이라는 것이다. 이러한 연구들은 주로 경제학 분야에서 많이 이루어지는 것으로 거시적이고 총량적인 차원에서의 사회적 변화와 법의 효과를 논하는 것이라고 볼 수 있다.

한편, 보다 미시적인 차원에서 실제 노동시장에서 성차별에 직면한 여성들이 피해구제를 위해 법을 어떻게 동원[4]했고, 어떤 효과가 있었는가를 소송 관련통계를 이용해 분석한 연구들이 있다. Burstein(1989)은 1963년에서 1985년 사이 미국 연방항소법원(대법원 포함)에 제기된 675개의 성차별사건을 통계적으로 분석하여 소송으로 제기된 성차별사건의 특성을 파악하였다. Burstein(1989)에 따르면 ① 고용관행에 관한 법적 투쟁은 여성의 임금이 상대적으로 남성에 비해 낮은 곳과 이데올로기

---

4) 블랙은 법체계가 사건을 접하는 과정을 '법의 동원(the mobilization of law)'으로 개념화하는데(황승흠, 2005 : 136), '법의 동원' 개념은 여성운동 등 사회운동에서 사회변화를 위한 하나의 방법으로 소송을 이용하는 것을 설명하는 개념으로 사용되기도 한다. 이하 본 연구에서 법적 분쟁과 관련해 사용되는 '동원'의 개념도 이런 맥락에서 이해할 수 있다.

적으로 여성에게 적대적인 곳에서 빈번하게 발생하며 ② 여성들은 차별에 맞서 집단적으로 행동하는 경향이 있으며, 집단행동은 문제해결에 도움이 되고 ③ 여성들은 절반 이상의 승소율을 보이지만, 전문직, 관리적, 기술직의 여성들은 다른 직종의 여성들에 비해 승소율이 낮다는 결론을 이끌어냈다. 또한 Burstein(1991)은 소수자와 여성들이 작업장에서의 평등한 대우를 위한 그들의 투쟁에 어떻게 평등고용기회법Equal Employment Opportunity law을 동원했는지, 그들이 그들의 사건에서 얼마나 승소했는지, 승리가 조직화를 하는 그들의 능력 그리고 연방정부로부터 도움을 얻는 것과 얼마나 관련이 있는지를 밝히고 있다. 이를 위해 그는 1965년에서 1985년까지 평등고용기회법의 위반으로 제소된 사건 통계를 분석하여 1960년대 중반 이후 미국에서 평등고용기회법이 동원된 사례가 증가했고, 집단분쟁이 더 자주 발생했으며, 집단분쟁이 승소할 가능성이 높았다고 밝혔다. 이런 연구들은 성차별을 금지하는 법이 실제 사회에서 어떻게 활용되고 있는가를 개괄적인 차원에서나마 파악하고, 어떤 조건에서 법적 문제제기가 더 효과적일 수 있는지를 밝혔다는 점에서 의미가 있지만, 법적 구조와 사회적 조건이 다른 외국의 연구들만으로 국내법의 실효성을 설명하는 것은 한계가 있다.

그러면 국내에서의 논의를 살펴보자. 우리나라의 경우 성차별과 관련한 소송 자체가 매우 적기도 하지만, 관련된 공식적 자료가 존재하지 않아 위와 같은 방법으로 성차별사건이 어떤 조건에서 법의 문제로 제기되고, 어떤 결과를 얻고 있는가를 파악하는 것이 쉽지 않다. 예를 들어, 김엘림(1999)의 경우 남녀고용평등법이 시행된 1988년 4월 1일 이후부터 1999년 5월까지 약11년 동안 분쟁처리기관에 접수된 사건이 어느 정도이고, 어떻게 처리되었는가를 파악하기 위해 관련 기관 및 관련자들을 방문하거나, 관련 자료를 수집하여 대략적인 사건 수와 처리 결과를 제시하고 있다. 그러나 연구자가 스스로 밝힌 바와 같이 '수집의 한계'로 인해 누락된 것이 있을 수 있어 정확한 통계라고 보기는 어렵다[5]. 물론 위와 같이 성차별을 금지하는 법과 관련해 법적 분쟁으로 제기된 사건에 대한 정확한 통계적 사실이 확인 가능하다고 해도 그것만으로는 법의 실효성을 논하기에는 한계가 있다.

이런 현실에서 한국에서 성차별을 금지하는 법의 실효성을 고민하는 연구들은 주로 법제도, 판례에 대한 분석에 집중되어 있다. 우선, 대부분의 연구들은 법제도에 대한 문헌연구를 통해 법의 실효성이 보다 강력한 법적 규제에 의해 담보될 수 있다는 결론을 내리고 있다. 주로 차별개념의 확대, 차별금지대상의 확대, 벌칙강화를 주장했는데, 이러한 주장은 주로 남녀고용평등법이 4차 개정되기 전인 2001년 이전의 연구에서 많이 나타난다. 즉, 남녀고용평등법이 제정되었지만 차별개념이 직접차별에 국한되고, 동일노동 동일임금 조항이 누락되는 등 적용범위에 한계가 있다거나, 법위반시 적용되는 벌칙이 미비하다는 등 충분하지 못한 입법에서 실효성 부재의 원인을 찾았다(최윤희, 1991 ; 정양희, 1996). 한편, 성차별을 금지하는 법이 실효성을 갖기 위해서는 관련 분쟁처리절차에 주목해야 할 필요성을 제기하면서 입법적 한계를 지적하는 연구들이 있다(김엘림·박현미, 1993 ; 이원희, 2002 ; 임중호 외, 2002 ; 정형옥, 2003 ; 윤덕경·장영아, 2003 ; 박선영 외, 2004). 이들 연구들은 주로 관련 행정위원회(고용평등위원회, 남녀차별개선위원회, 국가인권위원회 등)에 접수된 사건현황을 제시하고, 처리절차를 설명하면서 성차별 구제기구들이 강제력

---

5) 실제로 김엘림(1999)은 1988년 4월 1일 이후부터 1999년 5월까지 검찰에 의뢰된 사건수가 총 13건(154페이지)라고 밝히고 있으나, 노동부에서 제시한 '남녀고용평등법 신고사건 처리실적'에 따르면 1988년부터 1998년까지만 해도 고소·고발된 사건이 17건으로 차이가 있다.

이 없기 때문에 피해자의 권리구제에 한계가 있다고 지적한다. 이처럼 관련법은 제정되었지만, 법이 포괄하는 차별개념과 범위 등의 한계와 분쟁을 해결할 기구의 한계로 인해 법의 실효성 여부가 불투명하다는 주장은 여성단체들이 남녀고용평등법 개정과정에서 주로 제기하였던 내용이기도 하다(백진아, 2006). 이러한 입법의 한계에 대한 비판은 남녀고용평등법, 남녀차별금지및구제에관한법률 등 관련법이 제정과 동시에 수차례 개정하게 하는 동기가 되었다[6]. 그 결과 차별개념은 간접차별까지 포괄되고, 적용범위도 확대되고, 처벌조항이 강화되었지만, 여전히 법이 실효성이 있는가에 대한 의문은 제기되고 있다.

성차별을 금지하는 법의 실효성을 확보하기 위한 한 방안으로 보다 강력한 형사처벌을 주장했던 위 입장과는 다르게 보다 근본적으로 법체계의 문제를 지적하는 시각이 존재한다. 남녀고용평등법이 형식적으로는 금지/처벌규정을 두어서 가해자의 관점에서 차별을 금지하도록 지향하지만 그다지 실효성이 없다는 것이다. 예를 들어, 사업주가 법을 위반해 여성노동자를 결혼퇴직 시킬 경우 5년 이하의 징역을 받는데(형법적으로 5년 이하의 징역이란 거의 특수강도와 비슷함) 실제로 처벌받는 사람은 아무도 없다는 것이다(이승욱, 2003). 이에 피해자의 관점에서 피해자가 입은 피해를 전보, 배상해주는 방향으로 입법체계를 전환할 필요성이 있다고 주장한다. "모든 차별은 그 구제를 염두에 두지 않고서는 제대로 규율할 수 없다"는 이승욱(2003)의 주장이 대표적이다. 즉, 법위반을 무효라고 선언하고 가해자에게 형사상 책임을 묻거나, 장래에 동일한 차별행위가 반복되지 않도록 하는 예방적 효과를 가질 수

---

6) 남녀고용평등법의 경우 1987년 제정된 이래 1989년, 1995년, 1999년, 2001년, 2005년 5월, 2005년 12월, 2007년까지 총 일곱 차례나 개정되었고, (구)남녀차별금지및구제에관한법률은 1999년 제정되어 2005년 폐지될 때까지 2년에 한 번씩(2001년, 2003년) 두 차례나 개정되었다.

는 있으나, 그것만으로 피해자가 차별받은 사실이 없어지는 것은 아니
며 그로 인한 손해가 배상되는 것도 아니므로 차별관련 법체계가 '금
지' 또는 가해자에 대한 '처벌'에서 피해자에 대한 '구제' 중심으로 전
환되어야 한다는 것이다. 이러한 주장은 고용상 성차별 사안이 형법체
계에서 규제될 경우 죄형법정주의 원칙에 의해 위법한 것이 아닌 것으
로 판단될 가능성이 크기 때문에 민법으로 규제해야 한다(조순경, 2001)
는 주장과도 일맥상통하는 부분이 있다. 일반적으로 차별행위에 대해
벌칙을 부과하는 것은 그것이 범죄행위라는 사회적 인식을 높이고, 그
로 인해 차별을 예방하는 효과가 있기 때문(김엘림, 2005)이라고 하지만,
실제로 남녀고용평등법 위반으로 고소·고발되더라도 벌칙규정에 의해
처벌을 받는 사례가 매우 미비한 현실[7]을 볼 때 위와 같은 주장은 어
느 정도 일리가 있다. 그러나 현재 법체계상 차별피해자가 민사상의
손해배상소송 등으로 구제받을 수 있는 경로가 막혀 있는 것은 아니
며, 실제로 성차별적 해고사건의 경우 대부분의 피해자가 구제를 위해
민사소송을 택하는 경우가 많은데, 이처럼 민사소송을 하는 경우에는
피해자에 대한 구제가 제대로 되고 있는가 하는 의문은 여전히 남게
된다.

　한편, 상당한 입법적 성과에도 불구하고 보수적인 법원 등에 의해
성차별이 제대로 판단되지 않는 것이 법의 실효성을 약화시키는 주요
한 원인이 된다고 지적하는 연구들이 존재한다[8]. 이러한 연구들은 주

----

7) 전국 지방노동청 고용평등과 및 지방노동사무소 근로감독과에서는 남녀고용평등
　법의 위반과 관련된 진정, 고소·고발사건을 처리하고 있다. 그러나 남녀고용평등
　법 위반으로 문제가 되더라도 실제로 처벌되는 경우는 매우 드물다. 2005년의 경
　우 사건처리결과를 보면 연도 내에 처리한 79건 중에서 11건은 사법처리하였으나
　모두 불기소되었고, 나머지 70건은 행정종결되었다(노동부, 2006).
8) 강간범죄가 미국의 형사사법제도에서 어떻게 다루어지고 있는가를 분석해 『진짜
　강간(Real Rape)』을 쓴 수젠 에스트리치는 1980년대의 강간에 대한 판례를 검토해,

로 개별사건에 대한 법원의 판결을 분석하여 성차별의 개념 및 판단기준과 관련하여 법원이 차별판단 자체를 하지 않았음 또는 차별판단을 제대로 하지 못했다고 비판하거나, 외국의 판결례 등을 분석하여 차별판단기준을 제시하고 있다(정금나, 1999 ; 한승희, 2000 ; 조순경 외, 2002 ; 구미영, 2003 ; 박주영, 2006 등). 이와 같이 법해석의 문제를 지적하는 입장에서는 주로 구체적인 차별판단기준을 마련할 것을 대안으로 제시한다. 한국 사회에서 성차별금지와 관련한 입법적 권리가 사법적 해석에 의해 제한되고 있다는 위와 같은 연구들의 주장은 어느 정도 설명력이 있지만, '성차별사건'에 대한 법해석의 문제가 단지 법원이 '성차별'을 판단하지 못하기 때문이며 이를 해결하기 위한 방안으로 제시되는 차별판단기준의 구체화라는 대안은 한계가 있다고 생각된다. 최근 한국 사회에서 경험적으로 확인할 수 있는 사실은 사회적으로는 성차별을 주장하면서 법적으로는 성차별을 주장하지 못하는 사건들, 법적으로 성차별을 주장하지만 법원은 판단하지 않는 사건들이 증가하고 있다는 것이다. 특히, 근로자들이 성차별을 주장함에도 불구하고 법원이 성차별을 판단하지 않는다면 단지 법원의 차별판단능력을 논하기 전에 법적구조를 먼저 살펴봐야 한다. 그것은 성차별을 판단하지 않고도 판결문을 쓰는 것이 가능하다는 것을 의미하기 때문이다. 또한 이미 국내외의 많은 연구와 판례를 통해 성차별판단기준은 어느 정도 축적된 상황에서도 법해석의 문제는 여전히 지적되고 있기 때문이다. 그리고 보다 근본적으로는 성차별에 대한 판단지침은 법원의 판결이 축적되어야 만들어지는데, 한국의 경우 법의 실효성 문제를 법원의 문제만으로 환원

당시 판사들이 1940년대 이후 판사들과 같은 방식의 생각을 하였다는 것을 밝히고 있다(Susan Estrich, 1986 : 217). 이를 통해 1970년대 내내 미국 전 지역에 걸친 페미니스트 기획 의제의 핵심사항이 강간법의 개정이었고, 실제 '개정'법안이 통과되었지만 이러한 법개정이 아무것도 변화시키지 못했다고 주장한다.

할 만큼 법적 분쟁이 많지 않았다는 사실에 주목할 필요가 있다.

이와 같은 문제의식에서 성차별을 금지하는 법의 실효성 부재의 원인을 '여성노동의 정치 부재'에서 찾는 연구가 존재한다. 즉, 심재진(2002)은 남녀고용평등법의 실효성 부재는 주체들이 법을 적극적으로 활용하지 않았기 때문이라고 주장한다. 근로기준법 등에서도 보수적인 법해석이 존재했지만 운동주체들의 적극적인 문제제기를 통해 그 실효성을 높여 왔던 사실을 볼 때(심재진, 2002), 성차별을 금지하는 법의 실효성도 법을 활용하고자 하는 주체들의 노력에 의해 확보될 수 있다는 것이다. 관련 연구에서 심재진(2002)은 남녀고용평등법의 활용 주체를 여성운동과 노동운동으로 나누면서, 노동운동의 경우 여성노동자를 대변하지 못했고, 여성운동의 경우 여성노동자들에 대한 접근성이 상대적으로 낮아 현장에서 활용도를 높여나가는 활동을 제대로 할 수는 없었다고 분석하고 있다. 심재진(2002)은 자신의 주장을 뒷받침하기 위해 한국통신 정년차별 사건이나 1993년 용모차별에 대한 법적 문제제기가 (여성)노동운동세력의 노력에 의해서가 아니라 개인에 의해서 제기되었다는 것을 제시하고 있는데, 이는 관련 사건의 사회적 문제화와 법정 싸움에 여성단체들의 긴밀하고, 주도적인 지원이 있었음을 간과한 것이라고 보여진다9). 이는 위 연구가 법활용 주체의 문제를 지적하면서도 주로 2차 자료에 의지한 방법론적인 한계에서 비롯된 것이라고 생

---

9) 서구의 경우 여성운동이 운동의 전략으로서 법을 적극적으로 활용하였다는 연구들이 존재한다. 우선, O'Connor(1980)는 미국에서 여성단체가 성차별을 해소하기 위한 투쟁의 하나로 법을 어떻게 활용했는가를 대법원소송 사례를 분석하였고, 또한 Macfredi(2004)은 캐나다 LEAF(Women's legal educational and action fund)에서 참가한 소송을 분석하여 여성 관련 사안에 있어서 실질적인 평등을 확보하는데 LEAF의 역할이 중요했음을 밝힌다. 그에 따르면 캐나다여성주의운동이 헌법개정과 1980년 이후 대법원소송에 참여한 이유는 여성의 사회적 지위를 개선하기 위한 법적 규칙(legal rules)에 영향을 주기 위해서였고, 그러한 운동으로 인해 캐나다 법에서 실질적인 평등의 포괄적인 이론을 수립했다는 점에서는 성과를 거두었다고 한다.

각된다. 이와 관련해 심재진(2002)은 스스로 "운동주체들의 제·개정운동의 참여와 관련해서는 2차 자료에 주로 의지해 부정확한 면이 있을 것으로 보이고 <중략> 또한 법의 실효성과 운동주체의 내부구조의 연관성에 대한 뒷받침이 사실자료나 이론적인 면 양자 모두 부족하다"고 밝히고 있다.

이처럼 기존연구들은 성차별을 금지하는 법의 실효성 부재의 원인을 찾고, 대안을 제시하고자 했지만 차별피해자들이 어떤 조건에서 피해구제를 받기 위해 법을 동원할 수 있으며, 구체적인 사건에서 법이 어떻게 현실화되며, 어떤 사회적 조건에서 법이 실효성을 확보할 수 있는가에 대해서는 제대로 답을 제시해주지 못하고 있다. 이는 법의 실효성을 고민하면서도 법이 실제 사건에서 어떻게 작동하고 있는가를 파악하기보다는 문헌연구에 기반해 법제도 자체에 대한 분석에 중점을 두었기 때문이라고 생각된다. 또한 법제도에 대한 관심도 명시적으로 성차별을 금지하는 법조항에 대한 법해석학적 분석에 집중되어 실제 성차별사건을 법으로 해결하려고 할 때 피해자들이 '법적으로' 어떤 위치에 서게 되는가를 설명하지 못하고 있다. 이에 본 연구에서는 실제로 법적 분쟁으로 제기된 사례를 통해 성차별을 금지하는 법규범이 한국의 노동시장구조에서 실제 발생하는 성차별사건에서 어떻게 작동하고 있는가를 분석한 후, 성차별을 금지하고자 하는 법의 목적이 실현되기 위해서는 어떤 법적 구조와 사회적 조건이 필요한가를 논해보고자 한다.

제3장 성차별사건 들여다보기

성차별을 금지하는 법이 실제 사건에서 어떻게 작동하고 있으며, 어떻게 실효성을 확보할 수 있는가를 파악하기 위해서는 성차별사건에 대한 구체적인 사례연구가 요구된다[1]. 그러나 모든 성차별사건이 소송으로 제기되는 것은 아니다. 현실에서 성차별을 경험함에도 불구하고

---

1) 그럼에도 성차별을 금지하는 법과 관련한 기존 대부분의 연구에서 법조항이나 공개된 판결례에 대한 분석을 주된 연구방법으로 사용하는 것은 기본적으로 법적 분쟁 사례와 관련한 자료의 '부존재' 또는 '비공개'로 인해 다른 연구방법을 사용하는 것이 용이하지 않기 때문이라고 생각된다. 실제 본 연구를 진행하면서 남녀고용평등법을 위반한 혐의로 진정 또는 고소·고발된 사건이 어떤 기준에 따라 어떻게 사법적인 처리가 되었는가를 살펴보고자 했으나 이와 관련한 기본적인 자료를 구하는 것도 어려운 일이었다. 이와 관련하여 연구자는 남녀고용평등법 위반으로 진정, 고소, 고발된 사건에 대한 노동부, 검찰, 법원의 결정문 등 관련 자료에 대한 정보공개청구를 했다. 이에 대해 노동부는 '사건 처리 통계 현황은 있으나 개별 사건에 대한 처리결과는 자료가 없어 제공할 수 없음(2007년 1월 17일 노동부 회신)', 대검찰청은 '자료부존재—남녀고용평등법 위반으로 진정, 고소, 고발된 사건에 대한 노동부, 검찰, 법원의 결정문 등 관련 자료는 별도로 관리하지 아니함(2007년 1월 19일 대검찰청 회신)'이라고 답변했다. 위와 같은 기본적인 자료조차 공식적으로 '부존재'한다는 것은 놀라운 일이었다. 물론 자료가 존재한다고 해도 구체적인 자료가 연구자에게 공개되기는 어려웠을 것으로 보인다. 사실상 사건당사자 이외에는 자료에 접근하기 어려운 것이 현실이기 때문이다.

피해자가 현실을 ‘수용’함으로서 소송으로 제기되지 않거나, 소송으로 제기되기 전에 당사자 간의 ‘합의’라는 형식으로 사건이 종료되는 경우도 존재하기 때문이다. 본 연구에서는 한국의 노동시장에서 발생한 성차별사건 중에서 소송으로 제기된 사건을 분석하였다.

1. 연구사례 선정기준

고용상의 성차별과 관련한 사건은 모집·채용에서부터 해고에 이르기까지 여러 유형이 있으며, 그 유형에 따라 적용되는 법적 구조에 다소 차이가 있기 때문에 특정한 유형으로 사건을 제한하는 것은 분석적인 차원에서 의미가 있다[2]. 본 연구에서는 해고사건으로 연구대상을 제한하였다. 여기서 해고사건이라 함은 정년, 퇴직[3], 해고, 재계약거부 등의 형식으로 근로자의 의사에 반해 사업주가 근로관계를 종료시켰다며 이른바 ‘부당해고’를 주장한 사건을 의미한다. 해고는 근로관계를 완전히 종료시킨다는 점에서 가장 심각한 노동권 침해 행위이고, 구체적인 피해자가 존재하며 사업주와의 근로관계가 이미 종료되었기 때문에 다른 유형에 비해 법적 분쟁을 하는 경우가 상대적으로 많다는 특

---

2) 예를 들어, 고용상의 성차별사건 중에서도 「근로기준법」 제30조 위반에 해당하는 해고, 휴직, 정직, 전직, 감봉 기타 징벌에 해당하지 않거나, 「근로기준법」 제31조 위반에 해당하지 않는 경우에는 노동위원회의 심판대상이 되지 않아 각하된다. 따라서 모집·채용, 승진, 배치, 교육, 임금 등의 성차별은 노동위원회를 통한 권리구제절차를 이용할 수 없으며, 만약 피해자가 적극적인 권리구제를 원한다면 민사법원을 통해 「남녀고용평등법」을 이유로 한 강행법규 위반으로 인한 ‘손해배상청구소송’을 진행해야 한다.

3) 1999년부터 2004년까지 여성부 남녀차별개선위원회에 접수된 성차별적 해고관련 사건은 총 7건이었는데, 이 중에서 성차별로 인정받지 못한 기능직 공무원 직권면직사건(1999)과 여교사 퇴직강요사건(1999)을 제외한 나머지 5건은 모두 결혼과 출산을 이유로 한 ‘퇴직’강요와 관련된 사건이었다.

성이 있다.

절차적으로는 노동위원회나 법원에서 다루어진 사건을 그 대상으로
하였다. 한국에서 고용상의 성차별금지와 관련한 법은 남녀고용평등법
으로 대표되지만, 남녀고용평등법의 경우 일종의 형사법체계에 속하는
것으로 차별을 행한 사업주를 처벌하는 것을 목적으로 하고 있어 제도
적으로 법위반에 대한 문제제기가 피해자에 대한 적극적인 권리구제로
이어지기는 힘들다. 즉, 남녀고용평등법 위반으로 노동부·검찰에 고
소·고발할 경우 법위반을 인정받더라도 그 결과는 사업주 처벌(보통
벌금)로 종결된다. 만약 차별의 피해자가 자신의 권리를 구제받고자 한
다면 별도로 법적 권리구제 절차를 진행해야 한다. 이때 해고사건의
경우 대부분 그 원인으로 성차별을 주장하면서 노동위원회 또는 법원
에서 근로기준법 위반의 부당해고를 다툰다. 노동위원회-법원에 의해
'부당해고'라는 확정판결을 받게 되면 이는 피해자에 대한 권리구제로
이어지게 되기 때문이다.

시기적으로는 1997년 IMF 이후의 사건을 연구대상으로 하였다. 당
시 인적 구조조정이 필요하다는 사회적 분위기 속에서 여성해고가 대
규모로 이루어졌고, 그로 인해 수차례의 법개정을 통해 만들어진 성차
별금지 관련 법조항이 구체적인 사건에 적용되기 시작한 시기이기 때
문이다.[4]

이와 같은 기준 하에 적절한 사례를 선정하기 위해 언론검색, 판결
례검색, 문헌연구, 관련 단체 담당자와 변호인에 대한 사전인터뷰를 진
행했다. 이런 과정을 통해 수집한 관련 법적 분쟁 사례에 대한 1차 검
토를 거쳐 연구자가 한국에서 여성노동자가 경험할 수 있는 성차별적

---

4) 실제로 남녀고용평등법이 시행된 1988년부터 2005년까지 성차별적 해고로 진정,
　고소·고발된 사건의 약 90%가 1997년 이후에 제기되었다.

해고의 대표적인 유형이라고 판단되는 사례를 선정했다[5]. 여기에는 '성차별'에 대한 연구자의 시각이 개입되었다. 예를 들어, 관련 여성단체에서 성차별로 문제제기하였으나 연구자가 판단하기에 해당 사건이 '여성에 대한 차별'의 문제라기보다는 '개인으로서 여성'이 해고된 사건에 가깝다고 판단되는 경우는 제외하였다[6]. 한편, '법적으로'는 성차별을 주장하지는 않았으나 '사회적으로'는 여성노동의 문제이며 사실상 성차별적 사건이라고 주장한 경우로서 연구자가 이러한 주장이 타당하다고 판단한 경우는 연구사례에 포함시켰다. 예를 들어, 계약직과 외주용역 여성노동자에 대한 해고사건으로 그 근본적인 원인이 성차별적

---

5) 본 연구에서는 국세청, 노동부, 경찰서 등 이른바 국가기구를 상대로 한 사건은 제외하였다. 사전인터뷰를 통해 국가기구를 상대로 하는 이들의 소송경험은 일반 기업을 대상으로 하는 것과는 차이가 있다는 것을 알 수 있었다. 이들 사건은 주로 별정직 여성들이 일하던 공무원 직제의 변동으로 인해 해고된 사건이 많았는데, 성차별을 주장하더라도 대부분 여성이기 때문이 아니라 '행정수요의 변화 등'으로 인한 공무원 직제변동이라는 이유로 정당성을 인정받는 등 또 다른 논리가 개입되었고 주요하게 영향을 미쳤기 때문이다(창원지방법원 2000.11.30 선고 2000구724 판결, 서울고등법원 2001.4.4. 선고 2000누8631 판결, 부산고등법원 2001.7.13 선고 2001누69 판결, 대법원 2002.11.8 선고, 2001두3051 판결, 창원지방법원 2005.10.13 선고, 2005구합850 판결, 광주지방법원 2005.12.1. 선고 2005구합1176 판결, 춘천지방법원 2005. 선고 2005구합768 판결 등).

6) 예를 들어, S신문사에서 정년이 9개월 남은 여성기자에게 명예퇴직을 권유하였고, 이를 받아들이지 않자 정리해고한 사건이 있다. 이 사건은 당사자가 정리해고의 요건을 갖추지 못한 부당해고라며 서울지방노동위원회에 구제신청을 했고 이에 대해 지노위(1997.7.2. 판정, 97부해170)와 중노위(1997.10.22 판정, 97부해142)는 해고회피 노력을 다하지 않은 것을 이유로 부당해고를 인정했고, 고등법원(1998.7.16 선고 97구47660 판결)에서도 회사가 패소하고 대법원에 상고했으나 소송진행 중 정년퇴직에 도달하여 회사가 상고를 포기하면서 종결되었다. 이 사건은 한 여성단체에서 '여성해고'로 문제제기하였고, 그 단체에서 당사자에게 '올해의 여성상'을 부여하였고, 국회 여성특위에서도 이 사건이 거론되었다. 그러나 이 사건의 명예퇴직권유의 대상은 직간접적으로 또는 결과적으로 '여'기자에 국한된 것은 아니었고, S신문사가 사장실 소속 심의팀·편집국과 출판본부의 교열직·관리국 수송부를 폐지하고 그 소속 근로자를 정리해고하기로 결정한 후, 해고회피의 일환으로 실시한 명예퇴직에서 최종적으로 97명이 '권유'를 받고 명예퇴직을 하였으나 회사의 명예퇴직 '권유'를 받아들이지 않은 근로자에 대해서는 정리해고를 실시한 사건이었다.

'의도'나 관행에서 기인한다고 판단한 경우이다[7]. 그러나 사실상 성차별적 '의도'가 사건의 발단이라고 여겨지는 경우라도 관련 사건에 대한 법적·사회적 쟁점이 성차별보다는 '집단적 노사관계'를 중심으로 진행된 사건은 본 연구에서 제외하였다[8]. 또한 제한된 자료로 인해 연구자가 성차별 여부를 판단하기 어려운 사건도 본 연구에서 제외하였다[9].

본 연구에는 법적 절차를 진행 중인 사건도 포함되었는데 이는 본 연구가 단지 개별사건의 최종적인 승패에 기반해 실효성 여부를 파악하는 것이 아니라 성차별사건이 적용되는 법적 구조와 사회적 조건을 분석해 실효성을 확보할 수 있는 조건을 파악하는데 있기 때문에 반드시 확정판결을 받을 것이 요구되지는 않는다고 판단했기 때문이다. 또

---

7) 2006년 8월 현재 여성임금근로자의 약 66.8%가 계약직(김유선, 2006)으로 나타나는데 이들에 대한 해고는 법적으로 계약직해고의 유형에 해당한다. 또한 간접고용된 외주용역 근로자의 경우 도급(위탁)계약 자체가 불안정하기 때문에 대부분 1년씩 근로계약을 반복하는 계약직의 신분을 유지하는 경우가 일반적(조성재, 2006 : 24)이라는 점에서 계약직해고에 포함되기도 하지만 주로 법적 쟁점은 '위장도급' 여부가 된다는 점에서는 차이가 있다.

8) 예를 들어, 2002년에 제기된 한국시그네틱스의 해고사건에 대해 한국여성민우회는 '공장이전을 통해 정규직 기혼여성노동자를 사실상 해고하고 파주공장의 신규인력을 비정규직으로 충원하려고 하는 것은 근로기준법을 위반하는 행위일 뿐만 아니라 여성에 대한 성차별적인 행위'라고 입장을 밝혔으나(한국시그네틱스 여성노동자 고용보장과 인권탄압 중단을 촉구하는 공개서한. 2002.4.16), 이 사건에 대한 법적, 사회적 쟁점은 성차별보다는 파업을 둘러싸고 공권력에 의한 인권유린, 손해배상, 가압류, 업무방해죄 등에 초점이 맞춰졌다.

9) 예를 들어, 1998년에 제기된 K연구원의 정리해고사건의 경우 구조조정의 대상이 된 기능직 총 8명 중에서 7명이 여성이었고, 그중에서 6명이 해고되었다. 이에 2명의 해고자가 여성단체의 상담을 통해 성차별적 정리해고에 해당한다며 법적 문제제기를 하였다. 이에 대해 서울지방법원(99가합21702, 1999.8.12판결)과 서울고등법원(99나49264, 2000.4.25)은 정당한 정리해고에 해당한다고 판결했다. 성차별이 아니라고 본 이러한 판결이 정당한 것인가를 판단하기 위해서는 '판례' 이외의 다른 자료가 요구된다. 그러나 연구자료를 수집하는 과정에서 "담당 변호사가 3년이 지나 자료를 폐기하였다"는 이야기를 듣게 되었고(변호사법에 따라 변호사가 사건관련 자료를 보관할 의무기간은 3년이다), 사건당사자들의 현재 연락처도 알 수 없어, 판례 외의 다른 자료를 수집하는 것에 한계가 있어 본 연구의 대상에서 제외하였다.

한 사건의 진행과정을 볼 때 1심 또는 2심은 사실심으로서 이 단계에서 법률적 쟁점이 사실상 결정되기 때문에 연구대상으로 하는데 무리가 없다고 판단했다. 더불어 법적 분쟁이 진행 중인 사건의 경우 시기적으로 최근에 발생한 사건이기 때문에 현재 노동시장에서 부각되는 성차별적 행위는 무엇이며, 그와 같은 사건이 '법적' 문제로는 어떻게 재구성되는지 보여줄 수 있는 장점이 있다.

위와 같은 기준 하에 본 연구에서는 현재의 노동시장 구조에서 발생할 수 있는 성차별적 해고를 법으로 다툴 때 나타나는 유형을 결혼퇴직, 명예퇴직, 정년퇴직, 정리해고, 계약직해고, 외주용역 관련 사건으로 크게 6가지로 분류했고, 이러한 유형에 따라 대표적인 분쟁 사례 10건을 연구대상사례로 선정하였다. 연구대상사례 중에서 H호텔사건은 소송이 진행 중인 사건으로 2009년 7월 현재까지의 상황을 연구대상으로 하였다.

〈표1〉 연구대상 사례

성차별 사건 유형	사건명	법적 쟁점	법적 판결					소송시작시기 −최종판결 년도(현재)
			지방 노동 위원회	중앙 노동 위원회	행정/ 지방 법원	고등 법원	대법원	
결혼 퇴직	D제분 사건	성차별 관행 입증	인용10)	인용	인용 /기각	기각 /기각	기각 /기각	1998-2004
명예 퇴직	N중앙회 사건	사직/해고 여부	-	-	- /기각	기각	기각	1999-2002
	A생명 사건		-	-	- /기각	인용	인용	1999-2002
정년 퇴직	K협의회 사건	간접차별	기각	기각	기각 / -	인용	인용	2001-2006
					- /인용	인용	-	2007-2008

					(1심 소송중 취하)/ -	-	-	2004.1-2004
정리 해고	R전기 사건	해고 대상자 선정기준	인용	인용	(1심 소송중 취하)/ -	-	-	2004.1-2004
	I신문사 사건		기각	기각	기각 / -	기각	기각	2005-2008
계약직 해고	W은행 사건	계약기간 만료	인용	인용	기각 / -	기각	기각	2004-2007
	S대학 사건		기각	기각	- /기각	(항소 포기)	-	2005-2007
간접 고용	H호텔 사건	위장도급	-	-	인용	계류		2004-2009.7 현재 고법
	L호텔 사건		-	-	(1심 소송 중 합의)			2006-2007

* 주1 : N중앙회사건은 최초로 2명이 소송을 제기했고, 같은 사유로 명예퇴직을 한 36명은 1999.12월에, 9명은 2000.1월에 뒤이어 각각 소송을 제기하였다. 본 연구에서는 최초 2명의 소송을 분석대상으로 하였다.

* 주2 : A생명사건은 최초로 4명이 서울에서 소송을 제기했고, 같은 사유로 대구에서 7명이 뒤이어 따로 소송을 제기했다. 본 연구에서는 최초 4명의 소송을 분석대상으로 하였다.

* 주3 : D제분사건과 S대학사건, K협의회사건의 소송당사자는 1명, L호텔사건의 소송당사자는 8명, H호텔사건의 소송당사자는 11명, 사례건의 소송당사자는 23명이다.

* 주4 : R전기사건은 8명이 지방노동위원회에 부당해고구제신청을 제기했으나 여성 노동자 1명이 중간에 취하했고, 또 다른 1명은 중앙노동위원회 도중 회사에서 스스로 부당해고를 인정하고 취하했다.

* 주5 : I신문사사건의 경우 사건당사자가 지방노동위원회에서는 여성 6명(남성포함 25명)이었으나 여성 2명(남성포함 4명)은 지방노동위원회에서 부당해고를 인정받은 후 여성2명(남성포함 3명)은 회사와 합의하여 사건이 종결되었고, 나머지 여성 4명(남성포함 20명)은 중앙노동위원회에 재심을 신청하였으나 기각되자 여성 1명(남성포함 6명)은 더 이상의 법적 분쟁을 포기했다. 나머지 여성 3명(남성포함 14명)은 행정소송을 진행했다.

* 주6 : W은행사건과 I신문사사건은 대법원에서 '심리불속행[11]'으로 기각되었다.

---

10) 인용이라 함은 노동위원회·법원이 원고의 주장을 받아들인다는 것을 의미하고, 기각은 원고의 주장을 받아들이지 않는다는 것을 의미한다.

11) 심리불속행이란 형사사건을 제외한 민사사건 등에서 대법원이 상고의 이유가 없다고 판단할 경우 별도의 심리를 하지 않고 판결로 사건을 기각하는 것을 의미하며, 심리불속행으로 기각할 경우 판결이유를 생략할 수 있다(상고심절차에관한특례법 제4조, 제5조 1항). 이러한 심리불속행 제도가 헌법에 보장된 재판청구권 및 평

* 주7 : K협의회사건은 동일한 당사자에 의해 두 차례에 걸쳐 소송이 진행되었다. 1
차 소송에서 승소해 복직한 이후 사건당사자가 다시 직급정년제에 의해 해고되었고,
이에 대해 또다시 소송을 진행했기 때문이다.

2. 법적 절차

성차별적 해고는 부당해고의 한 유형이다. 현재 우리나라에서 성차
별에 대한 시정으로 복직을 원하는 해고자가 법적으로 해고의 부당성
을 주장하는 절차는 크게 세 가지로 구분할 수 있는데, 어떤 절차를
이용할 것인가는 당사자들이 전략적으로 선택할 수 있다.

첫째, 근로자가 해고된 날로부터 3개월 이내에 노동위원회에 부당해
고구제신청을 하는 것이다[12]. 근로자가 지방노동위원회에 부당해고구
제신청을 하고 이에 불복하는 사용자 또는 근로자는 중앙노동위원회에
재심을 신청할 수 있다. 그리고 중앙노동위원회의 재심결정에 대해 이
의제기를 하고자 할 때에는 재심결정을 받은 날로부터 15일 이내에
'중앙노동위원회의 장'을 상대로 행정소송을 제기할 수 있다. 이때 재
심에서 이긴 상대방은 피고보조참가인으로 소송에 참여하게 된다. 예
를 들어, D제분사건과 같이 중앙노동위원회에서 여성노동자가 승소한
경우로서 회사가 이에 불복하여 행정소송을 진행할 경우 '형식적인 당
사자'는 '중앙노동위원회 위원장'이 된다. 그러나 해당 소송의 결과에
대한 직접적인 이해관계는 '실질적인 당사자'인 근로자에게 귀결되므
로 해당 여성노동자는 '피고 보조참가인'의 지위에서 사건에 결합하게

등권을 침해한 것으로 위헌이라는 문제제기가 있었으나 2007년 7월 헌법재판소는
위헌이 아니라고 판결했다.

12) 노동위원회 구제절차를 마련한 것은 근로자들이 보다 간편하고 신속하게, 그리
고 저렴한 비용으로 법적 구제를 받을 수 있도록 하는데 그 취지가 있다(대법원
1992.11.13. 선고 92누1114판결).

되는 것이다. 일반적으로는 '피고 보조참가인'인 근로자가 변호사를 선임하여 사건을 사실상 직접 수행하게 되지만, 그렇지 않을 경우라도 '중앙노동위원회'가 당사자로서 사건을 진행하게 된다. 행정소송의 피고는 '근로자승소판결'을 내린 중앙노동위원회의 위원장이 되기 때문이다. 이에 중앙노동위원회는 소송이 제기되면 근로자에게 다음과 같은 공문을 보낸다.

> 형식적인 당사자는 원고와 우리위원회이지만, 귀하는 실질적인 당사자로서 소송결과에 대하여 이해관계가 있으므로 보조참가자로서 소송에 참가하실 수 있으며, 이때 변호사를 선임할 수 있음을 알려드립니다. 소송결과에 따라서는 귀하의 사법적 권리관계에 불이익이 발생할 수 있으니, 보조참가여부를 빠른 시간 내에 통보하여 주시기 바랍니다.
> (D제분사건. 중앙노동위원회 문서. 제목 : 행정소송제기알림. 1999.6.30)

이렇게 소송은 행정법원－고등법원－대법원으로 이어진다[13]. 일반적으로 부당해고의 당사자들은 위와 같은 절차를 가장 많이 이용한다. 본 연구사례 중에서는 명예퇴직 관련 사건(N중앙회사건과 A생명사건), 외주용역 관련 사건(H호텔사건, L호텔사건)을 제외하고는 모두 노동위원회－법원이라는 법적 절차를 이용하였다.

두 번째로는 근로자의 부당해고신청이 기각된 노동위원회 결정이 확정된 후 별도로 민사소송을 제기하는 것이다. 즉, ① 지방노동위원회에서 근로자의 신청이 기각된 후 10일 이내에 중앙노동위원회에 재심신청을 하지 않는 경우, ② 중앙노동위원회에서 근로자의 신청이 기각된

---

13) 2005년 중 중노위의 판정 및 중재재정사건 829건에 대하여 행정소송을 제기한 건수는 355건으로, 소송제기율은 42.8%로 나타났다. 또한 2005년 중 종결된 행정소송사건 264건 중 중노위의 재심판정이 유지된 사건 수는 220건으로 재심유지율은 83.3%로 높게 나타났다(중앙노동위원회, 2006). 즉, 10건 중 8건 이상의 사건에 대해 행정법원에서도 중앙노동위원회와 동일한 결론을 내렸다는 것이다.

후 15일 이내에 행정소송을 제기하지 않는 경우, ③ 고등법원 또는 대법원의 판결에 의해 노동위원회 결정이 확정되는 경우가 이에 해당한다. 이에 대해 법원은 노동위원회 구제명령은 행정처분의 성격을 가질 뿐이므로[14] 근로자가 사법상 권리구제를 위해서 또다시 민사소송을 제기할 수 있다고 밝혔다[15].

이런 절차를 따르는 경우는 일반적이라고 볼 수는 없으나 10일 또는 15일 이내에 중앙노동위원회 또는 행정법원에 소송을 제기하지 못한 근로자가 법원을 이용해 부당해고를 다시 다툴 수 있는 방법이기도 하다. 본 연구사례 중에서는 S대학사건이 ②의 경우에 해당한다. S대학사건의 당사자는 노동위원회에서 부당해고를 인정받지 못한 후 행정소송을 해야 할지 고민하고 결정하기에는 15일이라는 기간이 너무 짧았는데, 변호사와의 상담을 통해 민사소송으로 다시 제기할 수 있다는 이야기를 듣고 행정소송을 포기했다고 한다. 그리고 이후 민사소송을 제기했다. 그리고 위의 ③에 해당하는 경우가 D제분사건이다. 행정소송까지 제기해 법원에서 확정판결을 받은 사건을 다시 민사소송으로 제기할 수 있느냐에 대해 논란이 있으나(사법연수원, 2000 : 7-8), 현실적으로 가능하다. 그 결과 D제분사건의 경우 지방노동위원회─중앙노동위원회─행정법원─고등법원─대법원의 판결(1차 소송)을 받은 후 다시 동일한 사건으로 민사소송을 제기하여 지방법원─고등법원─대법원의 판결(2차 소송)을 받았다.

세 번째 방법으로는 노동위원회를 거치지 않고 곧바로 관할 지방법원에 소송을 제기하는 것이다. 본 연구사례 중에서는 N중앙회사건, A생명사건, L호텔사건, H호텔사건이 이에 해당한다. 이 경우 지방법원─

---

14) 대법원 1996.4.23. 선고 95마53102 판결.
15) 대법원 1992.5.22. 선고 91다22100 판결.

고등법원-대법원을 통해 확정판결을 받으면 사건이 종결된다. 전략적으로 노동위원회를 이용하지 않는 경우도 있지만, 대체로 노동위원회에 문제제기를 할 수 있는 '사건발생일로부터 3개월'이 지난 후에 해당하는 경우가 많다고 생각된다. 본 연구사례 중에서도 N중앙회사건과 A생명사건은 당사자들이 소송을 고려하기 시작한 시점이 이미 사건이 발생한 날로부터 3개월이 경과한 시점이었기 때문에 사실상 노동위원회를 이용하기는 어려웠다.

> 그들이<사건N 당사자> 다시 복직할 수 있는 방법은 소송밖에 없는 거고 그 당시에 노동위원회 부당해고구제신청은 시기를 지났고… (N중앙회사건 소송지원활동가)

한편, L호텔사건의 경우는 노동위원회에는 부당노동행위로 다투면서[16], 부당해고에 대해서는 '해고무효확인 등'에 대한 소송을 곧바로 지방법원에 제기했다. L호텔사건의 담당변호사에 따르면 민사소송을 해도 이길 가능성은 높지 않지만 노동위원회에서 부당해고로 "이길 가능성이 0%"였기 때문에 곧바로 민사소송을 제기했다고 한다. 다만, 노동위원회에 부당노동행위구제신청을 한 것은 민사소송을 위한 '자료수집' 및 회사에 대한 '압박'이 주된 목적이었다고 밝힌다.

> 부당노동행위는 좀 압박용으로 집어넣고, 해고는 민사로만 넣자. (근로자측이 져서 압박이?) 사실 이길 수 없을 거라는 생각을 했고 조합원들도 알고 있었어요 부당노동행위가 더 이기기 어려워요 <중략> 부당노동행위는 질 거라고 예상을 했었어요 다만 어쨌든 해고에서 이기는 것

---

16) 그러나 지방노동위원회는 새로운 용역회사는 "독립된 사용자로서 자체적인 경영상의 판단에 따라 근로자의 채용여부를 결정할 수 있다고 할 것"이므로 채용거부가 부당노동행위라고 볼 수 없다며 기각하였고, 중앙노동위원회에서도 기각되었으나 이에 대해 근로자측에서 행정소송을 제기하지 않아 중노위 결정이 확정되었다.

이 중요하다고 저는 생각을 했기 때문에 노동위원회에서 회사에서 뭐라
고 이야기를 하는지 답변도 모아야 하고 우리 쪽에 증거가 요만큼 밖에
없는데 회사는 뭐가 많을 거잖아요. 자기들이 이기기 위해서 내놓을 거니
까 그것을 좀 받아 봐야겠다는 생각도 좀 들었고 증거자료는 박스로 확보
했어요. 딱 내더라구요. 지기는 졌지만 그런 것도 있고 막 소송도 하고 노
동위원회도 하고 그러면 귀찮으니까 협상에 나서지 않을까 이런 생각도
좀 있었어요. 여러 가지 압박 전술 중에 하나로. (L호텔사건 담당변호사)

그런가 하면 H호텔사건의 경우 부당해고를 다투는 방법으로 2004년
11월 지방법원에 '체불임금' 소송을 제기하였다. 즉, H호텔을 사업주로
인정해 해고된 때로부터 체불된 임금을 지급하라는 소송으로 시작하
고, 추후에 '근로자 지위 확인'을 추가하는 방법으로 소송을 진행했기
때문에 노동위원회를 거치지 않았다. H호텔사건과 L호텔사건의 경우
사건명은 법적으로 '해고무효확인', '체불임금', '근로자지위확인' 등으
로 나타나지만 내용상으로는 '위장도급' 여부를 다투는 것이었다.

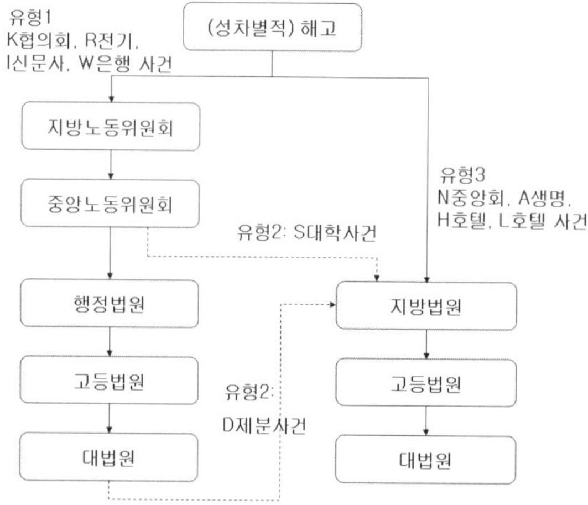

〈그림1〉 연구사례의 법적 분쟁 절차

3. 자료수집방법

여기서는 본 연구에 사용된 자료를 어떻게 수집했는가를 밝히고자한다. 자료수집방법은 크게 문헌연구와 심층인터뷰로 나눌 수 있다. 본연구에서는 연구사례에 대한 1차 자료에 대한 분석과 동시에 사건당사자[17], 법정대리인(노무사, 변호사), 관련 단체에서 해당 사건을 상담·지원한 활동가에 대한 심층인터뷰를 통해 문헌자료만으로는 드러나지 않는 사건의 진행과정과 사회적 조건을 파악하고자 하였다. 법원과 검찰등이 사건 관련 자료들을 제3자에게 공개하지 않는 현실에서 본 연구와같이 법적 분쟁이 제기된 사례를 연구하는 경우에 사건관련자에 대한인터뷰는 단순한 인터뷰를 넘어 관련 자료를 수집할 수 있는 주요한 방법이 되었다. 본 연구에서도 법적 분쟁과 관련한 1차 자료는 주로 사건당사자, 법정대리인, 사건지원단체 활동가 등을 1차적으로 인터뷰하는과정에서 요청·수집하였다. 연구자는 그렇게 구한 1차 자료를 검토하면서 추가 인터뷰가 필요한 경우 2차 인터뷰를 진행하기도 하였다.

연구사례와 관련된 사람들은 총 26명을 인터뷰했다. 우선, 사건당사자들은 법적 분쟁과 관련하여 대표적으로 활동을 한 사람들을 주로 인

---

17) 법적 분쟁에서 사건당사자란 원고, 피고 모두를 지칭하는 개념이지만, 본 연구에서 사건당사자란 법적 분쟁을 제기한 여성노동자를 의미하는 개념으로 사용한다. 법적 분쟁에서 사건당사자를 지칭하는 개념을 엄밀하게 사용하자면 원고란 법원에 소송을 제기하는 자를 의미하며 이에 대응하는 상대방은 피고에 해당한다. 원고, 피고는 1심에서 사용되는 개념이며 2심에서는 항소인, 피항소인, 상고심에서는 상고인, 피상고인이라는 개념을 사용한다. 그러나 사건의 승패에 따라 소송을 제기하는 자가 달라지기 때문에 항상 원고가 항소인, 상고인이 되는 것은 아니다. 따라서 본 연구에서는 사건당사자를 지칭하는 위와 같은 법률적 개념을 엄격하게 사용하기보다는 읽는 이의 편의를 위해 근로자, 근로자측 또는 사용자, 회사측 등의 개념을 맥락에 따라 적절하게 사용하고자 한다. 다만, 판결 등 공식자료를 인용할 경우에는 원고, 피고 등 법률적 개념을 그대로 사용하고자 한다.

터뷰했다. 즉, 사건당사자가 다수인 사건의 경우 전체 사건당사자를 모두 인터뷰한 것은 아니고 사건진행과정에서 대표자 또는 주도적으로 활동한 사람들을 중심으로 인터뷰를 하였다. 대리인(노무사, 변호사)의 경우도 공식적으로 공동대리인으로 올라 있는 사람들 중에서 실제 사건의 실무를 담당한 사람을 중심으로 인터뷰를 하였다. 그러나 사건관련자 중에서 인터뷰를 요청하였으나 거절한 경우, 해외에 체류 중인 경우, 연락처 변경 등으로 인터뷰를 진행하기 어려운 경우도 있었다. 직접 인터뷰를 하기 어려웠던 경우에는 주로 사건 당시에 이루어진 언론과의 인터뷰 자료 또는 공식적인 문서에 직접 사건에 대한 의견을 밝힌 자료 등을 통해 보완하였다. 인터뷰는 2006년 3월부터 2007년 9월까지 진행되었다.

<표2> 심층인터뷰 참여자

연번	사건유형	사건명	사건관련
1	명예퇴직	A생명사건	사건당사자1
2	명예퇴직	A생명사건	사건당사자2
3	정년퇴직	K협의회사건	사건당사자
4	정리해고	R전기사건	사건당사자1
5	정리해고	R전기사건	사건당사자2
6	정리해고	I신문사사건	사건당사자
7	계약직해고	W은행사건	사건당사자1
8	계약직해고	S대학사건	사건당사자
9	외주용역	H호텔사건	사건당사자1
10	외주용역	L호텔사건	사건당사자1
11	결혼퇴직	D제분사건	변호사(1심, 2심, 3심)
	정년퇴직	K협의회사건	변호사(1심)
12	명예퇴직	N중앙회사건	변호사(1심, 2심, 3심)
	정년퇴직	K협의회사건	변호사(2심, 3심)
	계약직해고	W은행사건	변호사(1심, 2심)

13	계약직해고	S대학사건	변호사(1심)
14	외주용역	H호텔사건	변호사(1심)
15	외주용역	L호텔사건	변호사(1심, 2심)
16	정년퇴직	K협의회사건	노무사
17	정리해고	R전기사건	노무사
18	계약직해고	W은행사건	노무사
19	결혼퇴직	D제분사건	소송지원활동가
20	명예퇴직	N중앙회사건	소송지원활동가
	명예퇴직	A생명사건	소송지원활동가
21	정년퇴직	K협의회사건	소송지원활동가
22	정리해고	R전기사건	소송지원활동가
23	계약직해고	S대학사건	소송지원활동가
24	정리해고	I신문사사건	노조위원장(사업장)
25	외주용역	H호텔사건	노조위원장(여성노조)
26	계약직해고	W은행사건	노조관련자(금융노조)

* 주1 : 다수의 사건당사자 중에서 일부를 인터뷰한 경우에 사건당사자 1, 2로 표시했고, 사건당사자가 한 명인 경우는 숫자표시를 하지 않았음.

* 주2 : D제분사건과 K협의회사건(1심) 변호사 동일인임. N중앙회사건, K협의회사건(2심, 3심), W은행사건(1심, 2심) 변호사 동일인임. N중앙회사건, A생명사건의 소송지원활동가 동일인임.

제4장 성차별사건의 '법적' 재구성

　성차별사건에 대한 법적 분쟁은 크게 두 가지로 나눌 수 있다. 피해자구제를 목적으로 하는 것과 사업주처벌을 목적으로 하는 것이다.[1] 따라서 성차별사건이 적용되는 법적 구조를 파악하기 위해서는 피해자구제를 위한 법적 구조와 사업주처벌을 목적으로 하는 법적 구조를 모두 살펴볼 필요가 있다. 이 장에서는 연구사례에 대한 분석을 통해 성차별사건이 법에서 어떤 언어로 재구성되고 성차별판단은 실종되어 버리는지, 여성노동자가 승소한 사건의 경우라도 그것이 왜 성차별 법리의 발전으로 이어지지 못하는지, 현실의 노동시장에서 발생하는 유형의 성차별적 행위가 어떻게 법에 의해 정당성을 인정받게 되는지 등을

---

[1] 노동법은 사업주에게 특정한 행위를 하거나 하지 않을 의무를 부여하고, 이를 위반한 사업주를 처벌하는 벌칙조항을 두고 있다. 그러나 사업주를 처벌하려면 그 행위가 일정한 범죄의 구성요건에 해당해야 한다. 반면, 민사사건에서는 고의 또는 과실로 타인의 권리가 침해되었을 경우 그 행위가 형사상 처벌대상이 되지 않는 경우라도 불법행위로 보아 손해배상을 하게 한다. 따라서 피해자는 사업주처벌과 별도로 자신의 침해된 권리를 회복하기 위해 민사소송을 제기할 수 있다. 부당해고구제신청, 해고무효확인 등에 관한 법적 분쟁이 바로 그것이다.

통해 법의 실효성을 저해하는 법적 구조의 문제를 파악하고자 한다.

1. 여성들은 법의 보호를 받는가

본 연구사례에 해당하는 성차별사건의 경우 사직서 제출(N중앙회사건, A생명사건, D제분사건), 정리해고(R전기사건, I신문사사건), 정년퇴직(K협의회사건), 계약기간만료(W은행사건, S대학사건), 외주화 후 용역회사 교체를 이용한 채용거부(H호텔사건, L호텔사건)의 형식으로 근로계약관계가 종료되었다. 이에 다음에서는 각 사례를 중심으로 성차별사건이 어떻게 '법적 언어'로 재구성되며 무엇이 문제가 되는가를 밝혀보고자 한다.

1) 고용형태를 이용한 성차별규제 한계

최근 한국의 노동시장에서 뚜렷하게 나타나는 현상은 '고용형태를 이용한' 성차별이 증가하고 있다는 것이다. 성별직무분리가 심각한 현실에서 고용형태를 이용한 성차별은 많은 경우 '직무'를 이유로 하여 이루어진다. 이러한 유형의 성차별은 때로는 비정규직 차별의 언어로 이야기되기도 하지만 그러한 형태의 차별에 내재된 성차별의 효과와 의미에 대해서는 그다지 강조되지 않는다. 고용형태의 외피를 쓰고 나타나는 성차별은 증가하고 있는데 오히려 '성차별'은 점점 더 비가시화 되고 있는 것이다. 특히, 이런 문제가 법적으로 제기될 경우에는 더욱 그러하다. 이런 현실을 우리가 흔히 '비정규직 문제'라고 분류하는 사건에 해당하는 W은행사건, S대학사건, H호텔사건, L호텔사건을 통해 살펴보고자 한다.

(1) 여성비정규직 보호 어려움

현행법상 상시 5인 이상의 사업장에서 일하는 근로자들은 근로기준법 및 남녀고용평등법 위반의 부당해고(차별해고)에 대해 법적 보호를 받을 수 있는 대상이다. 그러나 여성노동자의 약 70%를 차지하는 것으로 나타나는 비정규직의 경우 실질적으로는 성차별적 해고를 금지한 법률에 의해 보호받기 어렵다. 비정규직의 대부분은 근로계약기간을 정하고 일을 하게 되고, 이들의 경우 해고될 경우 해고법리에 의해서가 아니라 근로계약기간 만료와 관련한 법리의 적용을 받게 되기 때문이다. W은행사건과 S대학사건은 계약직 여성노동자가 해고된 후 법적으로 어떤 상황에 위치하게 되는가를 잘 보여준다.

우선, W은행사건은 금융권에서 특정 직무를 계약직으로 분류하여 여성만을 채용하고 계약기간만료를 이유로 해고한 경우이다[2]. W은행은 2002년 공과금서비스 전담 계약직 120명을 뽑아 각 영업점포에 배치한 뒤 3개월마다 계약을 연장해왔다[3]. 그러나 2004년 3월 당시 남아있던 57명 전원에 대해 계약해지를 통보했다. 이유는 "무인공과금 수납기기의 개선에 따라 공과금수납업무량이 급감하여 더 이상 공과금수납업무를 전담하는 계약직 사무행원을 고용할 필요가 없어졌다"는 것이다[4]. 문제는 W은행의 공과금서비스 전담 계약직 근로자는 전원 여성이라는 사실이다. 이는 W은행에서 채용당시 '여성'을 자격요건으로 제시했기 때문이다.

---

2) 금융권에서 발생하는 여성에 대한 '체계적인' 성차별에 대해서는 국미애·최성애·조순경(2006), 『젠더노동과 간접차별』을 참고하시오

3) "비정규직을 구출하라", 『한겨레21』, 2004.5.27.

4) 2005.7.26. 원고측 준비서면. 서울행정법원 제출.

사무행원 모집 공고

○ 자격조건
 － 고등학교 졸업이상<u>(여)</u>
 － 은행경력자 우대
 － 채용지역 : 수도권 지역 해당점포 근무 후 BPR CENTER 이전 근무
○ 업무소개
 － 채용예정 : 2002.8.10.(면접 2002.8.13)
 － 계약기간 : 3개월 단위 계약갱신<u>(장기근무 가능)</u>
 － 근무시간 : 오전 11시부터 오후 7시까지 (8시간)
(W은행사건. 근로자측 준비서면. 서울행정법원 제출. 2005.8)

* 주 : 강조 및 밑줄은 연구자.

　직무의 성격에 비추어 특정 성이 불가피하게 요구되는 경우가 아닌한 채용시 특정 성으로 자격요건을 제한하는 것은 성차별에 해당한다. W은행의 공과금수납업무는 여성만이 할 수 있는 업무가 아니기 때문에 진정직업자격에 해당한다고 볼 수 없고, 따라서 위와 같은 채용행위는 명백한 성차별에 해당한다. 그럼에도 W은행은 위와 같은 채용공고문을 버젓이 개시하면서 성차별적 채용행위를 진행했지만 아무런 법적, 사회적 제재도 받지 않았다. 오히려 원하는 바대로 명시적인 근로계약기간은 '3개월'로 정하고 계약을 반복적으로 갱신하는 방법으로 숙련된 여성노동자를 사용하면서도 해고와 관련된 법적 책임은 면할 수 있었다. 또한 '장기근무 가능'이라는 단서를 달아 3개월이라는 계약기간은 '형식적일 뿐'이라는 인식을 여성노동자들에게 심어주어 의도하던 바대로 '안정적인 일자리'를 찾고 있던 경력직 여성들을 저임금, 계약직으로 채용할 수 있었다.

(가장 억울하다고 생각했던 부분이 형식은 계약이지만 사실은 장기
근무가 가능하다고 했던 부분이) 당연하죠 직장을 구할 때 경력직이 짧
게 일하는 데를 구하지는 않죠 3개월이라고 믿으면 누가 들어가요, 거
기를. 그게 아르바이트지 무슨 직장이에요 3개월이라는 거에 대해서 확
인을 많이 했어요, 여러 번. 3개월이라고 하는데 실질적으로 3개월만 근
무하냐. 그랬더니 절대 아니다 장기근무 가능하다고 이야기를 했고, 우
리 연수받을 때도 그 이야기를 했어요 승진도 가능하고 W은행이 정말
잘 나가기 때문에 앞으로는 괜찮다. 별별 이야기를 다 했어요 온갖 비
전을 다 제시했어요, 우리한테. 그런 비전을 받았던 사람들이 1년 6개월
만에 짤리고 나면…그게 당연히 억울하죠 그러면 W은행 안 들어왔죠
차라리 이야기를 해주던가, 이게 짧게 근무할 수밖에 없다고 그것도
아니고 사람을 상대로 사기친 거 밖에 더 되요? (계약서는 형식이라도
계속 쓰셨잖아요? 그게 법적으로 중요한 문제가 될 거라는 것을 몰랐나
요?) 네. 모르기도 했고 거기에 장기근무가능 이렇게 써놨거든요 다른
사람들도 그런 식으로 계약갱신하니까. 6개월씩 하기도 하고 그러면서
몇 년씩 일을 하고 하니까 당연히 그렇게 생각했죠 (W은행사건 당사자)

그러나 이 사건에 대한 소송은 근로기준법을 위반한 부당해고구제신
청으로 시작되었고, 법적 쟁점이 되었던 것은 이들에 대한 '계약기간만
료'가 해고에 해당하는지, W은행이 재계약을 거절할 합리적인 이유가
있었는가 하는 것으로, 성차별적 채용행위나 그 효과는 전혀 문제가
되지 않았다. 이에 대해 W은행사건의 담당변호사는 이 사건이 여성만
을 분리해서 채용하면서 점점 더 불안정하고 낮은 임금으로 사용하고
자 하는 '말하자면 여행원 사건'이지만, '(이길) 자신이 없었기' 때문에
소송과정에서는 '남녀고용평등법 위반이기 때문에 무효'라고 주장하지
는 못했다고 밝힌다.

100% 여자죠 선부 주부에요 절반 정노가 선은행원들이고 M자로 재
취업한 사람들이고 말하자면 여행원 사건이죠 여행원 사건이라는 점

에서 중요하고 비정규직 고용형태가 계속 극악하게 가고 있는 것을 보여주는 것 같아요. 이 사람들 대부분은 텔러행원들인데 텔러행원들이 하는 일들을 추려가지고 공과금전담만 추렸다가 이 사람들이 한 달 내내 필요 없으니까 10일만 쓰고 이렇게 가는 상황에서 여성노동력을 계속 저평가하고, 저평가하고 그렇게 하는 거니까. (준비서면 등을 보면 행법까지는 전혀 그런 이야기 없잖아요. 계약기간만료만 다투고) 저는 그게 부담스러운 게 그것만 정면으로 내세우는 게 부담스럽기 때문에. 이 사람들의 고용동기가 진짜 이 일이 분리되어서 그런 게 아니라 여성노동력의 특성을 악용해서 비정규직화 시킨다는 간접사실로 (근기법 30조로 위반으로 소송하는 거죠? 고평법 8조 위반은?) 1심 준비서면에 쓰기는 했는데 전면적으로 내세우지는 않죠 (회사 쪽에서는) 반박은 특별히 없죠. 간단하게 있었던 것 같기도 한데 그게 성별 때문에 그런 게 아니니까 문제되지 않는다 한 줄인가. <중략> 나도 <행정법원에서> 이 사건의 실질이 무엇인가를 뒤에 각론처럼 쓰긴 했지만 남녀고용평등법 위반이기 때문에 무효다 이렇게는 안 썼죠 (그러면 성차별이 실제로 법적 쟁점이 되는 경우는 별로 없겠네요?) 그렇죠 제가…제 문제일 수 있구요. 잘 자신이 없고…결국에는 고평법에 있는 퇴직에 있어서 성별에 따라 차별하지 않아야 한다. 결국에는 이 조항으로 가게 될 건데… (모집채용부터 아닌가요?) 모집채용부터? 직급분리해서 고용하는 거?…사실 자신은 없어요. (W은행사건 담당변호사)

물론 해고된 후라도 뒤늦게 남녀고용평등법을 위반한 모집채용에서의 성차별을 이유로 사업주를 고소할 수 있고, 그 시기가 다행히 채용 당시로부터 3년이 지나지 않아 공소시효가 만료되지 않았다면, 사업주가 500만 원 이하의 벌금형을 받을 수도 있겠지만, 그것 자체로 근로자에 대한 복직 등의 권리구제가 이루어지는 것은 아니다. 대부분의 계약직 여성노동자들이 법적으로 문제를 제기하는 시점은 해고된 이후인데, 이때 법적 쟁점은 성차별은 아니게 되는 것이다. 이 사건의 경우도 근로자의 승패와 상관없이 처음부터 끝까지 법적 쟁점은 계약기간 만료의 법리와 관련한 것이었다[5].

계약직 여성노동자의 이런 현실은 S대학사건에서도 유사하게 재현된다. S대학사건은 S대학에서 계약직으로 5년 동안 일했던 여성노동자가 S대학으로부터 계약만료를 이유로 한 근로계약종료 통보를 받고 '부당해고'에 해당한다며 노동위원회에 구제신청을 한 사건이다. 이 사건에서도 법적 쟁점이 된 것은 "당사자간 근로계약서에 정한 근로계약기간이 형식에 불과하고 이 사건 근로자에게 계속 근로의 기대감이 형성되어 사실상 기간의 정함이 없는 근로자가 되었는지 여부"였다[6]. S대학사건의 경우도 많은 대학들에서 '사무보조'라는 이름으로 대다수의 여성노동자를 계약직으로 채용하는 고용형태를 이용한 성차별의 한 유형이지만, 역시 법적으로 성차별은 주장되거나, 판단되지 않았다.

> 이거는 여성 비정규직 문제가 아니겠느냐 그래서 이거를 대표적인 케이스로 생각하고 소송을 의뢰해서… (어떤 측면에서 이 사건이 대표소송이라고 생각하시는지) 일반적으로 여성들이 계약직 흔히 말하는 외부의 고객이 오면 맞닥뜨리는 그쪽에 쫙 포진되어 있지 않습니까. 은행 창구도 그렇고 그런 직종 중의 하나거든요. 학생들의 각종 발부하는 거기에. 그 대표적인 케이스 중의 하나죠. 비정규 소송 중에 하나죠. 근데 관심을 많이 끌지 못했고 외롭게 소송을 하다가 진 케이스죠. (S대학사건 담당변호사)

이 사건이 지방노동위원회와 중앙노동위원회에서 잇달아 기각되자 한국여성민우회는 "이러한 일련의 판단이 계약직 여성노동자들이 처한 불안정한 고용현실을 전혀 고려하지 않은 채 오직 형식적인 계약기간만을 인정하여 정당한 계약해지로 판단한 것이라고 보고 이 사건에 대

---

5) 이 사건은 서울지방노동위원회와 중앙노동위원회에서는 여성노동자가 승소하였으나, 행정법원과 고등법원, 대법원에서는 근로자가 패소하였다.
6) 서울서부지방법원 2007.5.9. 선고 2006가합10972 판결.

한 문제제기를 지속할 예정이다"[7]라고 입장을 밝혔다. 또한 다른 여성
단체들과 연대해 이 사건이 "지금의 노동시장에서 형식적인 고용형태
로 인해 고용불안정과 차별을 겪고 있는 많은 여성비정규직 노동자의
문제를 압축적으로 보여주고 있는 대표적인 사례"라면서 문제해결을
촉구하는 의견서를 S대학에 보내는 등 해결을 위해 노력했다[8]. 그러나
이 사건은 지방노동위원회, 중앙노동위원회, 서울지방법원에서 모두 여
성노동자가 패소하였고, 여성노동자가 더 이상의 항소는 포기함으로서
법적 분쟁은 일단락되었다. 이처럼 계약직 여성노동자의 해고소송에서
성차별은 전혀 쟁점이 되지 못할 뿐만 아니라 사회적으로도 이와 같은
사건을 '여성문제'로 주장하는데 어려움을 느끼는 것으로 나타났다. S
대학사건을 지원한 단체의 한 활동가는 이러한 어려움을 다음과 같이
표현한다.

> (S대학사건도 여성노동의 문제라고 생각을 한 건지요?) 아무래도 계
> 약직 같은 경우에는 여성이 하는 업무를 굉장히 주변화시키고 비핵심
> 업무다 이런 식으로 비정규직화시키는 방식이라서. 사실 이걸 딱히 반
> 드시 여성문제다라고 하기는 어려운 부분이지만, 전체적인 노동시장에
> 서 여성노동자들이 계약직화되는 부분이 많이 있으니까. 우선적으로 비
> 정규직화가 많이 진행이 됐었잖아요. 그런 부분으로 보고 비정규직화
> 자체의 문제를 제기하는 것이 여성노동의 문제인 측면이 사실 많이 있
> 잖아요. 여성노동자들이 대부분 비정규직이기 때문에 그런 측면에서 문
> 제제기를 한 거고 이것이 성차별이다 이렇게 접근하는 건 아니고 (S대
> 학사건 소송지원활동가)

---

7) 한국여성민우회(2006.10.25), "S대의 계약직 노동자 부당해고 사건 개요".

8) 전국민주노동조합총연맹 여성위원회, 전국여성노동조합, 한국노동조합총연맹 여성
   위원회, 한국비정규노동센터, 한국여성노동자회협의회, 한국여성단체연합, 한국여성
   민우회는 "S대에서 5년 동안 근무하고 아무런 사유 없이 계약만료된 계약직 노동
   자 김○○님에 대한 부당해고 철회촉구 의견서"를 S대학 총장 앞으로 보냈다.

W은행사건, S대학사건의 경우와 같이 특정 직무를 여성으로, 그리고 계약직으로 채용하면서 성차별과 부당해고를 금지하는 법을 피해 언제든지 '계약기간만료'라는 이유로 사실상 해고를 하는 것이 가능한 것은 근본적으로 여성노동력을 저임으로 일시적으로 사용하고자 하는 성차별적 의도에서 기인한 것이지만 사회적으로 '여성문제'로 구성하기도 쉽지 않고, 법적으로도 성차별을 적극적으로 주장하기 어렵다는 사실을 알 수 있다. 설사 위와 같은 계약직 여성노동자의 문제를 '성차별'로 인식하고 이것을 법적으로 주장한다고 해도 차별을 인정받는 것은 쉬운 일이 아니다. 차별에 대한 판단은 일차적으로 '비교대상'을 전제하는데 심각한 성별직종분리의 현실에서 '계약직 여성노동자'와 비교할 수 있는 유사한 직무를 수행하는 '남성' 비교대상을 찾기란 현실적으로 어렵기 때문이다.

> (그러면 W은행사건도 다룬 게 반복갱신으로 인해서 정규직과 다름없이 볼 수 있느냐를 다룬 거죠? 성차별문제는?) 성차별문제는 언급은 하지만 너무 직종분리가 확실하게 되어 있으니까. 비교대상이 없는 게 너무 많다는 거예요. 은행에 지금 완전히 사무행원 100% 여자, 전담요원도 100% 여자, 피크타이머도 100% 여자… (그러면 다른 계약기간만료사건하고 다른 게 없는 거죠?) 이게 여성의 비정규직화나 여성에 대한 직무분리에 의한 차별 실질은 그거라고 이야기를 하는데 그러면서 나도 자신이 별로 없죠. 과연…처음 답변서에는 M자 곡선 이야기도 썼던 것 같은데 별로 자신이 없어요. <중략> W은행 같은 경우는 비교대상에서 많이 떨어져서…남자행원들은 너무 멀리 있는 거예요. 워낙 업무자체도 그렇고 뽑는 거나 인사관리를 따로 해요. 그래서 직무가 엄청 떨어져 있어. 그리고 보수규정도 다 따로 하고 사회경제적으로는 차별인데 이 회사에서 그러기는 너무 어려운 직종들이 늘어나는 것 같아요. 막 얘기를 해볼 수는 있겠지만 자신이 별로 없으니까. (W은행사건 담당변호사)

결국 '이기기 위한 소송에서(S대학사건의 담당변호사)', 성차별을 주된 문제로 주장하게 되면 '너무 너무 뻔히 지니까(W은행사건의 담당변호사)' 근로자측에서도 법적 쟁점으로 구성하기 어려운 것이다. 이에 대해 '이길지 질지 해보지도 않고 포기하느냐'고 하겠지만 현재와 같이 개별당사자가 모든 소송비용을 지불하고, 결과에 대해 책임지는 구조에서 개별사건을 샘플케이스sample case로 삼을 수는 없는 것이다.

> 여성차별문제를 주구장장 해야겠다. 그래서 쭉 갈 수 있다면 그렇게 해야겠지만 이 사건을 이겨야 되는 거잖아요 실효적으로 의미있는 쟁점에 붙을 수밖에 없고 그 쟁점은 결국에는 고평법 쟁점은 아니게 되는 것 같아요. <중략> 내가 만약에 W은행사건에서 남자들은 이렇게 일하는 사람이 없는데 여자들만 이렇게 일한다 이것만 주구장장 떠들면 너무 너무 뻔히 지니까. 그러니까 그걸 당연히 언급하지만…우리 싸우는 사람들…법하는 사람들의 문제일 수도 있어요 그걸 열심히 주장을 안 하는 거지…그 법은 선례가 없어서…우리는 선례나 그 법에 대한 해석이나 아무래도 우리가 법 만들어내는 사람들은 아니니까 일단 이론이 축적된 게 없고 그러니까 거기에 집중할 수 없거든요 (그래서 기존법리에서) 유리한 것을 뽑아가게 되고 이거는 배경이나 실질적 의미정도로 깔아주는 거지. (차별 자체 가지고 다투는 것이 효과적이지 않아서요?) 예. 효과적이지 않다고 판단한 거죠 (계약기간만료나 정리해고로 다퉈도 별로 효과적이지 않잖아요?) …그렇죠. (W은행사건 담당변호사)

> (성차별이라고 주장은) 차별로는 생각을 못했습니다. (법리적으로 불가능한 건 아니죠?) 아니긴 한데 아직 그렇게 해서 이긴 거는 없습니다, 제가 알기로는. <중략> 그 생각을 저도 못했고, 쉽지도 않고, 이기기 위한 소송에서… (S대학사건 담당변호사)

위 사례들은 여성노동자의 70%를 차지하는 비정규직(계약직)의 경우 사실상 해고에 해당하는 '근로계약기간 종료'의 근본적인 원인이 고용형태를 이용한 성차별에서 시작된 것이더라도 법적으로는 성차별을 문제제기하기 어려운 현실을 보여준다. 실제로 기업이 성별에 따라 직무를 분리하고, 여성이 대다수인 특정 직무를 계약직으로 채용하는 경우, 그리고 '계약기간만료'를 이유로 사실상 여성노동자를 해고하는 경우에는 성차별은 법적 쟁점이 되지 않았다. 물론 채용 당시에 특정 직무를 분리하여 비정규직으로 여성만을 채용하는 것에 대해 남녀고용평등법 위반으로 문제제기할 수도 있으나, 이것을 직접 구직활동을 하는 여성개인에게 기대하는 것은 현실적으로 어려운 일이다. 구직자가 채용회사를 상대로 법적 문제제기를 한다는 것은 사실상 채용되기를 포기한다는 것을 의미하기 때문이다. 결국 계약직 여성노동자가 법적 문제제기의 주체가 되는 시기는 대부분 '계약기간만료'를 이유로 근로관계가 종료된 이후이다. 이때는 성차별이 아닌 '부당해고'가 법적 문제로 제기되는데, 이 문제를 다루는 법적 쟁점은 대부분 '계약기간만료'가 정당한가에 국한된다. 법적으로는 계약기간이 형식적이라면 사실상 기간의 정함이 없는 근로자이므로 해고가 정당한가, 계약기간이 유효하다면 재계약을 하지 않을 합리적인 이유가 있는가를 판단할 뿐이다. 이건 최근 법원의 판단추세이고 그 전에는 계약기간이 유효하다면 그것으로 계약기간만료는 법적 효력을 갖는다고 보는 것이 법원의 일반적인 입장이었다. 어떤 경우든 이런 사건에서는 근로자측도 성차별 문제로 법리를 구성하지 않고, 법원도 전혀 성차별을 판단할 이유가 없는 것으로 나타났다.

이러한 현실은 고용형태를 이용한 성차별이 여성다수직무를 계약직, 시간제와 같이 직접고용하는 것에서부터 파견, (위장)도급과 같은 간접고용까지 확대되고 있는 현재 시점에서 시사하는 바가 크다9). 이에 다

---

9) 간접고용근로자의 경우도 대부분 계약직으로 근무(조성재, 2006 : 24)하고 있기 때문에 '계약기간만료'를 이유로 해고될 경우 법적으로는 위 계약직근로자의 해고와 같은 법리를 따르게 된다.

음에서는 이른바 '외주용역' 여성노동자에 대한 성차별적 해고가 어떻게 이루어지고, 그것이 어떻게 '법적' 문제로 재구성되는가를 살펴보자.

(2) 성차별적 '외주용역' 규제의 어려움

성별에 따라 직무가 분리된 노동시장 구조에서 여성들이 주로 수행하고 있는 '서비스 업무'는 단순하고 숙련이 요구되지 않는 주변 업무로 간주되고, 바로 그 이유에서 외주용역의 대상이 된다. 이러한 외주용역은 여성들이 수행하는 노동은 단순노동이라는 성차별적 '인식'과 여성노동력을 저임으로 이용하려는 성차별적 '의도'에서 비롯된 것이지만 대부분 '직무'의 이름으로 행해진다. 주로 여성들이 수행하면서 외주용역의 대상이 된 직무가 사업주가 주장하는 것처럼 '단순직무'에 해당하는가는 그 직무가 무엇이냐에 따라 다르겠지만, 본 연구사례에 해당하는 호텔 룸메이드 직무의 경우 '실제 단순하고 비숙련 직무이기 때문에 아웃소싱 된 것이 아니라 여성이 수행하는 직무는 단순하고 숙련이 요구되지 않는다는 통념에 의해 아웃소싱된 것(김양지영, 2005)'이라는 연구결과가 존재한다. 다음에서는 H호텔사건과 L호텔사건과 같이 성차별적 통념과 '의도'로 인해 외주용역의 대상이 된 여성노동자들이 해고된 후 법적으로 어떤 지위에 놓이게 되는지 살펴보고자 한다.

우선, 사업주들이 직접 고용된 근로자들에 의해 수행되던 직무를 용역회사에 도급을 주고자 할 때 가장 먼저 하는 작업은 기존에 그 직무를 수행하던 여성노동자에게 사직서를 쓰게 하는 일이다. 물론 이때 사직서를 쓰지 않은 여성노동자에 대해서는 정리해고를 시킬 수도 있지만, 이렇게 '해고'의 형식을 취할 경우 법적 분쟁에 휘말릴 수 있기 때문에 설사 승소가능성이 높더라도 사업주들이 선호하는 방법은 아니다[10]). 따라서 대부분의 사업주들은 여성노동자들이 '자발적으로' 사직서를 쓰게 하기 위해 일종의 '퇴직위로금'을 제시하고, 용역업체에 기존과 동일하거나 더 나은 조건으로 고용이 승계될 것임을 약속한다. H호텔과 L호텔도 명예퇴직금 또는 퇴직위로금을 제시하면서 해당 여성노동자들에게 사직서를 제출하고, 용역업체로 갈 것을 요구한 것으로 나타난다. 이런 '회유'에도 불구하고 여성노동자들이 사직서에 사인을 하지 않으면 위로금이라도 줄 때 나가는 것이 좋다, 버티면 돈 한 푼 못 받고 쫓겨나게 된다, 너만 빼고 다 사인했다는 등 '온갖 공갈협박'을 동원해서 결국 여성노동자가 사직서에 사인을 하도록 한다. 회사측은 추후 발생할 수 있는 '법적 문제'에 대비하기 위해서는 어떤 경우라도 '해고'보다는 '사직'의 형태로 근로관계를 종료시키는 것이 유리하다는 것을 너무나 잘 알고 있는 반면, 여성노동자들은 그러한 '사인'이 법적으로 어떤 의미를 갖는 것인지 모르는 경우가 대부분이다[11]).

'명예퇴직 및 권리포기서'에 사인하지 않으면 불이익을 당할 것이다, 위로금 한 푼도 주지 않고 강제퇴직시킨다, 부서도 없애버린다, 직원 출입구에서 들어오지도 못하게 출근저지를 하겠다고 했다. 그래도 사인하

---

10) 실제로 대법원(1999.05.11. 선고 99두1809 판결)은 "건물관리 회사가 경영상의 필요에 의하여 건물의 시설관리업무를 전문용역업체에 위탁함에 따라 직제가 폐지되는 근로자들을 수탁업체가 현 급여를 보장하면서 전원 인수하기로 합의한 경우, 이에 불응한 근로자에 대한 정리해고가 정당하다"는 입장이다. 즉, 특정 직무를 외주용역화 경우 그 업무를 담당하던 근로자를 용역회사에서 고용 승계하도록 하였다면 사업주는 책임을 다 한 것이라고 본다. 따라서 외주용역화를 반대하고 용역업체에서 일하기를 거부한 근로자에 대한 정리해고는 정당하다고 보는 것이다.

11) 간혹 회사측은 '사직서에 사인을 하지 않으면 퇴직금을 지불할 수 없다'는 거짓된 정보를 제공하기도 한다. 근로관계의 종료가 사직이든 해고든 상관없이 퇴직금은 무조건 퇴직 후 14일 이내에 근로자에게 지급해야 하는데, 종종 이런 사실을 잘 모르는 근로자들은 회사측의 '말만 믿고' 사직서에 사인을 하기도 한다. W은행사건의 당사자도 한 언론과의 인터뷰에서 회사측이 '퇴직금 수령을 볼모로 자진 사직서를 쓸 것을 종용하기도 했다'고 밝혔다(『참세상』, 2004.4.13).

지 않으니까 부서장이 한 사람씩 불러서 책상을 치면서 온갖 공갈협박을 다해서 다 사인했다. 너만 안 했다 하며 서류를 보여주면서 몰아붙여서 어쩔 수 없이 사인할 수밖에 없었습니다.[12] (H호텔사건 당사자)

이거를 어느 날 갑자기 용역으로 넘긴다고 하더라구요 중장년층 주부들이 굉장히 취약한 게 법이고 <중략> 용역으로 넘어간다고 하는데 제가 생각하기에 용역으로 넘어가면 안 될 것 같더라구요 그래서 싫다고 했어요. 싫다고 했는데 그때 노조도 없고 도와주는 사람 하나도 없었어요 (혼자 싫다고 하신건가요?) 아니 같이 의견이 모아졌어요. 그래서 3일 정도를 버텼어요. 내부에서. 사직서에 도장을 찍고 거기에 대한 약간의 보상을 해주겠다. 우리는 그거 싫다 L호텔에 계속 남아 있겠다 해서 버텼는데 회사에서는 꼭 두 가지를 쓰잖아요 계속 사람들을 회유하는 거야. 두 명씩 세 명씩. 근무하는 특성상 객실이잖아요 방으로 데리고 들어가서 용역으로 가면 더 좋아진다. 그런 상태가 되어 버린 거예요. 한 3일 정도 만에 도장을 다 찍어줘 버렸어요. 그때도 100명이 넘었어요. 지금도 150명이에요. 객실이 1,200개거든요 거기가 그렇게 도장 찍고 넘어 간 거예요. 그렇게 넘어가고 나서 용역회사가 들어오더라구요. (L호텔사건 당사자)

우리는 '구조조정' 1차로 생각한 거예요. 호텔에서 1차에서 8차까지 전 직원<이 구조조정대상이라고> 명시가 되어 있었어. 우리가 1차니까 또 2차, 3차, 4차가 있을 것이다. 1차는 16개월이고 2차는 더 적고 3차까지 가면 돈도 못 받는다. 이런 말이 나왔어요. 나한테도 분명히 얘기를 했어. 1원도 못 받고 몸만 쫓긴다. 막판에 사인을 한 거예요. 평생을 일해서 먹고 살아야 하는데 목 짤리면 어떻게 할 것이냐. 맞는 말이에요. 갈 곳 없잖아요. 그리고 부서도 없어진다는데. 정말 사기꾼들은 그렇게 사기를 치는 거야. 그럴 듯해. 우리가 노동법에 대해서 압니까? 사회물정을 압니까? 단지 집하고 호텔만 왔다 갔다 하면서 일하고 먹고 살았는데… 상식적으로… 분명히 표현은 호텔이 망한다는 표현을… 제일 중요한 건 그 사람들이 망한다는 표현을 썼어요 (H호텔사건 당사자)

---

12) H호텔사건 당사자가 쓴 글. 서울여성노동자회/전국여성노동조합서울지부 주최 「호텔룸메이드 투쟁사례로 본 여성노동의 실태와 대안」 토론회 자료집. 2007.

　이런 과정을 거쳐 여성노동자들이 '자발적으로' 사직서를 쓰게 되면 동일한 여성노동자들이 동일한 사업장에서 동일한 업무를 담당하더라도, 법적으로 책임을 지는 사업주는 바뀌게 된다. 이후 외주용역이 된 여성노동자들은 '필연적으로' 점점 열악해지는 근로조건에 직면하게 된다. 그리고 H호텔사건, L호텔사건의 경우처럼 문제를 해결하기 위해 노조가입 등의 집단행동을 시작하게 된다. 이 과정에서 회사측은 '용역회사 교체'라는 방법을 통해 '맘에 들지 않은 근로자'들을 손쉽게 해고하는 것으로 나타난다. 결국 외주용역 된 여성노동자들의 해고와 관련한 소송은 대부분 H호텔사건과 L호텔사건과 같이 용역업체 교체과정에서 회사의 부당한 행위에 강력하게 저항했던 일부 여성노동자가 해고된 시점에 시작된다. 이때 여성노동자들이 가장 먼저 주장하는 것이 회사측에 제출한 사직서는 사실상 회사의 '강압적인 요구'에 의해 작성된 것으로 무효라는 것이다.

> 　원고 1내지 6은 모두 피고회사에 고용되어 일하다가 소속이 바뀐 경우입니다. 이때 룸메이드들은 모두 사직서를 작성하게 되었는데 사실 당시에 룸메이드들이 작성한 사직서는 피고회사의 직원들의 강압적인 요구에 의하여 작성된 것으로 생각됩니다. 그때 피고회사의 직원들은 룸메이드들이 청소하고 있는 객실에까지 찾아와 억지로 사직서를 쓰게 한 사실이 있습니다. 같은 장소에서 같은 일을 할 사람들이 자발적으로 사직서를 쓰고 생긴 지 얼마 되지도 않은 용역회사에 입사하였다고 보는 것은 상식에 어긋나는 바, 룸메이드들이 비자발적으로 사직서를 썼음을 쉽게 추단할 수 있습니다. (L호텔사건. 근로자측 소장. 지방법원 제출. 2007.1.)

　물론 이에 대해 호텔측은 여성노동자들이 '자발적으로 명예퇴직을 한 후' 용역업체에 입사한 것(H호텔), '퇴직금과 별도의 근속연수에 따른 퇴직위로금'을 수령하고 자발적으로 사직서를 제출한 것(L호텔)이라고 반박하였다.

> 원고들은 피고에서 자발적으로 명예퇴직을 한 후 이 사건 서비스팀 업체에 입사하였고… (H호텔사건. 서울중앙지법 2007.7.19. 선고 2004가합 96700 판결 〈피고의 주장〉)

> 신청인들은 피신청인의 회사 L호텔에서 도급업체로 전적할 당시 본인들도 모르게 소속이 변경되었고, L호텔이 직접 신청인을 고용한 것이라 주장하고 있으나, 신청인들을 포함한 당시 전적 근로자들은 퇴직금과 별도의 근속연수에 따른 퇴직위로금을 수령하고 L호텔에서 사직서를 제출하고 퇴사하였으며, 그 후 용역업체인 신청 외 (주)○○○로 채용되어 근무하였습니다. (L호텔사건. 회사측 답변서. 지방노동위원회 제출. 2006.12.21.)

그러나 위와 같은 사건은 여성노동자들이 '사직서 제출'이 무효라는 것을 주장하는 '간단한' 사건이 아니다. 이들 사건에서 여성노동자들이 보다 강하게 주장하는 것은 사직서가 무효라는 것보다는 호텔과 용역 업체 사이의 도급계약이 '위장도급'에 해당하므로 호텔이 여성노동자에 대한 사업주로서 법적 책임을 져야 한다는 것이다.

> 원고들은 피고〈H호텔〉의 강압과 기망에 의해 피고로부터 명예퇴직을 하고 형식적으로 이○○〈용역업체 대표〉의 개인사업체인 이 사건 서비스팀 업체와 근로계약을 체결하였지만, 이 사건 서비스팀 업체 내지 이○○은 사업주로서의 독립성을 결한 피고의 노무대행기관에 불과하고, 실제로는 피고가 원고들을 직접 사용·지휘하여 근로를 제공받았으므로 원고들과 피고 사이에 직접적인 근로계약관계가 존재한다고 주장한다. (H호텔사건. 서울중앙지법 2007.7.30. 선고 2004가합96700판결 〈원고들의 주장〉)

> 원고들과 피고회사가 직접 고용관계를 맺은 것이 아니라 하더라도 피고회사와 (주)○○○○가 맺은 위탁계약은 도급계약이 아니라 근로자 파견계약으로 보아야 할 것으로 룸메이드 업무는 파견대상 업종에 해

당하지 않으므로 이는 불법파견에 해당되어 파견법 제6조 제3항에 의하여 피고회사는 원고들을 직접 고용한 것으로 보아야 할 것입니다. 원고들에 대한 피고회사의 사용이 불파에 해당하는지 여부의 핵심은 피고회사가 원고들에 대하여 직접적인 지휘·감독을 행하였는지에 있는 바, 아래에서는 이점을 중점적으로 주장하겠습니다. <중략> 원고들이 적어도 위법파견임이 분명한 (주)○○○○ 소속으로 룸메이드 업무를 한 지 2년이 경과한 시점에서 원고들과 피고회사에 직접 고용되었다고 보아야 합니다. (L호텔사건. 근로자측 소장. 지방법원 제출. 2007.1.)

H호텔사건의 경우 1심 법원이 근로자측의 주장을 받아들여 호텔의 법적 책임을 인정하는 판결을 내렸지만, 이에 대해 양측이 고등법원에 항소하여 2009년 7월 현재 2심이 진행 중이다. 호텔측에서는 법원이 위장도급을 인정한 것에 대해서, 근로자측에서는 법원이 여성노동자들의 사직을 인정하고 호텔에 재입사한 것으로 간주하여 사실상 신입사원의 임금수준으로 보상을 명령한 부분에 대해서 항소하였다고 한다(H호텔사건 담당변호사). H호텔사건의 경우 1심에서 법원은 위장도급을 인정했지만 사직서 제출 자체는 유효하다고 판단했기 때문이다.

위와 같이 외주용역 된 여성노동자들이 해고된 후 법적 권리주장을 할 때 성차별은 주장되지도, 판단되지도 않으며 법적 쟁점이 되는 것은 대부분 '위장도급' 여부이다. H호텔사건과 L호텔사건의 경우도 근로자측에서 법원을 향해 이 사건이 '성차별적 외주용역'이기 때문에 그 결과로서의 해고가 무효라고는 주장하지 않았다. 사실 법적으로 이런 주장을 하기에는 '외주용역'의 시점과 해고된 시점 및 과정 사이에 너무 큰 법적, 시간적 간극이 존재한다[13]. 물론 당사자들이 주장하지

---

13) 2001년 여성노동자가 대부분을 차지하는 한국통신 114안내 및 체납관련 업무에 대한 분사계획이 발표되었을 당시 여성계는 이에 대해 '성차별적 구조조정의 일환'이라고 주장했으나 '경영상 분사를 성차별과 관련시키기 어렵다는 전문가들의 견해가 우세한 편'이었다고 한다(서울신문, 2001.6.9.).

않았기 때문에 법원도 성차별에 대해서는 전혀 판단할 이유가 없다[14].

그러나 여성노동자들은 사회적으로는 성차별적 외주용역과 그에 기인한 해고가 '여성문제'에 해당한다고 주장하고 있다. 전국여성노동조합 서울지부장은 "전문 서비스 업무를 담당하고 있는 룸메이드를 거리로 내몰고 단순 청소 용역으로 치부하고 있는 이번 사건은 여성 비정규직의 현실을 그대로 반영하고 있다"고 밝힌다[15]. 사업주의 성차별적 '의도'에 의해 외주용역화 된 여성노동자들의 해고에 대해 사회적으로는 성차별을 주장하지만, 법적으로는 성차별을 주장하기 어려운 구조임을 알 수 있다. 법과 현실 사이에 괴리가 큰 것이다.

2) 입증하기 어려운 사실에 대한 입증 요구

소송에서 누가 입증책임을 지느냐는 매우 중요한 문제이다. 일반적으로 법적 분쟁에서 입증책임은 주장하는 자가 지는 것이 원칙이다. 이런 입증책임원칙에 따르면 성차별을 받았다고 주장하는 사람이 그것을 입증해야 한다. 그러나 성차별사건과 같이 근로자는 처분을 받을

---

14) 한편, 2002년 2월 국가인권위원회에 H호텔이 여성에게 명예퇴직을 강요한 것은 고용차별이라는 진정이 접수되었다. 이 사건에 대한 법적, 사회적 투쟁을 진행하였던 여성근로자들이 아닌 또 다른 여성근로자가 개인적으로 인권위원회에 사건을 접수한 것으로 보인다. 이에 대해 2002년 10월 국가인권위원회는 "명예퇴직을 위한 사직서 및 그에 따른 권리포기서를 자필로 작성하였고, 퇴직금 및 명예퇴직금을 수령한 후 이를 반납하는 등 자의에 의한 퇴직이 아니라는 의사를 밝힌 사실이 없는 점으로 보아 피진정인이 명예퇴직을 강요하였다고 인정하기는 어렵고, 회사의 경영난을 사전에 예방하기 위하여 노사합의로 아웃소싱을 결정한 사실 및 대부분의 호텔에서 기물관리과 등을 이미 아웃소싱한 사실이 인정된다. 따라서 피진정인이 여성직원들에게 사직을 강요하고, 여성직원들이 많은 부서만을 아웃소싱하였다는 진정인의 주장은 사실이 아닌 것으로 판단된다(국가인권위원회 2002.10.7. 02진차17 결정)"는 결정을 하였다.

15) "L호텔 룸메이드 용역직 16명 해고", 『우먼타임스』, 2006.11.28.

뿐이고 사업주가 일방적인 행위자인 경우에는 근로자가 성차별을 입증하는 것은 쉽지 않다. 이러한 현실인식에 기반해 남녀고용평등법과 관련된 분쟁에서는 사업주가 입증책임을 지도록 법을 만들었다(남녀고용평등법 제30조). 즉, 사업주가 근로자를 성차별하지 않았음을 입증해야 한다. 남녀고용평등법 위반의 성차별사건에 대한 입증책임을 전환했다는 것은 사업주가 성차별을 하지 않았음을 입증하지 못하면 성차별을 한 것으로 보겠다는 것을 의미한다. 근로기준법의 경우 명확하게 입증책임을 규정하고 있지 않으나 일반적으로 "사용자는 근로자에 대하여 정당한 이유 없이 해고·휴직·정직·전직·감봉 그 밖의 징벌"을 하지 못하도록 하고 있으므로 역시 입증책임은 해고가 정당하다고 주장하는 사용자가 부담한다고 해석한다[16]. 이렇게 볼 때 성차별적 해고사건이 발생하면 당연히 사업주가 성차별적 해고를 하지 않았음을 입증하지 않는 한 성차별을 한 것으로 간주되어야 하는 것이다. 다음에서는 실제 성차별소송에서 입증책임전환 조항이 어떤 의미를 갖고 있는가를 입증문제가 소송과정에서 쟁점이 되었던 D제분사건을 통해 살펴보고자 한다.

D제분사건은 사회적으로는 '결혼퇴직사건'으로 알려졌다. 이 사건당사자는 D제분에 입사할 당시 결혼퇴직각서를 작성했고, 실제로 결혼퇴직(관행)이 존재했으며, 그로 인해 퇴직의 의사가 없었음에도 결혼과 함께 사직서를 제출했다고 주장했다. 이 사건은 법적으로 해당 여성노동자의 결혼으로 인한 사직서 제출이 무효인가를 다투게 되었는데, 약

---

16) 대법원 1991.7.12 선고 90다9393 판결, 대법원 1995.2.14. 선고 94누5069, 대법원 1999.4.27. 선고 99두202 판결 등. 이렇게 볼 때 근로자가 해고무효확인을 구하는 민사소송에서는 피고로 된 사용자가, 근로자가 부당해고가 아니라는 중앙노동위원회 재심판정에 불복해 그 취소를 구하는 행정소송에서는 피고로 된 중앙노동위원회위원장이, 사용자가 부당해고에 해당한다는 중앙노동위원회의 재심판정에 불복해 그 취소를 구하는 행정소송에서는 사용자가 해고의 정당성에 관한 입증책임을 부담한다(사법연수원, 2000 : 22).

7년 가까이 진행된 소송에서 법적 쟁점은 결혼을 이유로 한 사직서 제출이 '관행에 의한 것인가' 아니면 '자발적인 의사에 의한 것인가' 하는 것이었다.

> 이 사건의 쟁점은 ① 참가인의 사직서 제출이 참가인의 의사에 반하여 여성근로자에 대하여 혼인을 퇴직사유로 하는 내용의 채용조건 내지 그와 같은 원고회사의 방침에 따라 이루어진 것이어서, 원고회사가 위 사직서를 수리하여 의원면직 처리한 것이 해고에 해당하는지 여부와 ② 해고에 해당한다고 하더라도 참가인의 이의 유보 없이 퇴직금을 수령함으로서 위 해고를 인정한 것으로 볼 수 있는지 여부이다[17]. (D제분사건. 행정법원 2000.2.15. 선고 99구18615 판결)

그러나 보다 직접적으로는 입증이 문제였다. 소송과정에서 이 사건은 '결혼퇴직각서'의 존재여부와 '결혼퇴직관행' 여부를 입증하는 것이 법적 쟁점을 이루었다. 법원에 근로자측이 제출한 서류의 많은 부분은 근로자측의 증거·증인진술이 신빙성이 있으며, 회사측의 증거·증인진술은 신빙성이 없다는 것을 주장하는데 대부분을 할애했고, 회사측이 제출한 서류는 그 반대의 주장에 대부분을 할애했다. 무엇보다 회사측은 근로자측이 작성했다고 주장하는 '결혼퇴직각서'를 '현재 보관이 되어 있지 않아 제출할 수 없다'고 밝혔다.

> 문 : 피신청인은 동 계약서의 제출여부에 대하여 말하세요
> 답 : 회사 총무부서에 의하면 여직원계약서는 현재 보관이 되어 있지 않아 제출할 수가 없다고 하였습니다. (D제분사건. 1998.12.29. 영업소장이 강원지방노동위원회 사무국에서 부당해고구제신청사건에 관하여 진술한 내용)

---

17) 이와 관련해서는 행정법원은 퇴직금 수령이 해고를 인정한 것으로 볼 수 없다고 판단하였고, 고등법원 이후에서는 쟁점으로 다뤄지지 않았다.

이런 상황에서 초점은 '결혼퇴직관행' 여부를 입증하는 것으로 모아졌고, 보다 직접적으로는 결혼퇴직관행을 둘러싼 동일한 여직원들의 상반된 진술서를 둘러싸고 '무엇을 증거로 채택하는가'가 결론을 좌우하게 되었다. 즉, 이 사건당사자는 다른 여직원들에게 결혼퇴직관행이 있었다는 진술서를 받아 노동위원회와 법원에 증거자료로 제출했는데, 이후 회사가 이 여직원들을 찾아가 결혼퇴직관행은 없었다는 상반된 진술서를 받아 제출했기 때문이다. 이 사건의 핵심 쟁점은 이러한 양측의 배치되는 주장을 놓고 어느 쪽의 증거를 믿을 것인가 하는 것이었다. 이에 대해 강원지방노동위원회는 "이러한 사실을 확인하는 여직원들의 현재 근무하는 장소가 영업소로서 서울, 부산, 천안, 청주 등 전국에 산재하여 지역을 달리하고 있는 자들임에도 불구하고 같은 내용을 진술하고 있으며, 채용응시자들과 퇴직여직원들은 이해관계가 없는 자들 임에도 불구하고 개인에게 불이익 처분이 있을 수도 있는 것까지 감수하면서 이를 확인한 것으로 볼 때[18]" 근로자측이 제출한 자료가 신빙성이 있다고 보았고 그 결과 여성노동자가 승소할 수 있었다. 행정법원에서도 "원고회사의 창립 이래 참가인이 퇴직할 때까지 결혼한 여성이 정식 직원으로 근무한 사례가 없는 점, 여성근로자의 인사에 관여하지도 않고 여성근로자가 노조원도 아닌 상황에서 한 노조위원장인 위 강○○의 진술의 신빙성이 높다고 볼 수 없는 점" 등을 종합적으로 고려할 때 근로자측이 제시한 증거가 신빙성이 있다고 판단했다.

 원고측에서 행정법원에 제출한 관련 입증자료
  1. 원고회사에서 근무하고 있거나 근무하였던 여성근로자인 임은○(서

---

18) 강원지방노동위원회 98부해101. 1999.2.11.

울영업소), 서정○(천안영업소), 이경○, 허영○의 "결혼과 동시에 퇴직하는 조건으로 원고회사에 입사하였다"는 내용의 각 진술서 및 진술조서.

2. 참가인에 대한 후임자 채용 면접에 참여했던 최소○, 이근○, 우명○도 "위 면접에서 영업소장이 결혼예정시기를 질문하면서, 결혼하면 퇴직할 것을 조건으로 밝혔다"는 내용의 확인서.

3. 강원지방노동위원회 심사관으로 이 사건 부당해고구제신청 사건을 처리한 임춘조의 이 법원에서의 증언 중 "원고회사 여직원인 김현○(대구영업소), 손정○(의정부영업소), 이진○(수원영업소), 정성○(광주영업소)에게 전화를 걸어 확인한 결과, '결혼한 동시에 퇴직하는 조건으로 채용되었다'는 내용의 답변을 들었다"는 부분.

피고측에서 행정법원에 제출한 관련 입증자료

1. 위 임은○, 서정○, 이경○, 김현○, 손정○, 이진○, 정성○을 포함한 원고회사 여직원 19명의 "원고회사에 입사하면서 '결혼하면 퇴직한다'는 구두 약속이나 각서를 작성한 사실이 없다"는 내용의 확인서.

2. 위 최소○, 이근○, 우명○의 "위 확인서는 참가인의 부탁으로 작성한 것이며, 영업소장이 면접에서 '결혼 후 퇴직'을 조건으로 제시한 바가 없다"는 내용의 사실확인서 및 이근○의 법원에서의 진술.

3. 원고회사 노조위원장인 강명모의 "결혼하면 퇴직하는 조건으로 여직원을 채용하는 것이 아니고, 결혼한다고 해서 사직을 권유하지도 않는다"는 취지의 진술서 및 법원에서의 증언 등.

그러나 고등법원과 대법원에서는 여성노동자가 패소했는데 특별한 근거없이 법원은 근로자측이 제시한 증거를 믿을 수 없고, 따라서 결혼퇴직관행이 있었음을 "인정할 아무런 증거가 없다"는 것이 그 이유였다.

고등법원에서 새롭게 제출된 증거란 회사측에서 제출한 직원들의 진술서와 회사측 증인의 증언 이외에는 아무것도 없었다. 그런데도 고등법원은 회사측 증거만 일방적으로 채택한 후, K에게 유리하고 신빙성 있는 증거들을 모두 믿지 않는다고 판시하였다.[19] (D제분사건 담당변호사)

상식적으로 생각할 때, 전국적으로 흩어져 근무하는 여직원들이 친
분관계가 거의 없는 여성노동자의 부탁으로 진술서를 써줄 때 허위로
쓰지는 않을 것이라는 점은 차지하더라도 사건초기단계에서 노동위원
회의 심사관이 여직원들을 조사한 결과 결혼퇴직관행이 존재했다는 사
실을 확인했음에도 이를 인정하지 않았다.

> 원고회사는 참가인이 자의로 회사를 사직한 후 실업급여를 수령하기
> 위해 동료직원들에게 부탁하여 이와 같은 허위의 진술서를 받은 것이
> 라고 주장하나, 참가인이 회사를 그만둔 이후에 위와 같은 진술서를 받
> 은 점, 참가인에게 진술서를 작성해준 동료직원들이 전국에 흩어져 근
> 무하고 있는 관계로 허위의 진술서를 써 달라는 참가인의 부탁을 들어
> 줄 정도로 친분관계가 두텁지 않다는 점, 지방노동위원회의 공무원이
> 전화로 조사하였을 때 진술서의 내용이 모두 사실이라고 인정한 점 등
> 에 비추어 볼 때 위 진술서들은 그 후에 회사측에 제출한 진술서보다
> 훨씬 신빙성이 높은 증거라고 할 것입니다. (D제분사건. 근로자측 상고이
> 유서. 대법원 제출. 2000.10)

> 이 사람<사건당사자>이 소송하기 전에 영업소 여직원들한테 ‘결혼
> 퇴직각서를 썼다’는 진술서를 받았어요 근데 이 사람들이 이걸 재판
> 에 내고 나니까 ‘나는 그런 거는 이 사람이 부탁해서 써줬지 사실이
> 아니다’고 하는 거예요 그건 당연하지. 회사에 근무하는데 그런 거 썼
> 다고 하면 이 사람들이 근무를 하겠냐고 당연히 회사에서 압박하면
> 내용을 바꾸죠 근데 그걸 <법원이> 믿었다구요 그전에 김○○씨가
> 부탁했을 때는, 사실은 같은 회사 영업소에 근무하는 사람이 아니기
> 때문에 서로 잘 몰라요 전화로 부탁하니까 그냥 보내준 거예요 그게
> 사실인거죠 그게 사실인거죠 근데 그 후에 회사가 개입하고 나서 이
> 사람들이 바꾼 진술서를 <법원이> 믿으니까. 말이 안 되는거죠 (D제
> 분사건 담당변호사)

---

19) 『월간 사람』 4호, 2005.10.

설사 위와 같은 증인들의 상반된 진술자체를 인정하지 않는다고 하더라도 이 사건 2심, 3심 법원이 결혼퇴직'관행'과 관련한 주요한 사실인 ① D제분이 창립된 1953년부터 1999년 현재까지 약 46년간 결혼사실이 밝혀진 후 D제분에서 근무한 여성노동자가 한 명도 없었고 ② 이 사건 재심판정 당시 원고 회사의 정규 사무직 여성노동자 전원이 미혼여성이었다는 것을 인정하고도 결혼퇴직'관행'을 믿기 어렵다고 판단한 것은 법원이 '관행'의 의미를 모르는 것이 아닌가 의심하게 한다. 위 법원이 인정한 ①, ②에 해당하는 사실 자체가 바로 관행을 증명한 것이라고 볼 수 있기 때문이다.

> 원고회사 창립 이후 이 사건 재심판정 당시까지 결혼 후에도 계속 근무하였던 여직원은 없었고, 이 사건 재심판정 당시 원고회사의 근로자 중 정규사무직 여직원은 56명가량이었는데 전원이 미혼 여성이었으며, 원고회사는 채용시 사무직 고졸 여자는 6급사원으로 채용(사무직 고졸남자는 5급사원으로 채용된다)하나 일반적으로 승진의 기회를 부여하지 아니하고 인사고과도 실시하지 아니한 사실 등을 인정한 다음 <중략> 원고회사에 여직원이 결혼을 하면 퇴직하는 관행이 있음을 추단하기 부족하며, 달리 이를 인정할 아무런 증거가 없고 (D제분사건. 대법원 2001.12.27 선고, 2000두7797 판결)

이후 근로자측은 다시 지방법원에 '착오에 의한 의사표시 무효'를 주장했다. D제분사건의 변호사에 따르면 당사자도 사실상 '계속 소송할 생각도 별로 없으며', 사건지원을 하던 여성단체도 '손을 뗐고', 소송비용을 내겠다고 할 사람도 없는 상황에서 또다시 지방법원에 소송을 제기하게 된 것은 '너무나 중요한 사건'인데 패소로 끝난다는 것을 스스로 납득할 수 없었기 때문이라고 한다.

> 대법원에서 지고 나서는 여협은 그 다음부터는 손을 뗐고 사실상 돈

을 내겠다고 얘기할 사람도 없었고 졌기 때문에 저도 여협에 계속 구조요
청을 할 상황도 아니고 본인도 낙담해서 계속 소송을 할 생각도 별로 없
었는데. 제가 생각할 때는 이게 너무나 중요한 사건인데 이렇게 묻힌다는
것이 화가 나서… <판결문에> 이게 민사로 다투면 의원면직처분 자체의
무효를 다툴 수 있는 그런 문구가 있었어요. (D제분사건 담당변호사)

그리고 무엇보다 고등법원에서는 결혼퇴직관행은 없다고 보아 근로
자패소판결을 내렸지만, 판결문에 근로자가 결혼퇴직관행이 있다고 '오
인하여' 사직서를 제출한 것에 대해서는 다른 법리로 다퉈볼 수는 있
다는 여지를 남겼기 때문이다[20]. 즉, 2심 재판부는 결혼퇴직'관행'은
인정할 수 없어 사직서 제출이 유효하다고 판단하지만, 근로자가 결혼
퇴직관행이 있다고 오해 또는 착각하여 사직서를 제출한 것이라면 그
것을 이유로 한 사직서 제출의 유무효는 별개의 문제로 다퉈볼 수 있
다는 문구를 판결문에 명시한 것이다. 이에 변호인은 고등법원-대법
원의 판단처럼 D제분에 '결혼퇴직관행'이 없었다고 하더라도 사건당사
자는 '결혼퇴직관행'이 존재한다고 '착각'해 사직서를 제출했으므로 무
효라며 다시 소송을 시작하였다.

가사 여직원이 결혼을 하면 퇴직하는 관행이 원고회사에 있다고 오
인하여 제출한 참가인의 사직서에 기하여 원고회사가 참고인에 대하여
의원면직 처분을 하였다고 하여도 이를 근거로 하여 민사상 고용계약
관계의 존속을 주장함은 별론으로 하더라도…. (D제분사건. 서울고등법원

[20) 실제로 대우건설사건에서 서울지방노동위원회는 '대리급 여직원들을 희망(명예)퇴
직대상자로 선정함에 있어서 남성사원, 대리급 선정기준 연령 40세보다 현격히 낮
은 30세를 기준으로 함으로서 법에 명시된 '성차별금지' 규정에 저촉되고 또 이를
무리하게 시행하는 과정에서 불가피하게 상사의 반복적 사직 압력이 있었던 것으
로 인정되므로 이에 기한 신청인들의 사직원 제출이 진의 의사표시가 아님을 피신
청인은 인지하였을 것으로 보임에 이를 수리하여 의원면직 처리한 것은 '부당해고'
에 해당한다'고 판결한 바 있다(서울지방노동위원회 98부해1013,1051,1089 판정문).

2000.8.30. 선고, 2000누2817 판결)

이러한 소송은 절차적으로는 가능하나 현실적으로는 거의 이루어지는 경우가 없다. 일단 대법원에서 확정판결이 난 사건에 대해 사실상 동일한 '해고'사안을 다투면서 법적 쟁점만 달리하여 또다시 민사소송을 진행하는 것은 의미가 없다고 여겨지기 때문이다. 실제로 이 사건이 다시 지방법원에 '의원면직처분무효확인의 소'로 제기되자 1심의 '담당판사는 동일한 사건이 대법원에서 패소했는데 다른 법률적인 쟁점을 가지고 소송을 제기한 것을 못마땅해하는 것이 역력했다'고 한다(D제분사건 담당변호사).

> 1심에서는 판사가 대법원에서 진 건데 똑같은 사건을 왜 갖고 왔냐. 말하자면 쓸데없는 거 가지고 다툰다는 예단을 미리 갖고 있어서 도대체 왜 이런 소송을 하는지 모르겠다는 태도를 계속 취하더라구요. 제가 느끼기에는 굉장히 불공정했어요, 재판자체가. (이런 소송이 흔하지 않잖아요?) 의미있는 부분을 다 써냈는데도 뭐 이런 쓸데없는 거, 대법원에서 진 뻔한 거를 왜 또 갖고 왔냐 이게 너무 역력했어요. (D제분사건 담당변호사)

결국 서울지법에서는 이를 전혀 받아들이지 않았다. 역시 여성노동자가 '결혼하면 퇴직해야만 하는 것으로 알고 어쩔 수 없이 사직서를 제출하였다는 사실을 회사에게 표시하였다는 것'을 증명하기 위해 제출한 각종 증거들을 믿을 수 없다는 것이 그 이유였다[21]. 이에 대해 항소한 변호인은 "여직원계약서는 피고회사에서 보관하고 있기 때문에, 피고회사가 임의로 제출하지 않는 한 지방노동위원회 심사관이 이를 볼 수가 없는 것입니다. 피고회사가 자신들에게 명백히 불리한 서류를 제출할 리 만무합니다… 만약 결혼퇴직관행을 인정함에 있어 이처럼

---

21) 서울지방법원 2002.10.15. 선고 2002가합9726 판결.

여직원계약서의 존재 또는 단체협약이나 취업규칙에 결혼퇴직의 규정 등 명백한 증거만을 요구한다면, 회사측에서 이러한 서류를 은닉하거나, 명시적으로 규정을 두지 않고 구두로 또는 암묵적으로 결혼을 하면 사직을 하도록 강요하는 경우, 법은 근로자를 전혀 보호할 수 없게 됩니다[22]"라고 호소했으나 2심 법원은 1심 내용을 그대로 인용했다[23]. 그리고 대법원도 근로자측의 모든 주장에 대해 그 전제가 되는 '결혼퇴직각서 제출' 및 '결혼퇴직관행'을 인정할 증거가 없기 때문에 '살펴볼 이유가 없다'고 판단했다. 이 사건진행과정에서 근로자측은 성차별적 관행을 입증할 '명백한 증거'만을 요구한다면 법은 근로자를 전혀 보호할 수 없다고 강조하면서 이와 같은 사건에서 법원이 증거를 판단하는 방법이 보다 전향적이어야 한다고 주장하였지만 법원에서는 전혀 받아들여지지 않은 것이다.

결국 '결혼퇴직'을 둘러싸고 약 7년간 진행된 이 소송에서 성차별사건에 대한 입증책임전환 법리는 전혀 발전하지 않았다. 즉, 성차별사건에 대해 사업주로 하여금 차별하지 않았음을 입증하도록 되어 있는 입법적 성과에도 불구하고 실제 사건에서는 이러한 조항이 제대로 작동하지 않았다. 사건초기에 '회사의 결혼퇴직관행에 대한 증거는 충분하다'고 판단했다는 담당변호사의 진술이 법원의 높은 벽 앞에서 메아리치는 듯하다.

노동위원회의 기록을 검토한 결과 지방노동위원회의 심사관이 위 회

---

22) 2003.10. 변론보충서. 서울고등법원 민사 제13부 귀중.

23) 2심 고등법원 판결문(서울고등법원 2003.11.5 선고 2002나62700 판결)은 "1. 이 법원이 이 사건에 관하여 설시할 이유는 제1심 판결의 이유란 기재와 같으므로 민사소송법 제420조에 의하여 이를 그대로 인용한다. 2. 그렇다면 제1심의 판결은 정당하므로 원고의 항소는 이유 없어 이를 기각하기로 하여 주문과 같이 판결한다"는 것이 내용의 전부이다.

사의 여직원들에게 전화를 걸어 결혼퇴직관행이 있음을 확인했고, 퇴직한 여직원 중 입사할 때 결혼퇴직각서(일명 여직원 계약서)를 작성하였다는 진술이 있으며, 강원지방노동위원회의 회의록에서 회사 영업소장이 "여직원은 모두 비조합원이며 결혼과 동시에 자동으로 퇴직을 하였습니다"라고 진술한 내용이 있는 것으로 보아 회사의 결혼퇴직관행에 대한 증거는 충분하다고 판단하였다.[24] (D제분사건 담당변호사)

남녀고용평등법 제정당시인 1987년부터 "사업주는 근로여성의 혼인·임신 또는 출산을 퇴직사유로 예정하는 근로계약을 체결하여서는 아니된다(제8조 제2항)"고 하여 금지한 이른바 '결혼퇴직제'가 법원에 의해 완전히 부활한 것이다. 사업주가 결혼을 이유로 여성노동자를 '해고'하는 형식을 취하지 않고, 사직의 형식으로 근로관계를 종료하는 경우에는 법적으로 다투더라도 '결혼퇴직관행'에 대한 엄격한 입증, 사실상 불가능한 입증이 선행되지 않는다면 여성노동자가 승소하기는 어렵기 때문이다. 또한 이런 판결은 결국 결혼퇴직, 임신퇴직 등이 성차별적 관행이 존재하는 사업장에서 퇴직한 여성들이 법적 문제제기를 하는 것 자체를 포기하게 하는 실질적인 효과를 발휘하게 된다.

앞으로는 이런 일로 소송을 제기할 당사자도 없을 것이다. 보나마나 입증 못해서 패소할 것이 분명한데 누가 소송을 하겠다고 덤비겠는가. 게다가 이제는 많은 사업장들이 결혼, 임신, 출산 등의 문제를 일으킬 여지가 있는 여성들을 아예 비정규 계약직으로 고용해서 사전에 문제 발생의 소지를 차단하고 있기 때문에, 결혼퇴직은 고민할 필요도 없는 한물 간 고전적인 수법이 되어 가고 있다. 결국 대한민국의 법원은 "결혼퇴직은 무효"라는 너무나도 뻔한 판결을 한 번 써보지도 못한 채 21세기를 맞이한 셈이다.[25] (D제분사건 담당변호사)

---

24) 『월간 사람』 4호, 2005.10.

25) 『월간 사람』 4호, 2005.10.

오랫동안 성차별적 해고는 '공식적인 제도'에 보다는 결혼하면 그만 둬야 하는 '관행', 임신하면 그만둬야 하는 '관행'에 의해 이루어져 왔다. 성차별적 해고에 있어서 '관행'을 입증하는 것이 법적 쟁점이 된 D제분사건은 관행에 의한 성차별을 입증하는 것이 얼마나 어려운가를 잘 보여준다.

3) 법적 판단의 형식성 : 차별판단의 회피

고용형태를 이용한 성차별사건의 경우 여성노동자들이 사회적으로는 여성노동의 문제, 성차별적 사건이라고 주장하지만, 대부분 '법적으로' 는 성차별을 주장하지 못한다. 당연히 법원도 이를 판단하지 않는다. 그러나 여성노동자들이 사회적으로는 물론 '법적으로'도 해고의 원인 이 성차별이라고 주장하며 법원의 판단을 요구하는 사건에서도 법원은 성차별을 사실상 판단하지 않는 사건들이 존재한다. 대표적인 경우가 사직서 제출의 형식으로 근로관계를 종료시킨 것으로, 본 연구사례 중 에서는 N중앙회사건, A생명사건과 같은 '명예퇴직' 사건이 이에 해당 한다.

한국 사회에서 '명예퇴직'이 근로관계를 종료시키는 주요한 방법으 로 사용되기 시작한 본격적인 시기는 1997년 IMF 즈음이다. 당시 기업 들이 인적 구조조정을 할 때 명예퇴직을 사용하는 비율은 매우 높게 나타난 반면, 정리해고 방식을 사용한 경우는 매우 낮게 나타났는데 이는 정리해고에 따른 각종 법절차 및 노조반발 등의 어려움 때문인 것으로 보인다(윤진호, 2001 : 72). 즉, 경영상 이유로 정리해고를 할 경우 법적 요건을 갖추도록 하였지만, 실제로는 정리해고와 관련한 법적 분 쟁을 회피하기 위하여 기업은 거의 강요에 가까운 권고사직, 희망퇴직·명예퇴직, 그리고 부당전직 등의 방법으로 대량의 인원을 줄였던 것이다(이병훈·유범상, 2001 : 201 ; 서장권, 2002 : 43). IMF와 함께 찾아온 경제위기시기에 '명예퇴직'의 압력을 가장 강하게 받는 집단은 바로 여성이었다[26]. 그러나 당시 금융권에서 사용되었던 <명예퇴직의 권고문>을 보면 명예퇴직이 '퇴직'이 아니라 사실상 해고에 가까웠음을 알 수 있다. 이는 퇴직 '권고'에 불응할 경우 대기발령 등 즉각적이고 강력한 인사조치가 실시될 것이며, '추가 혜택이 없는 해고통지서가 송부될 가능성'도 배제할 수 없다는 완곡한 표현만 보아도 짐작할 수 있다.

〈명예퇴직 권고문〉

　귀하께서는 금번 실시되는 명예퇴직의 대상자가 되어 있으며 귀하의 업무능력부족과 승진을 위한 최저 요건마저 갖추지 못한 점 등을 감안하고 그로 인하여 장기간 승진에 누락되어 조직 분위기를 극히 저해하고 있는 양상을 통하여 귀하를 현저한 직무능력부족자로 판단할 수밖에 없어 금번 명예퇴직의 우선 권고 대상자로 선정하였음을 알려드립니다…추가 혜택이 없는 해고통지서가 송부될 가능성도 배제할 수 없음을 명심하시기 바랍니다…만일 현저한 직무능력의 부족으로 명예퇴직 권고 대상자로 선정된 귀하께서 본 권고에 불응할 시에는 대기발령 등 즉각적이고 강력한 인사조치가 실시될 것임을 알려드리오니 이 점도 참고하시기 바랍니다. (김영주, 1998)

　이러한 현실이었음에도 명예퇴직사건이 소송으로 제기되면 법원은 철저하게 '사직서 제출의 의사표시'의 효력만을 다투는 것으로 나타났

---

26) 실제로 1998년 당시 명예퇴직이 '상당수'를 차지하는 '기타 사유'로 인한 고용보험 상실자의 성별상실률을 보면 여성이 5.6%로 남성의 4.0%에 비해 높게 나타난다. 특히, 금융보험업의 경우 '기타 사유'로 인한 상실자 가운데 43%가 여성인데, 이는 피보험자 전체에서 여성이 차지하는 비율 34%에 비해 거의 10% 이상 높은 것이다. 구체적으로, 1998년 상반기 6대 시중 은행의 명예퇴직행원 가운데 87%가 여성인 것으로 보고되고 있다(조순경, 1999).

다. 위 권고문을 통해서도 짐작할 수 있듯이 명예퇴직의 경우 일반적
인 사직서 제출과 다른 맥락에 놓여 있음에도 불구하고 민사상의 의사
표시 법리가 적용되는 것이다. N중앙회사건과 A생명사건은 명예퇴직
의 형태로 근로계약이 종료되었으나, 사실상 해고에 해당하며, 그 원인
은 성차별에 있다고 주장하였으나 법적으로는 비진의 의사표시가 주된
쟁점이 된 사건이다. 이들 사건은 어떻게 성차별을 금지하는 정리해고
에 대한 법적 규제를 피하면서 성차별적 (정리)해고가 가능한가를 보여
주는 대표적인 사례이다.

우선, N중앙회사건을 살펴보자. 노동부의 조사결과에 따르면 N중앙
회는 구조조정계획 초기부터 '사내부부 중 1인'을 명예퇴직대상자로
결정하였으나 최종적으로는 '상대적 경제적 생활안정자'로 문구를 변
경했다. 그러나 이것은 표면적인 변경일 뿐 실제로 그 기준을 적용함
에 있어서는 다른 요소를 고려하지 않고 '사내부부'를 명예퇴직의 대
상으로 했다.

> N중앙회는 98년 9월 감축계획입안 당시부터 '사내부부 중 1인'을 구
> 조조정대상자로 분류·표기하여 오다가 최종확정단계에서 '상대적 경제
> 적 생활안정자'로 문구를 변경하였으나, 그 기준을 적용함에 있어서는
> 가구소득 등을 고려함이 없이 사실상 '사내부부'만을 겨냥하여… (노동
> 부 보도자료. 1999.5.3)

이렇듯 N중앙회가 사실상 사내부부를 그 대상으로 함에도 불구하고
서류상으로는 '상대적 경제적 생활안정자'라고 표현을 변경한 것은 그
러한 기준이 '법적 문제'를 가져올 것이라고 예상했기 때문이다[27]. N

---

27) 양평군지역 N중앙회 인사관리위원장 명의 공문. 1999.4.9.

중앙회 노조 또한 '사내부부'를 명예퇴직의 기준으로 하는 것이 '남녀
고용평등법 및 차별금지법 위반'으로 문제가 될 것이라고 인식하고 있
었다.

> 상대적으로 경제적 생활안정자라는 기준으로 부부직원을 내몰고 있
> 는데 과연 그 근거가 무엇인지 밝혀야 합니다. 경제적 생활안정자를 파
> 악하기 위해서는 전 직원의 재산등록을 받은 후 그 서열을 정하여 실
> 시하여야 할 것입니다. 그렇지 않고 단지 부부직원이라는 이유로 사직
> 을 권유하고 이를 이유로 인사상 불이익을 준다면 1999.1.4. 새로 개정
> 된 남녀고용평등법 및 차별금지법 위반으로 적지 않은 사회적 물의를
> 야기할 것임을 제대로 인식하여야 합니다. (N중앙회 노동조합 정책실장
> 문○○의 '사죄문'. 1999.1.14)

그러나 이 사건의 법적 쟁점은 전혀 다른 방향으로 흘러갔다. N중
앙회사건의 근로자측은 "N중앙회가 사직을 강요하여 원고들은 사직의
의사가 없었음에도 어쩔 수 없이 사직원을 작성하여 제출한 것으로,
원고들의 위 퇴직은 실질적으로는 해고에 해당한다고 할 것인데, 위
해고는 정리해고의 요건을 갖추지 못하였고, 남녀고용평등법 제8조 제
1항 및 제2조의2 제1항을 위반한 것이므로 무효"라고 주장했다[28]. 그
러나 이 사건 1심 법원은 "결국 이 사건의 쟁점은 원고들의 사직원 제
출이 피고중앙회의 강요, 협박 등에 의한 것이고 나아가 그것이 사직
의 의사없는 비진의의사표시에 해당하여 그에 따른 원고들의 퇴직을
피고중앙회의 일방적 의사에 의한 해고로 볼 수 있는지 여부"라고 밝
혔다. 즉, '강요'에 의한 사직서 제출로서 해고에 해당하는가가 우선적
인 법적 판단대상이 된다는 것이다. 그리고 "명예퇴직을 권유하는 과
정에서 피고중앙회의 어려운 상황을 다소 과장하거나 명예퇴직하지 않

---

28) 서울지방법원 2000.11.30 선고 99가합48608 판결.

을 경우 어떠한 불이익을 입을 수 있다는 취지의 설명을 한 바가 있다고 하더라도" 그것만으로는 강요, 협박에 의해 사직원을 제출한 것으로 볼 수 없다고 하면서 근로계약은 유효하게 합의해지 되었다고 판단했다. 뒤이어 근로자측에서 강하게 주장한 정리해고와 성차별 부분에 대해서 1심 법원은 해고가 아니므로 "판단할 필요없이 이유없다"고 밝혔다. 또한 대법원도 2심의 사실관계를 인정한 다음 여성노동자들이 사직서를 제출하고 회사가 이를 수리함으로서 합의해지에 의해 근로계약이 종료되었으므로 "더 이상 살펴볼 이유 없다"며 사내부부라는 기준 자체에 대한 판단은 하지 않았다[29].

> 이 사건의 쟁점은 원고들의 사직서 제출이 피고중앙회의 강요, 협박 등에 의한 것이고 나아가 그것이 사직의 의사 없는 비진의의사표시에 해당하여 그에 따른 원고들의 퇴직을 피고중앙회의 일방적 의사에 의한 해고로 볼 수 있는지의 여부라고 할 것이다. <중략> 이 사건에서 원고들 주장의 정리해고의 요건 결여, 남녀고용평등법 제8조 제1항 및 제2조의 2 제1항 위반은 원고들과 피고중앙회 사이의 근로계약 합의해지의 효력을 좌우할 사유가 되지는 못한다고 할 것이므로, 이와 다른 전제에선 원고들의 주장은 나머지 점에 대하여 나아가 판단할 필요 없이 이유 없다. (N중앙회사건. 서울지방법원 2000.11.30 선고 99가합48608 판결)

한편, 법원은 사직서를 제출한 행위가 '해고'에 해당한다고 판단한 경우라도 원인이 되는 기준(사내부부)의 성차별성에 대해서는 판단하지

---

[29] 다만, 이 사건 대법원 판결을 한 판사가 아닌 대법원 공보관에 의해 언론용으로 배포된 위 대법원 판결에 대한 설명자료에 따르면 "여자사원이거나 아내사원임을 이유로 원고들에게 특별한 불이익을 가한 것이 아니라… N중앙회가 나름대로의 기준을 세워 그 기준에 따라 인력감축노력을 하였고"라고 언급함으로서 사실상 '사내부부'라는 기준을 법적으로 문제없는 것으로 해석하고 있다. 이 설명자료는 2002가단19292 해고무효사건(A생명사건)과 결론이 다른 이유에 대해 설명하기 위해 대법원이 배포한 자료이다. 설명자료(2002다35379호 사건). 대법원 공보관 오석준 판사.

않는 것으로 나타났다. 여성노동자가 패소한 N중앙회사건과 달리 A생명사건의 경우 1심과는 달리 2심과 3심에서 여성노동자가 승소하자 이 사건을 지원했던 여성단체에서는 '사내부부해고가 위법한 성차별적 구조조정이었음을 확인시켜 주는 판결'이라며 즉각 환영논평을 발표했다.

이번 판결은 구조조정 과정에서 회사의 강압과 협박에 어쩔 수 없이 사직서를 제출하게 되었던 많은 여성노동자들의 퇴직이 부당해고였음을 인정한 판결이다. 특히 N중앙회나 A생명 등 남편을 볼모로 하여 사내부부 중 아내직원을 해고하는 것이 경제위기 하에서 정당한 구조조정인 양 당연시되어 왔던 사회적인 인식과 기업의 구조조정 방침이 위법한 성차별적인 구조조정이었음을 사회적으로 확인시켜 주게 될 것이다. 이번 판결은 그동안 구조조정 과정에서 여성 우선해고되었던 많은 여성노동자들의 정당한 노동권을 다시 되찾을 수 있는 사회적인 토대가 될 것이다. (한국여성민우회 여성노동센터, "A생명 사내부부 해고무효확인 소송 2심 승소판결에 대한 환영 논평")

이번 사내부부해고의 부당성을 인정한 대법원의 판결은 여성들이 지금까지 평등한 노동권을 갖기 위해 싸워왔던 지난한 노력의 결과이다. (한국여성민우회. "사내부부해고가 부당해고임을 밝힌 A생명 사내부부 해고무효확인소송 대법원 승소 판결을 환영한다!")

그러나 A생명사건의 판결문[30]에는 사내부부라는 기준의 위법성에 대한 판단이 전혀 없다. 오로지 '퇴직강요'가 있었는가 하는 부분만을 판단했을 뿐이다. 그러니까 엄밀히 말하면 여성단체의 환영논평과는 달리 A생명사건의 법원은 '사내부부해고가 부당해고'임을 밝히지는 않았다는 것이다. A생명사건의 1심 법원은 N중앙회사건과 같이 여성노동자들이 강요에 의해 사직서를 제출했다고 볼 수 없다는 이유로 '근

---

30) 서울고등법원 2002.2.26. 선고 2001나25018. 판결, 대법원 2002.7.26. 선고 2002다19292 판결.

로계약의 합의해지'를 인정했다[31]. 그러나 2심 법원에서는 1심과 달리 '강요에 의한 해고'를 인정했다[32]. 그리고 3심에서도 2심과 동일한 이유로 부당해고라고 판단했다. 법원이 인정한 사실관계는 크게 차이가 없지만 원고들에게 중간관리자들이 퇴직을 종용한 동일한 행동에 대해 1심 법원은 '권유'로 2심과 3심 법원은 '강요'로 인정하여 서로 다른 결론을 내린 것이다.

2심부터 A생명사건의 변호를 맡았던 담당변호사는 승소를 위해 A생명사건에서 원고들에게 유리한 '반대급부의 부존재'를 최대한 강조했다. 사직서 제출의 진의여부와 관련하여 1심 판결에서 인용한 판결문 모두 '사직서 제출에 따른 최소한의 경제적 내지 신분상의 이익'이 있었음에 반해, A생명사건의 당사자들은 최소한의 '명예퇴직 위로금도 받지 못한' 사실을 볼 때 '사직서 제출 당시에 최선의 선택을 한 것'이

---

[31] 즉, "원고들의 남편을 통하거나 원고들에게 직접 퇴직을 권유하는 과정에서 피고회사의 어려운 상황을 다소 과장하거나 퇴직하지 않을 경우 남편에게 인사상의 불이익을 입을 수 있다는 취지의 설명을 한 바가 있다"고 해도 강요는 아니라는 것이다(A생명사건. 서울지방법원 2001.4.12. 선고 2000가합38454 판결).

[32] 이 사건 법원은 "중간관리자들의 퇴직권유 또는 종용과 관련한 언동 및 그 횟수, 중간관리자와 부부사원의 회사 내 지위에 비추어 볼 때 자진퇴직을 권유 또는 종용하는 중간관리자들의 지휘, 감독을 받는 지위에 있던 원고들 등 퇴직사원과 그 배우자들에게 있어서 위 권유 또는 종용을 받아들이지 아니할 경우에 입게 될 것이라고 고지된 불이익이 본인만 불이익을 받을 것이라고 고지된 경우보다 훨씬 가중되고 지속될 것이라는 점과 그러한 권유 또는 종용이 본인들 및 주위에서 계속, 반복될 경우에는 더 이상 저항하여도 달리 선택의 여지가 없을 것이라는 자포자기의 상태에 빠지게 될 것임은 능히 짐작할 수 있는 바, 이러한 상황 하에 있는 원고들에 대하여 피고회사의 중간관리자들이 계속, 반복적으로 행한 퇴직권유 또는 종용행위는 원고들에 대하여 우월적인 지위에 있는 피고회사의 강요행위라고 인식될 것이므로, 원고들이 사직서를 제출한 대가로 별도의 이익을 얻었다고 볼만한 아무런 입증이 없는 이 사건에서 원고들이 위와 같이 1998.8.31.자로 퇴직을 원하는 내용의 사직서를 제출함으로서 표명한 사직의사는 피고의 강요에 의하여 어쩔 수 없이 이루어진 것으로 내심의 효과의사 없는 비진의표시라 할 것이고 따라서 이는 의원면직의 외형만을 갖추고 있을 뿐 실질적으로는 피고회사에 의한 해고에 해당(A생명사건. 서울고등법원 2002.2.26. 선고 2001나25018 판결)"한다고 보았다.

라는 1심 판결은 잘못된 것이라고 반박했다.

기존의 많은 판결들(대법원 2001.1.19. 선고 2000다51919 판결, 대법원 2000.4.25. 선고 99다34475 판결 등)의 내용에 의하면 사직서 제출에 따른 최소한의 경제적 내지 신분상의 이익이 있었습니다. 예를 들어 위 2000다51919 판결의 원고들의 경우 삼성생명에서 명예퇴직 위로금을 받았고, 99다34475 판결의 원고의 경우 한국마사회로부터 징계면직 처분을 받는 것보다는 차라리 의원면직으로 처리되어 퇴직금이라도 수령하고자 사직서를 제출한 것입니다. 그런데 이 사건에서 원고들은 사직서를 제출하여 무슨 이익을 얻었단 말입니까? 남편들의 신분상의 보장이라고 할지 모르나 이는 제일생명 직원이라면 누구나 당연히 누리는 것으로 그야말로 지극히 정상적인 것일 뿐 그와 같은 정상적인 것을 무슨 대가라고 생각하고 원고들이 그것이 낫다는 의사로 사직을 하겠습니까? 사실 원고들은 사직서 제출 이외에는 아무런 선택의 여지가 없었습니다. 명예퇴직 위로금을 받지도 못하였음에도 불구하고 오로지 피고측의 인사권 남용에 시달리다 더 이상 저항하지 못하고 사직서를 제출한 것뿐입니다. (A생명사건. 근로자측 준비서면. 서울고등법원 제출. 2001.12.3)

이처럼 원고들에게 사직서 제출로 인한 '반대급부'가 존재하지 않았다는 사실은 A생명사건이 승소하는데 결과적으로 중요한 역할을 했다고 보여 진다.

이 사건의 특징을 중심으로 원고들에게 유리한 독특한 상황(반대급부의 부존재)을 최대한 강조하였으며 결과적으로 중요하게 취급된 거 같다. (A생명사건 담당변호사 의견서)

이러한 사실은 N중앙회사건과 A생명사건의 결론이 다른 이유에 대해서 대법원이 제시하고 있는 '설명자료(2002다35379호 사건)'에서도 확인할 수 있다. N중앙회사건과 A생명사건 모두 사내부부가 명예퇴직 대상이었고, 퇴직강요가 있었으며, 이것은 성차별이라고 주장한 점에서 사회적으로 유사한 사건으로 인식되었으나, 최종적으로 대법원에서 동일한 판사들에 의해 법적으로는 다른 결정이 나왔는데 대법원에 따르면 그 이유는 다음과 같다. 첫째, N중앙회사건의 경우 순환휴직제도 Job-sharing를 도입하는 등 '나름대로 합리적인 방안들'을 마련하였는데, A생명사건의 경우 이러한 방안들을 전혀 도입하지 않은 채 부부사원이라는 이유만으로 명예퇴직을 강권한 점. 둘째, N중앙회사건의 경우 원고들이 다액의 명예퇴직수당을 받고 1년간 계약직으로 근무할 수 있는 등 많은 혜택을 누린 반면, A생명사건의 경우 명예퇴직이라는 명목하에 명예퇴직수당도 지급하지 않는 등 아무런 혜택도 주지 않은 점이다. 실제로 2002년 2월 26일에 선고된 A생명사건의 고등법원 판결 이후 2002년 5월 17일 선고된 N중앙회사건의 고등법원 판결문을 보면 '명예퇴직금을 이의 없이 수령한 사실'이 여성노동자들의 사직서 제출이 강요가 아니라고 인정한 주요한 근거로 제시되고 있다.

> 퇴직금 및 그에 버금가거나 초과하는 금액의 별도 명예퇴직금을 이의 없이 수령한 사실, 당시 명예퇴직금 지급에 대하여 사회적 비난이 고조되어 있어 향후에도 그와 같은 제도가 유지될 수 있을 지에 대한 회의론이 일었던 사실 등이 인정되므로, 이에 의하면 원고들은 위 퇴직원을 제출할 당시 선뜻 퇴직하기를 원하지는 않았다고 할지라도 그 당시 또는 장래의 피고를 비롯한 동종업계의 실정이나 경영상황, 피고가 제시하는 명예퇴직의 조건, 퇴직할 경우와 계속 근무할 경우에 있어서의 이해관계 등을 종합적으로 고려하여 당시의 상황으로써는 그것이 최선이라고 판단하여 위 퇴직원을 제출하게 이른 것으로 보인다. (N중앙회사건. 서울고등법원 2002.5.17. 선고 2001나1661 판결)

A생명사건에서 2심, 3심 법원은 사직서를 제출한 행위가 '퇴직'이 아니라 '해고'에 해당한다고 결정했지만 해고가 부당하다고 판단한 근

거는 '해고가 정당하다는 것을 회사측이 주장, 입증하지 않았다'는 것이 유일하다. 일반적으로 이와 같은 사건에서 대부분 회사측은 해고가 아니라 사직이라고 주장하고 입증하는데 총력을 기울이기 때문에 해고라는 전제에서 해고가 정당하다는 주장은 하지 않는다. 만약 회사측이 해고라는 전제하에 정당성을 주장하게 되면 그것 자체로 회사측이 사직이 아니라 해고를 인정하는 것으로 법적 분쟁에서 불리해질 수도 있기 때문이다. 결국 법원은 '정당한 해고라고 주장하지 않았으므로 부당해고'로 결론내리고 '사내부부'라는 기준이 성차별적인가에 대해서는 판단하지 않은 것이다. 이런 과정을 거쳐 일반적으로 성차별 주장은 법원에서 실종된다. 이들 사건은 남녀고용평등법의 차별개념과 관련해 많은 논쟁이 될 수 있었음에도 불구하고 법원이 '사직서 제출의 의사표시'만을 법적 쟁점으로 보면서 형식적인 법논리만 무한반복하였다.

> 원고들에 대한 위 해고에 있어서 정당한 이유가 있었는지에 관하여 보건대, 원고들에 대한 위 해고가 정당하기 위하여는 근로기준법 소정의 규정이 허용하는 범위 내에서 피고회사의 취업규칙에서 정한 징계해고사유는 존재하고 그 소정의 절차를 거쳤거나 아니면 위 법 제31조에 따른 정리해고의 요건을 갖추어야 할 것인데, 이에 관하여는 피고가 아무런 주장, 입증을 하지 아니하고 있으므로, 결국 원고들에 대한 위 일자 해고는 부당해고로서 무효라 할 것이니…. (A생명사건. 서울고등법원 2002.2.26 선고 2001나25018 판결)

A생명사건의 경우처럼 법의 내적 규범은 변화하지 않고, 개별사건은 승소할 수 있다. 그러나 이것은 근본적인 변화라고 보기 어렵다. A생명사건의 경우 '사내부부해고는 성차별'이라는 것을 주장했고, 결과적으로 여성노동자가 승소했지만, 이 판결이 성차별에 관한 기준을 제시함으로서 성차별법리의 발전을 가져왔다고 보기 어렵다. 이 판결은 법

적으로 '사직서 제출의 강요'를 인정한 것으로 비진의의사표시 법리의
연장선상에 있는 것이다. 결국 이 사례는 성차별은 주장되었고, 사건은
승리했으나 판결문에서 성차별은 실종되어 버린 대표적인 사건이라고
볼 수 있다[33]. 실제로 성차별적 강요 또는 권유로 인해 사직서 제출이
라는 '퇴직'의 형태로 발생하는 '해고'사건은 대부분 위와 같은 법적
과정을 거쳐 성차별은 판단받기 어렵게 된다.

4) 과거 차별의 현재 효과 수용

다음에서는 계약기간만료나 '퇴직'의 형식이 아닌 정년이나 해고의
형식으로 근로관계가 종료된 경우로서 성차별에 대한 법적 판단이 이
루어진 사례를 살펴보고자 한다.

(1) 성별직급분리 채용 인정

한국의 노동시장에서 성별직급분리는 실제 노동과정에서보다는 '이
데올로기적 차원'에서 시작된다. 그리고 이것은 채용시부터 성별에 따
라 직급을 분리하는 것으로 실천된다. 즉, '성별에 따라 다른 직무를
수행할 것'이므로 성별에 따라 '다른 직급'으로 채용한다는 것이다. 대
부분 채용과정에서부터 시작된 성별직급분리는 이후의 승진, 퇴직 등
여성노동자의 노동의 전 과정에서 성차별을 야기하게 된다. R전기사건

---

33) 이에 대해 "사건발생 당시인 1998년 7월의 남녀고용평등법은 간접차별규정도 두
지 않았고, 제8조 제1항 역시 "사업주는 근로자의 정년 및 해고에 관하여 여성인
것을 이유로 남성과 차별하여서는 아니된다"고만 규정하고 있을 뿐, 퇴직의 경우
성차별금지는 2001년 8월 14일의 동법 개정시에 비로소 삽입되긴 했다. 그렇지만
위 판결에서 인정하고 있듯이, 동 건의 퇴직은 실질상 해고에 해당하므로 남녀고
용평등법의 당해 조항은 적용될 수 있다"는 비판이 존재한다(오정진, 2003 : 89).

과 K협의회사건은 성별에 따라 직급을 달리하여 채용하고, 여성이 해당되는 직급에 대해서는 제도상 또는 사실상 승진을 제한한 결과로서 성차별적 해고까지 이어진 사례이다. 두 사건 모두 최종적으로 여성노동자가 승소함으로서 법적 분쟁이 종결되었다는 점에서 '개인'의 권리구제라는 측면에서 효과가 있었지만, 성차별의 원인이 된 제도(기준)자체의 성차별은 인정하지 않았다는 한계를 갖고 있다. 다음에서는 채용─승진─해고에 이르는 성차별적 노동현실의 결과로서 소송이 제기될 경우 무엇이 법적 쟁점으로 재구성되는가를 살펴보자.

가. 성별직급분리 채용과 정리해고

R전기사건은 성별직급분리 채용이 성차별적 정리해고로 이어진 사례이다. R전기의 생산직은 7급과 8급으로 나뉜다. 7급 생산직은 자격증이 있는 정비직과 자격증이 없는 일반직으로 나뉘고, 지금까지 모두 남성이 채용되었다. 8급 생산직은 모두 여성이 채용되었다. 성별에 따라 직급을 달리하여 채용한 것이다. R전기에 8급으로 입사한 사원의 경우 승진제도의 적용대상이 되지 않아 퇴사할 때까지 계속 8급으로 일하게 된다[34]. 그런데 2004년 R전기는 정리해고를 실시하면서 그 대상을 '8급 생산직'으로 제한했다. 이 사건에서 '8급 생산직'을 정리해고 대상으로 한다는 것은 '여성노동자'만을 정리해고의 대상으로 한다는 것을 의미한다. 이 사건 정리해고가 단순히 '8급 생산직'을 정리해고 하는 문제를 넘어서서 '여성노동문제'로 연결된 근저에는 이와 같은 성차별적 노동현실이 자리 잡고 있다.

이와 관련해 R전기는 '7급 생산직은 인원이 부족하나, 8급 생산직은

---

34) 이러한 모집·채용, 승진제도가 성차별이라는 진정이 제기되었으나 노동부는 성차별이 아니라고 답변(광주지방노동청, 「R전기 특별감독 요구에 대한 회신」, 2004.5.18)하였다.

유휴인력이 존재했기 때문에 8급 생산직만을 정리해고 했다'고 주장했다. 이러한 회사측의 주장은 다음과 같은 두 가지 논쟁을 불러왔다. 첫째, 회사측의 주장대로 7급 생산직은 인원이 부족한 반면, 8급 생산직은 유휴인력이 존재했는지 여부이다. 이에 대해 회사측은 남성으로 구성된 7급 기능직과 일반직은 7급직원은 인력이 부족했고, 이는 노동조합도 공감한 사실이라서, 희망퇴직도 실시하지 않았지만, 8급 생산직은 인력이 남아 희망퇴직을 실시했으나 그것만으로 유휴인력이 해소되지 않아 정리해고를 할 수밖에 없었다고 주장했다.

> 7급 기능직과 일반직은 인원이 부족하였고, 이에 따라 7급 직원에 대해서는 희망퇴직도 실시하지 않았습니다. 또한 7급 직원이 부족하다는 사실은 노동조합도 함께 공감하여 7급 직원에 대하여는 희망퇴직을 실시하지 않겠다는 회사의 방침을 수용한 것이며, 단순히 남자와 여자를 구별하여 차별을 한 것은 결코 아닙니다. (R전기사건. 회사측 추가답변서. 지방노동위원회 제출. 2004.2.24)

> 8급 생산직은 희망퇴직만으로 유휴인력이 해소되지 않아 정리해고 대상으로 할 수밖에 없었음. (R전기사건. 전남지방노동위원회 명령서 2004부해8/2004부노4. 〈피신청인측 주장〉 2004.3.24.)

이러한 회사측의 주장은 7급과 8급이 수행하는 업무가 서로 달라 대체 불가능했는가의 논쟁으로 이어졌다. 회사측은 7급 생산직은 무거운 중량물을 운반하거나, 전문기능이 필요한 업무를 수행하는 반면, 8급 생산직은 단순한 업무를 수행하는 것으로 업무내용이 전혀 다르기 때문에 대체불가능하다고 주장했기 때문이다.

> 7급 일반직과 8급 생산직은 그 업무수행 내용이 전혀 달라서 8급 생산직은 7급 일반직의 업무를 수행할 수 없습니다. 7급 일반직은 주로

20kg 이상의 무거운 중량물을 운반하거나, 전문기능을 요하는 지게차 운반 등에 종사하고 있으며, 재직 중 기능을 익혀 기사 또는 기능사 자격증을 획득하여 7급 기능직으로 옮겨 가고 있습니다. 반면 8급 생산직은 제품 검사업무 또는 부품 공급 등 단순한 업무를 수행하고 있기 때문에 이번에 정리해고 대상이 된 8급 생산직은 7급의 일반직이나 기능직에 투입할 수가 없는 것입니다. 따라서 유휴인력 인원과 업무 내용의 특성상 8급 생산직이 정리대상이 된 것이지 처음부터 여자만을 대상으로 정리해고를 시도한 것은 결코 아닙니다. (R전기사건. 회사측 추가답변서. 지방노동위원회 제출. 2004.2.24)

위와 같은 회사측의 주장에 대해 근로자측은 7급 일반직과 8급 생산직의 업무가 완전하게 구분되는 것은 아니며, 8급 생산직에 해당하는 업무를 그동안 여성과 남성이 같이 수행해왔다고 주장했다. 7급 일반직과 8급 생산직은 '서로 넘나들면서' 일을 하고 있었기 때문에 '여성만이 유휴인력'이라는 회사측의 주장은 사실이 아니라는 것이다. 더 나아가 근로자측에서는 회사가 기존에 여성이 담당하던 업무를 남성으로 대체하면서 여성인력이 남는다고 주장하고 있다고 반박했다.

남자들은 부족하고 여자들은 인원이 남아돈다. 이렇게 정리가 됐어요. 그래서 우리가 강력하게 반발을 한 것은 왜 여성들이 일할 수 있는 곳이 있는데 거기다가 여성을 집어넣을 수 있는데…여지껏 공정라인이 생기고 항상 여자가 일했던 데를 갑자기 남자로 교체하고 아직도 남자는 부족하고 여자만 남아돈다고…. (R전기사건 당사자1)

(회사에서는 남자들과 여자들이 하는 일이 다르다고 이야기를 하는데) 우리들이 할 수 없는 일도 있어요. 건전지가 박스에 나르는 거 솔직히 저 덩치 좋지만 하라고 해도 못하죠. 근데 현장에 그런 일들만 아니라 원래 우리들이 했었던 일을 여직원을 줄이면서 다른 일반직…7급이 정비직하고 일반직이 있어요. 정비는 자격증을 갖고 있는 사람들이고 일반직은 그런 게 없는 사람들이죠. 그러니까 <7급>일반직이 우리

들이 했던 일을 하게 하는 거예요 <중략> 넘나들어요 저희들도 박스
를 나르는 체력이 필요한 일이 아니고서는 같이 해요 사람이 없을 때
는 서로 넘나들면서 하는 거거든요 (R전기사건 당사자2)

그러나 지방노동위원회는 여성만으로 구성된 8급만을 정리해고 대상
으로 한 것은 부당하지 않다고 결정했다. "7급 생산직은 인력이 부족
하고, 8급 생산직은 잉여인력이 발생했다"는 회사측의 주장을 인정한
것이다. 또한 7급 일반직의 업무와 8급 생산직의 업무가 동일하지 않
으며, 대체 수행하고 있다고 볼 수 없다는 회사측 주장을 모두 받아들
였다.

신청인들은 본 건 정리해고의 대상을 8급 생산직(여자직원)만으로 정
하여 7급 일반직(남) 및 8급 생산직(여)간 대체근무가 가능하고 실제로
대체 수행하고 있으므로 8급 생산직만을 정리해고 대상으로 한 것은
부당하다고 주장하나, 7급 생산직은 인력이 부족하였고 8급 생산직은
잉여인력이 발생하였음은 정리해고 협의과정에서 노동조합도 인정하고
있으며 업무의 특성 및 실태상으로 7급 일반직과 8급 생산직의 업무가
동일한 조건으로 대체 수행하고 있다고 볼 수 없어 이를 받아들이기
어려우며⋯. (R전기사건. 전남지방노동위원회 명령서 2004부해8/2004부노4.
〈판단〉 2004.3.24)

그런 다음 '8급 생산직' 즉 여성들 중에서 해고대상자를 선정하는
기준의 정당성에 대해 판단한 것이다. 결과적으로 이 사건에서 노동위
원회는 정리해고의 4가지 요건 중에서 3가지 요건의 정당성을 인정했
다. 신청인들은 긴박한 경영상의 필요성이 없다고 주장했으나, 지방노
동위원회는 피신청인의 주장을 근거로 '경영합리화를 위한 구조조정을
하지 않을 경우 기업전체에 심각한 경영악화를 초래할 가능성이 있다
고 여겨지므로 긴박한 경영상의 필요성이 있다는 점을 부인하기 어렵

다’고 하였다. 또한 신청인은 해고회피노력이 부족했다고 주장하였으나, 지방노동위원회는 피신청인의 주장을 근거로 받아들이고 덧붙여 노동조합에서도 피신청인의 해고회피노력을 수용하고 있는 것을 근거로 해고회피노력을 인정했다. 마지막으로 근로기준법 제31조 제3항에 의하면 사용자가 해고회피노력과 해고대상자 선정기준을 통보하고 협의하여야 할 상대방은 “근로자의 과반수를 대표하고 있는 자”로 규정하고 있는 바, 정리해고 대상자인 8급 생산직이 배제된 노동조합과 성실한 협의를 한 것으로 인정했다[35]. 또한 해고대상자 선정기준도 내용상 대부분 정당하다고 인정한 상황에서, 그 적용에 있어서의 문제를 지적하면서 신청인 7명에 대해 모두 ‘부당해고’를 인정했다.

> 여러 가지 사정을 종합적으로 고려하여 볼 때 이건 경영상 해고에 있어 피신청인 회사에 긴박한 경영상의 필요성, 해고회피노력이나 근로자 대표와의 성실한 협의의무를 다하였다고 인정을 하더라도 해고대상자의 선정기준이나 그 적용에 있어 공정성과 합리성이 매우 결여되었다고 보아 근로기준법 제31조가 정하는 경영상 해고의 요건과 절차를 충족시키지 못하였다고 보지 않을 수 없다. (R전기사건. 전남지방노동위원회 명령서. 2004부해8/2004부노4. 〈결론〉 2004.3.24.)

> 이 사건 해고는 해고대상인 8급 생산직사원으로서 해고에 반대하는 유인물을 배포한 자들을 감점처리하고, 인사고과 열등자에 대하여 이중으로 불이익한 배점을 한 점 등 해고대상자 선정의 합리성이 결여되어 부당하다고 할 것. (R전기사건. 중앙노동위원회 재심판정서 2004부해235. 〈결정〉. 2004.9.22)

일반적인 정리해고사건에 대한 노동위원회의 태도를 볼 때 이러한 결론에 이르는 것은 상당히 이례적이라고 생각된다. R전기사건을 지원

---

35) 전남지방노동위원회 명령서(2004부해8/2004부노4) 2004.3.24. 결정 <판단>.

했던 여성단체의 활동가는 '풍문에 의하면' 이 사건이 여성노동의 문제로 사회적으로 크게 이슈가 되기 전에는 노동위원회 내부적으로 정리해고가 정당하다는 쪽으로 '분위기가 좀 모아졌었다'며 결정에 '정치적' 의미를 부여했다.

> 그 쪽<노동위원회>에서는…간단하게 정리해고로…그 후에 들은 얘기로는 정리해고로 분위기가 좀 모아졌었다고…정당한 해고로…(원래는 정당하다고 판결될 뻔 했다는 이야기는 누구한테 들었는지) 정확히는 잘 모르겠는데 그 이전에 분위기상으로나 정리해고 사건을 쭉 해왔던 지노위의 관행이나 이런 걸 볼 때 이기기는 어려운 그런 거 아니었을까. 왜냐면 그때 심문회의 주재를 하셨던 분이 경영학하셨던 분인데 첫 심문회의 열면서 그런 얘기를 하더라구요. 이게 여러 가지 여성문제도 있고 저출산문제도 있고 이런 얘기를 모두에 잠깐 언급을 하면서 굉장히 심적 부담을 느끼고 있다. 이런 얘기를 하셨는데 그런 얘기를 평소에 하실 분이 아니라고 하더라구요. 나이도 많으시고 이런 분이었는데…. (R전기사건 소송지원활동가)

그러나 노동위원회가 여성만으로 구성된 '8급 생산직'을 해고대상으로 한 것과 '8급 생산직' 당사자들이 배제된 노조를 협의의 대상으로 인정한 것은 성별직급분리의 현실에서 여성직급이 해고대상으로 결정될 때 법의 보호를 받는 것이 쉽지 않음을 보여준다. 위 사건도 결국 여성만으로 구성된 직급을 정리해고 대상으로 하는 것은 정당하나, 여성들 중에서 누구를 해고할 것인가를 선정하는 기준의 적용에 문제가 있었다고 판결한 것이기 때문이다. 이 사건은 지방노동위원회의 명령을 따라 여성노동자들을 복직시킨 회사가 중노위에서도 패소하자 행정법원에 이의제기를 하였으나 결국 자발적으로 취하하면서 사건은 종결되었다.

보통 지노위에서 이기더라도 복직 안 시켜 놓고 계속 중노위 가고 대법원까지 가면 거의 2년에서 3년이 걸리잖아요 그 2-3년에 스스로 피곤해서 떨어져 나가거나 이렇게 하려고 하는 건데 어차피 우리는 복직이 되어 버렸고…그런다고 해서 그만둘 애들도 아니고 그리고 실제로 정말 회사에 일이 없으면 놀고 있으니까 어쩔 수 없이 이렇게 할 수가 있을 텐데 계~속 많았어요 그러니까 새로 인원을 뽑아야 하는데 이렇게 해고소송 걸어 놓은 상태에서 새로 인원을 뽑을 수도 없고 용역을 쓸 수도 없고 그런 상황 있잖아요 그리고 행정소송과정에도 사람이 필요해서 용역사원을 쓰고 이랬거든요 정말 말도 안 되는 그런 일을 하고 있었죠 결국 법적으로 너무 자기들이 할 수 있는 게 없으니까 결국은 취하한 거죠 (R전기사건 당사자1)

성별직급분리는 위와 같은 방식으로 정리해고시 손쉽게 여성을 해고하는 것을 정당화할 수 있다. 성별직급분리에서 야기되는 성차별적 해고의 또 다른 유형은 K협의회사건과 같이 직급정년제의 방식으로 여성을 해고하는 것이다.

나. 성별직급분리 채용과 직급정년제

K협의회사건은 직급정년제에 의해 40세에 정년퇴직정년퇴직을 하게 된 여성노동자가 K협의회의 직급정년제는 성차별에 해당하고, 따라서 정년퇴직은 무효라고 소송을 제기한 사건이다. 직급정년제란 직급별로 정년을 달리 정하여 일정 기간 내에 승진하여 상위직급에 오르지 못할 경우 직급정년에 의해 조기퇴직하게 하는 것이다. K협의회의 경우 행정직 6급은 주로 여성을, 행정직 5급은 주로 남성을 채용했다. 그리고 1986년 행정직 6급을 폐지하면서 상용직을 개설했다. 상용직의 경우 사실상 승진이 불가능한 직급이었고, 1984년 12월 19일 이후 입사자는 만 35세, 그 이후 입사자는 만 40세의 정년규정을 적용받았다. 이후 1996년 K협의회는 상용직을 폐지하면서 해당 근로자들을 다시 행정직

6급으로 전환시켰다. 이러한 제도로 인해 사건당사자는 상용직으로 근무하던 1996년경 만 35세에 이르러 정년퇴직될 위기에 처했으나 1996년 상용직이 폐지됨에 따라 계속 근무하였다. 그리고 2000년 6월 1일에 입사 후 16년 7개월 만에 6직급에서 5직급으로 승진되었으나, 결국 승진 다음해인 2001년 12월 31일에 5직급 정년인 40세에 해당하여 정년퇴직을 하게 되었다36).

<표3> K협의회의 정년퇴직에 관한 규정

1984년 12월 19일 이전 입사자	1984년 12월 19일 이후 입사자
1직급 : 60세	1직급 : 60세
2직급 : 55세	2직급 : 55세
3직급 : 55세	3직급 : 50세
4직급 : 50세	4직급 : 45세
5직급 : 40세	5직급 : 40세
상용직 : 40세	6직급 : 40세
기능직 : 60세	특수직급 : 55세 기능직급 : 40세

출처 : 서울고등법원 2006.1.12. 선고 2004누8851 판결

이 사건은 이처럼 '직급정년제'라는 중립적 기준을 적용하였으나 결과적으로는 여성만이 조기정년의 대상이 되는 것으로 직급정년제라는 특정한 제도가 성차별적 결과를 가져오는가에 대한 판단이 요구된다. 이에 대해 여성노동자가 패소한 행정법원에서는 직급정년제라는 제도 자체는 성차별적인 것은 아니라고 판단했다.

여러 사정과 함께 참가인협회의 고용비용 증가와 이에 상응한 생산

---

36) 서울고등법원 2006.1.12. 선고 2004누8851 판결 4. 재신판정의 적법여부. 가. 인정사실.

성 저하, 담당인력의 고령화방지와 신진대사 촉진의 필요성을 고려한다면, 참가인협회에 있어 취업규정상 5, 6직급의 정년이 4직급과 비교하여 5년간 상대적으로 낮은 것은 근로자의 신진대사 촉진과 젊은 층의 취업기회 보장 및 연령 구성상의 균형을 도모하고자 한 취지로서 근로자가 제공하는 근로의 성질, 내용, 근무형태 인적 구성의 조화, 협회의 특수성 등 제반여건을 고려하여 합리적인 기준에 따라 운영한 것이라는 점에서 이러한 참가인협회의 직급별 차등정년제가 남녀를 부당하게 차별하는 것은 아니라 할 것이다. (K협의회사건. 서울행정법원 2004.4.16. 선고 2002구합39750판결)

한편, 여성노동자가 승소한 고등법원과 대법원에서도 법원은 직급정년제는 '인사의 신진대사를 제도적으로 확보하려는데 그 취지가 있고, 젊은 근로자가 상위 직급을 맡는 경우 조직의 위계질서에 영향이 미칠 것을 막기 위하여 직급에 따라 하위직급의 조기정년제도를 마련한' 것이므로 그 자체로 여성을 합리적 이유 없이 차별한 것은 아니라고 밝혔다.

원래 정년제도는 근로자가 일정 연령에 도달하면 그의 능력이나 의사에 상관없이 근로관계를 종료시키는 제도로서, 이는 종신고용제하에서 연공급을 전제로 하는 노무관리상 업무의 성질이나 내용에 걸맞지 아니하는 고임금·고연령 근로자를 배제하고 인사의 신진대사를 제도적으로 확보하려는데 그 취지가 있고, 젊은 근로자가 상위 직급을 맡는 경우 조직의 위계질서에 영향이 미칠 것을 막기 위하여 직급에 따라 하위직급의 조기정년제도를 마련해두고 있는 것이라 할 것이므로, 참가인협회 취업규칙의 정년에 관한 규정 중 하위직급일수록 조기에 정년이 도래하도록 규정한 부분 자체는 여성을 합리적 이유 없이 차별한 것이라고 볼 수 없다. (K협의회사건. 서울고등법원 2006.1.12. 선고 2004누8851 판결)

다만, 고등법원과 대법원에서는 승진차별의 결과로서 직급정년제의 적용을 받게 되는 것은 부당하다고 보아 원고승소판결을 한 것이다.

즉, 행정직 6급→상용직→행정직 6급으로 제도가 바뀌는 과정에서 원고가 입은 승진상의 불이익을 제거하지 않고 만 40세 정년을 적용한 것은 승진 및 정년차별에 해당한 것으로 위법하다는 것이다.

> 직제개편으로 인한 승진에 있어서의 불합리성을 시정하지 아니한 채 참가인의 직급정년제 규정을 일률적으로 적용하게 된다면 행정직 6직급에 있다가 상용직에 편입되어 10여 년간 승진이 제한되는 상황에서 다시 행정직 6직급에 재편된 여성근로자의 경우 낮은 직급으로 인하여 조기에 정년이 도래할 것임이 분명하므로 참가인이 이러한 여성근로자들에 대하여서까지 조기정년의 직급정년제 규정을 그대로 적용하는 것은 현저하게 합리성을 잃은 조치로서 부당하다고 판단한 것도 정당하고⋯. (K협의회사건. 대법원 2006.7.28. 선고 2006두3476 판결)

이 판결에서 받아들인 직급정년제에 대한 법원의 입장은 기존의 법원의 입장과 다르지 않다. 우리나라 법원은 기본적으로 "정년규정은 당해 사업장에 있어서 근로자가 제공하는 근로의 성질, 내용, 근무형태 등 제반여건에 따라 합리적인 기준을 둔다면 같은 사업장 내에서도 직책 또는 직급에 따라 서로 차이가 있을 수 있는 것[37]"이라고 하여 직급정년제 자체는 정당하다고 보기 때문이다[38]. 그러나 K협의회의 직급

[37) 대법원 1991.4.9. 선고 90다16245 판결.

38) 이에 대한 노동부의 입장은 일관되지 않는 것으로 보인다. 우선, 행정해석(2001.05.16, 근기 68207-1571)은 "소위 직급정년제는 일정한 기간 내에 상위직급에 오르지 못한 경우 자동적으로 퇴직토록 하는 것으로 이는 일반적인 정년제의 경우와 같은 근로계약기간만료로 볼 수 없고 해고로 보아야 하며, 따라서 근로기준법 제30조에 의한 해고의 정당한 이유가 있어야 할 것임. 일반적으로 일정기간 내에 상위직급으로 진급하지 못한 것만을 이유로 해고하는 것은 사회통념상 일반적이고도 객관적인 타당성이 있다고 보기 어려우므로 정당성이 인정될 수 없다"고 보고 있다. 한편, 또 다른 행정해석(1991.3.16. 근기 01254-366)에서는 "근로기준법은 정년제에 대하여 정하는 바가 없을 뿐만 아니라 직위별로 정년을 달리하는 제도는 성별, 국적, 신앙, 사회적 신분을 이유로 한 차별적 취급이 아니므로 근로기준법 제5조의 균등처우에 반하는 것은 아니"라고 밝힌다. 또한 노동부의 정년제관련업무처

정년제는 직급정년제를 도입하고 있는 다른 사업장의 경우와 달리 '성 차별적 조기정년제'의 성격이 강하다. 산업자원부의 감사결과에서도 알 수 있듯이 K협의회와 유사한 사업체에서는 직급정년제를 운용하는 경 우라도 정년은 최소한 50세 이상으로 규정하고 있으며, 직급별 정년의 격차도 2~8년에 불과하다(<표4> 참조). 그러나 K협의회는 사회통념상 '정년'이라고 인정하기에는 너무 빠른 40세부터 정년이 시작되며, 직급 간 정년의 격차도 무려 20년이나 된다.

〈표4〉 K협의회와 다른 기관과의 직급별 정년 비교

<table>
<thead>
<tr><th></th><th>K협의회</th><th>전문건설
협회</th><th>통신공사
협회</th><th>대한건설
협회</th><th>전력기술인
협회</th><th>전기안전
공사</th><th>한국전력
공사</th></tr>
</thead>
<tbody>
<tr><td>1직급</td><td>60</td><td>58</td><td>58</td><td rowspan="2">58</td><td rowspan="2">58</td><td rowspan="2">60</td><td rowspan="2">58</td></tr>
<tr><td>2직급</td><td>55</td><td>55</td><td>55</td></tr>
<tr><td>3직급</td><td>50</td><td rowspan="4">53</td><td rowspan="4">53</td><td>55</td><td rowspan="2">55</td><td rowspan="4">58</td><td rowspan="4">* 임원 61</td></tr>
<tr><td>4직급</td><td>45</td><td rowspan="3">50</td></tr>
<tr><td>5직급</td><td rowspan="2">40</td><td rowspan="2">52</td></tr>
<tr><td>6직급</td></tr>
</tbody>
</table>

출처 : 산업자원부(2004.7), "K협의회 감사결과 처분요구서".

무엇보다 심각한 사실은 K협의회에서 위와 같은 '조기정년'의 적용 을 받게 되는 집단은 사실상 여성이라는 점이다. 만약 이 사건에서 법 원이 직급정년제에 관한 일반적인 '법리'가 아니라 성차별과 관련한 간접차별에 대한 '법리'를 보다 적극적으로 받아들였다면 K협의회에서

리지침(2000.03.10. 근기68201-690)에서도 "근로자의 직위, 계급 등에 따라 정년에 차등을 두는, 이른바 차등정년제는 사회통념상 합리성이 있는 한 인정될 수 있음" 이라고 명시하고 있다.

직급정년제라는 제도 자체가 야기하는 성차별적인 결과를 간과하지 않았을 것이다. 즉, '승진에 있어서의 불합리성을 시정하지 아니한 채' 직급정년제 규정을 적용했기 때문에 문제가 아니라, K협의회의 직급정년제 자체가 성차별적 제도로서 무효라고 볼 수도 있기 때문이다.

> (대법에서 이겼는데 직급정년제를 못 바꾼 거죠?) 판결 자체가 한계가 있어요. 직급정년은 기본적으로 대법원 판례가 있잖아요. 직급정년 자체는 합법이다. 그런 게 있어서. (K협의회사건 2심, 3심 담당변호사)

이러한 대법원의 판결은 결국 이 사건 여성노동자가 승소하였음에도 또다시 '2차 정년퇴직'을 당하게 한 근거가 되었다. 즉, K협의회는 대법원이 '하위직급의 조기 정년규정은 성차별로 볼 수 없으며, 단지 승진에 있어서만 차별을 인정한 것[39]'이라며 직급정년제를 종전대로 유지하면서[40], 법원의 '판결에 따라' 사건당사자를 5급에서 4급으로 승진시켜 복직명령을 내렸고, 복직을 시킨 4개월 후 또다시 '4급 45세 정년'에 해당한다며 해고했기 때문이다. 결국 사건당사자는 2001년 12월에 40세 정년으로 해고된 이후 2002년 소송을 시작하여 2006년 대법원에서 승소판결을 받았으나 이미 그 사이 4년이 넘는 시간이 흘렀기 때

---

39) '2차 정년퇴직' 사건(2007가합9697 해고무효 확인 등)에 대한 회사측 답변서(2007.7).

40) 사건당사자를 '2차 정년퇴직'시킨 후 K협의회는 2007년 4월 3일자로 '감독기관인 산업자원부의 요구에 의하여' 정년을 개정하게 되었는데, 5, 6직급의 정년은 그대로 두고, 4급의 정년만 50세로 연장했다. 그 이유는 '5, 6직급 입사자 중 40세까지 승진 못한 직원은 업무능력이 부족하다고 판단하여 근로관계를 종료시키고, 4직급 직원은 대부분 결혼한 기혼자로서 협회에 10년 이상 근무자라는 점을 감안'한 것이라고 한다('2차 정년퇴직' 사건에 대한 회사측 답변서. 2007.7.) 이에 대해 근로자 측에서는 "산업자원부의 요구로 정년을 변경할 것이라면 굳이 문제의 발단이 된 원고의 정년퇴직 시점을 몇 개월 지난 후에 개정하여 원고를 배제한 것이냐며, 이는 감독기관과 법원의 차별성 지적은 받아들이는 시늉을 하면서 원고를 배제하려고 한 것"이라고 주장한다(원고측 준비서면. 2007.8.).

문에 복직 후 4개월 만에 '4급 45세 정년'의 적용을 받게 된 것이다. 이는 법원이 K협의회의 직급정년제에 내포된 성차별적 특수성을 인식하지 못하고, 직급정년제 자체는 부당하지 않다는 일반적인 선례를 답습함으로서 약 5년 간의 법정 투쟁을 통해 복직한 여성노동자가 4개월 만에 또다시 동일한 제도에 의해 해고되는 결과를 가져온 것이라고 볼 수 있다[41].

그렇다면 어떻게 K협의회의 직급정년제는 사실상 여성에게만 적용되는 성차별적 제도로 작동하게 되었는가. 이는 행정직 6급은 여성, 5급은 남성으로 채용하는 이른바 '성별직급분리'라는 K협의회의 채용제도에서 그 기원을 찾을 수 있다. 이러한 성별직급분리에 대해 근로자 측에서는 실제 담당하는 업무, 채용자격요건에 큰 차이가 없음에도 여성은 6직급, 남성은 5직급으로 채용하는 것은 합리적 이유가 없는 것으로 모집·채용에서의 성차별에 해당한다고 주장했으나, 법원은 다음과 같은 이유로 이러한 주장을 받아들이지 않았다. 한마디로 5직급과 6직급의 직무의 성격 및 업무강도, 학력, 경력 등에 따른 업무상의 필요에 의하여 성별에 따라 다른 직급을 채용한 것이므로 차별이 아니라는 것이다.

---

41) 2007년 5월 제기된 이른바 '2차 정년퇴직' 사건에 대해 법원은 "피고가 원고 등 상용직 출신 근로자들에게 직급정년상의 예외규정을 두어 정년을 합리적으로 조절하거나 하위직급의 정년을 상용직 근무로 인한 불이익을 극복할 수 있는 합리적인 나이로 변경하는 등 원고가 입은 승진상의 불이익을 제거하기 위한 시정조치를 취하지 아니한 채, 이 사건 차등정년제도에 따라 원고가 만 45세가 되는 해의 말일인 2006년 12월 31일자로 정년퇴직 처리를 한 것은 결과적으로 여성근로자인 원고의 승진 및 정년을 차별하여 정당한 이유 없이 해고한 것"(서울지방법원 2008.5.9. 선고 2007가합9697 판결)이라고 결정했다. 이에 대해 회사측이 항소하였으나 고등법원 역시 1심 판결을 그대로 인용하였다(서울고등법원 2008.12.5. 선고 2008나52699 판결). 이러한 결정에 따라 2009년 1월 근로자가 복직됨으로서 '2차 정년퇴직' 사건은 종결되었다.

참가인협회의 직원채용은 주로 공개채용보다는 추천에 의한 특별채
용이었고, 이때 참가인협회는 학력, 경력, 자격 또는 업무의 강도 및 수
행능력 등을 고려하여 직급을 달리하여 채용하였는데, 원고가 채용될
당시에, 행정직 6직급의 업무내용이 전산화 이전의 문서타자작업과 회
계업무가 주된 것인데다가 나머지 업무도 여성근로자들에게 적합할 것
으로 판단하여 상업계 고등학교 출신 여성근로자들을 우대하여 채용하
였던 반면, 행정직 5직급은 대외 기관업무를 수행함에 있어 주로 건설
부분 남성 실무자들을 상대로 하고 어느 정도 전문성을 필요로 한다는
점을 고려하여 전문대학 이상 학력을 가진 남성근로자들을 주로 채용
하였음을 알 수 있는 바, 원고를 채용할 당시 위 참가인협회의 채용방
식은 참가인협회의 사업목적에 비추어 볼 때 각 직급별 직무의 성격
및 업무 강도, 학력, 경력 등에 따른 업무상의 필요에 의하여 채용한
것으로 합리적인 이유가 있고, 동일 직종의 5, 6직급이 동일 업무임에
도 불구하고 여자직원에게만 낮은 직급인 6직급을 부여한 것은 아니라
할 것이어서 채용에 있어 성차별이 있었다고 할 수 없다. (K협의회사건.
서울고등법원 2006.1.12. 선고 2004누8851 판결)

그러나 법원도 인정한 것처럼 "원고가 채용될 당시, 참가인협회의
인사관리규정에 의하면 행정직 5직급과 행정직 6직급은 채용에 있어
학력요건은 모두 고등학교 졸업 이상으로 동일"했다. 노동부의 예규
<남녀고용평등업무처리규정>을 보면 "학력·경력 등 자격이 같음에
도 불구하고 여성을 남성보다 낮은 직급 또는 직위에 모집·채용하는
경우"를 성차별로 본다고 명시하고 있다. 그러나 이 사건은 법원에서
채용상의 성차별을 인정받지 못했다.

그렇다면 결국 K협의회의 5직급과 6직급이 수행하는 직무에 차이가
있었는지, 직급에 따라 수행하는 직무가 달랐다면 주로 남성이 채용되
었던 5직급이 수행하는 직무는 여성이 담당하기 어려운 직무로서 진정
직업자격에 해당하는 것인가가 쟁점이다. 각 직급이 수행하는 직무에
차이가 있었는지, 사실상 동일한 업무를 수행했는지에 대해서는 양측

의 치열한 공방이 있었는데, 백배 양보하여 K협의회에서 주장하는 것
처럼 5직급과 6직급이 서로 다른 업무를 수행하였다고 하더라도, 5직
급의 업무가 여성이 수행할 수 없는 업무라서 남성만을 채용할 이유는
없다고 보여진다. 이에 대해서는 법원이 인정한 업무의 내용만 보아도
판단할 수 있다. 법원은 6직급의 경우 "그 해당업무는 전산시스템이
구축되지 아니한 상황에서 기안문 및 시행문 등의 타자업무를 주로 수
행하고, 회비 및 수수료의 수납·회계장부 정리, 문서수발, 사무용품
구매, 전화통화, 복사, 제 증명서 발급, 내방객 서비스 등"이었고, 5직
급의 경우 "그 해당업무는 정규 5직급직원 1인당 약 100여 개 회원사
의 업무처리, 사업계획 수립·집행, 각종 발주기관 및 대외기관 교섭·
응대, 행사기획, 각종 전기관련 법령입안에 대한 의견제출, 민원처리,
관련 행정관청 등과의 인허가·자격증·계약·발주 등의 업무"였다고
밝힌다[42]. 또한 K협의회의 승진기준에 따르면 6직급으로 2년 이상 근
무하고 근무성적이 우수한 자는 5직급으로 승진할 수 있는 자격이 있
다. 이는 6직급으로 채용된 여성들이 절대로 5직급(남성)이 수행하는
업무를 할 수 없는 것이 아니라는 것을 반증한다. 그러나 법원은 진정
직업자격에 대해서는 적극적으로 판단하지 않은 채 채용에서의 성차별
은 아니라는 성급한 결론을 내렸다.

이 사건은 승진 및 정년상의 성차별을 인정받으면서 고등법원과 대
법원에서 여성노동자가 승소하자 법원이 간접차별의 법리를 받아들인
최초의 판결로 인용되면서 환영받았지만, 성별직급분리라는 성차별의
원인이 되는 채용제도, 그리고 직급정년제라는 성차별적 결과를 가져
오는 퇴직제도 자체에 대해서는 성차별을 인정하지 않은 한계가 있다.
즉, 제도로서의 성차별은 받아들이면서, 다만 그 제도의 적용상의 문제

---

42) 서울고등법원 2006.1.12. 선고 2004누8851 판결 4. 재신판정의 적법여부. 가. 인정사실.

를 지적해 '소송을 제기한 개인'을 구제하고자 하였으나, 그 '개인'은 또다시 동일한 제도로 인해 해고(45세 조기정년)되었고, 바로 그 지점에서 소송이 또다시 시작되었던 것이다.

(2) '생계부양자' 이데올로기 인정

다음에서는 '중립적 기준'에 의한 여성우선해고가 어떻게 법적 정당성을 획득하는가를 I신문사 정리해고사건을 통해 살펴보자. 한국에서 정리해고가 법적 정당성을 인정받기 위해서는 법에서 정한 정리해고의 요건을 갖추어야 하는데, 이 중 하나가 "성차별을 하지 않고 합리적이고 공정하게 대상자를 선정"해야 한다는 것이다. N중앙회사건과 A생명사건과 같이 사실상 정리해고에 해당함에도 명예퇴직의 형식을 이용할 경우 법적으로 퇴직의 법리를 따름은 위에서 살펴본 바와 같다. 반면, '명예퇴직'이 아닌 정리해고의 형식을 따를 경우 성차별적 해고는 보다 교묘하게 이루어진다. '여성'을 대상으로 하지는 않지만, '중립적인 기준'을 적용한 결과 여성이 우선 해고되는 현상이 나타나는 것이다. 다음에서는 정리해고 대상자 선정기준이 실제 사업장에서 어떻게 실현되며, 어떻게 성차별적 효과를 가져오는지 I신문사사건을 통해 살펴보고자 한다.

N중앙회사건의 1심법원이 '사내부부'라는 기준에 대해서는 어떠한 언급도 하지 않은 것과 달리, 2심법원은 "피고가 부부직원들인 원고들과 그 남편들에 대하여 수차례 명예퇴직을 종용하면서 그러지 않으면 원고들의 남편들이 순환휴직대상자가 될 것이고, 그 후에 복직이 불투명하며, 그들이 바로 정리해고 대상자가 될 것이라는 점을 고지하였다

는 사실은 인정"하면서도 그와 같은 퇴직 종용은 '사회경제적 관점에서 용인'된다고 판단했다. 그리고 사내부부 중에서 누가 퇴직할 것인가는 '부부가 자율적으로 판단할 사항'이므로 '실제로는 아내인 사원이 퇴직하는 사례가 많을 수밖에 없다'는 사실만으로 성차별이라고 볼 수 없다고 밝혔다[43]. 인력감축이 필요한 시기에 '사내부부(여성)우선해고'라는 기준을 세워 인력감축을 하는 것은 위법하지 않다는 법원의 위와 같은 인식은 '부부 중에 한 사람이 벌면 된다'는 생계부양자 이데올로기에 근거한 것으로 매우 위험하다. 실제로 N중앙회의 '사내부부해고'가 문제가 될 때 조은 교수는 법원에 의견서를 보내 "같은 직장에 부부가 근무하는 것이 보다 안정적 생계수단을 가진 부부로 정의되어 퇴출된다면 이는 곧 모든 맞벌이 부부에 확대 적용될 수 있으며, 곧 여성은 결혼하면 취업해서는 안 되거나 고용주 필요에 따라 결혼한 여성은 언제라도 퇴출시킬 수 있음을 의미"한다고 지적했다. 이러한 우려는 우리 사회에서 현실이 되어 나타났고, 대표적인 것이 I신문사사건과 같은 정리해고사건이다.

정리해고의 대상자를 선정할 때는 근로자측의 사정과 기업측의 사정을 '종합적으로 고려'해야 한다는 것이 통설이다. 다른 표현으로 하면, 해고로 인한 생활불안이 비교적 적은 근로자 또는 기업에 대한 공헌도가 낮은 사람을 선별하는 것이 사회통념상 합리적이라고 볼 수 있다는 것이다(김형배, 1984 : 116). 이를 판단할 수 있는 구체적인 요소로는 근로자의 근속연수, 연령, 재산상황, 부양가족, 업무능력, 기타 근무성적 등이 거론된다.

I신문사도 정리해고 대상자를 결정하면서 "근로자 보호 측면과 회사

---

43) 이에 대해 심재진(2002 : 130)은 '누가 퇴직할 것인가는 부부가 자율적으로 판단할 사항'이지만 '실제로는 여성이 퇴직하였다는 사실'이 바로 간접차별에 해당하는 것이라며 판결을 비판하였다.

이익 측면의 조화를 원칙"으로 내세웠다 그리고 근로자 보호 측면의 요소로는 배우자직업유무, 부양가족수, 입사역순 3가지를 기준으로, 회사 이익 측면의 요소로는 업무실적, 업무태도, 상벌(포상 및 징계) 3가지를 기준으로 해 정리해고 대상자를 최종적으로 결정했다[44]. 그리고 <표5>에서 볼 수 있듯이 몇 차례의 변화과정을 거쳐 최종적으로 업무실적 10%, 업무태도 10%, 상벌 20%, 배우자직업유무 20%, 부양가족수 20%, 입사역순 20%로 기준별 배점을 확정했다(2005.6.14.자 '가'안)[45].

<표5> I신문사 정리해고 대상자 선정기준별 배점 변화표

항 목	업무실적	업무태도	상벌	배우자 직업유무	부양가족수	입사역순
2005.5.4.	30	35	10	10	10	5
2005.5.30.	10	10	20	20	20	20
2005.6.14자 '가'안	10	10	20	20	20	20
2005.6.14자 '나'안	10	10	20	30	20	10

출처 : 서울행정법원 2007. 11. 22. 선고, 2006구합27281 판결

위와 같은 기준을 바탕으로 구체적으로 "총점 100점 중 업무실적 10점(편집국장 평가 50%, 소속부서장 평가 30%, 타부서장 평가 10%씩 2

---

44) 문서 : 총무 111-호 2005.6.14, 수신 : 전국언론노동조합 및 I신문사 지부, 제목 : 정리해고 대상자 선정기준에 대한 회사의 입장.

45) 근로자측은 회사측이 초기에 상대적으로 높은 비중을 차지했던 업무실적 및 업무태도의 점수비중을 줄이고, 상벌, 부양가족수, 배우자직업유무, 입사역순 등의 비중을 높인 것이 당시 동종업계인 스포츠조선의 정리해고에 대한 노동위원회의 결정이 나온 직후라고 주장한다.
"인사고과에 해당하는 업무실적 및 업무태도 점수를 20점으로 대폭 낮추고 상벌, 부양가족수, 배우자직업유무, 입사역순 등에 각 20점씩 가중치를 부여하는 방식으로 변경. 이는 동종업계인 신청 외 스포츠조선에서 행하여진 정리해고에 대하여 귀 위원회에서 부당해고로 판단한 직후였습니다(신청인측 자료, 2005.9.21)".

개 부서장 평가 20% 반영), 업무태도 10점(업무실적 평가와 동일한 방법), 상벌 20점(기본 10점, 포상 및 징계시 점수 가감), 배우자 소득유무 20점(배우자가 소득 없는 자 20점, 미혼자 15점, 배우자가 소득 있는 자 10점), 부양가족수 20점(부양가족 5명 이상 20점, 4명 16점, 2-3명 12점, 1명 8점, 없음 4점), 입사역순 20점(2005년 6월 기준 1년마다 1점 가산, 1년 미만 월할 계산)"을 기준으로 개인별 점수를 산정했다[46]. 이러한 기준에 의해 편집국 기자 69명 중에서 23명이 정리해고가 되었고, 그 중 편집국 소속 여기자는 6명 전원이 해고되었다.

<표6> I신문사 정리해고자 중 여성의 혼인여부와 배우자직업유무

순번	경력	혼인여부, 배우자직업유무
1	신문사 경력 16년, I신문사 입사 10년차	맞벌이
2	신문사 경력 11년, I신문사 입사 11년차	미혼 (가정의 실질적인 수입원으로 노부모 부양)
3	신문사 경력 6년차, I신문사 입사 6년차	맞벌이
4	신문사 경력 4년차, I신문사 입사 3년차	미혼 (가정의 실질적인 수입원으로 노부모 부양)
5	신문사 경력 4년차, I신문사 입사 4년차	미혼 (가정의 실질적인 수입원으로 노부모 부양)
6	신문사 경력 2년차, I신문사 입사 2년차	미혼 (가정의 실질적인 수입원으로 노부모 부양)

출처 : 노동조합내부자료

결정적으로 여성들이 모두 해고된 배경에는 기혼여성은 '배우자직업유무'라는 기준에 의해, 미혼여성은 '부양가족수'라는 기준에 의해 낮

---

46) 서울지방노동위원회 명령서(2005부해850) 2005.11.4. 결정. 인정사실.

은 점수를 받은 사실이 존재한다. 이에 대해 해고된 여기자들은 "결혼을 한 여(기)자들은 남편이 돈을 번다고…결혼을 안 한 여(기)자들은 부양가족이 없다"는 이유로 해고된다면 "여(기)자들은 결혼도 하지 말고 (부양가족수를 늘려 해고되지 않기 위해) 아이만 낳으라"는 것이냐며 항변했다.

> 결혼을 한 여기자들은 남편이 돈을 번다고 정리해고 대상이 되고, 결혼을 안 한 여기자는 부양가족이 없다는 이유로 해고한다면 도대체 여기자들은 결혼도 하지 말고 아이만 낳으라는 말인가. (2005년 7월 2일 제주도 서귀포에서 전국 66개 언론사에서 참석한 여기자 일동, '서귀포선언')

즉, 근로자측은 배우자직업유무, 부양가족수와 같은 평가항목을 설정하고, 지나치게 높은 비중으로 평가를 한 것은 여성에 대한 전형적인 간접차별에 해당한다고 주장한 것이다.

> 본 사건의 경우에 있어서 해고대상자 선정기준 중 배우자직업유무, 부양가족수에 따른 평가항목을 설정하고 있는 것은 전형적인 간접차별의 유형에 해당된다고 할 것입니다. 현대사회에서 여성의 사회진출이 늘고 있는 추세라고는 하나, 우리 사회에서 아직까지는 여성의 경우 출산, 육아, 결혼, 가사 등의 문제로 직장생활을 하는 경우는 비교적 드문 경우인데 반하여 남성의 경우 거의 대부분의 경우 직장생활을 하고 있습니다. 이로 인하여 기혼인 여성근로자의 경우 배우자는 소득이 있는 경우가 많으나, 그 반대로 기혼인 남성근로자의 경우 배우자는 소득이 없는 경우가 일반적이라 할 것입니다. 피신청인 사업장의 경우에도 이는 마찬가지인 바, 배우자의 소득유무에 따라서 배점이 결정되고 또한 20점의 높은 배정이 책정됨으로 인하여 피신청인 사업장의 기혼여성 근로자의 경우 어쩔 수 없이 불이익(10점의 감점)을 받을 수밖에 없습니다. 또한 부양가족의 경우에 있어서도 유교적 전통이 강한 우리 사회에서 가정 내에서 남녀가 함께 수입이 있는 경우 대부분은 부양가족이

있다고 하더라도 남성쪽의 의료보험에 등재하는 경우가 일반적입니다. 이 역시 피신청인 사업장의 경우에도 마찬가지인지라 실제 부양가족의 유무와 존재여부와 무관하에 여성근로자의 경우 의료보험상에 근로자 본인을 제외하면 부양가족으로 등재된 경우가 없는 반면에 남성근로자의 경우 부양가족이 있는 경우 거의 대부분 등재가 되어 있습니다. 따라서 의료보험상에 부양가족의 등재여부에 따라서 20점의 높은 배점을 부여되게 되어 여성근로자의 경우 부양가족수와 무관하게 모두 부양가족수 0명으로 처리되어 16점의 감점을 받는 불이익을 받을 수밖에 없습니다. 따라서 편집국 여성근로자의 경우 사업장 내의 남성 기혼 근로자에 비하여 최대 26점의 불이익을 받을 수밖에 없게 되며, 그 결과 편집국 여성근로자 6명 전원이 정리해고자로 선정되는 상황이 초래될 수밖에 없었습니다. (I신문사 사건 근로자측이 지방노동위원회에 제출한 자료. 2005.9.21.)

그러나 노동위원회는 '배우자직업유무'(20점)의 경우 세부항목별 편차가 다른 평가항목의 경우보다 커서 미혼이나 배우자소득이 있는 경우 상대적 불이익을 가져다 준 점은 인정되나, 해고대상자를 선정하는데 결정적인 단초를 제공한 것으로 보기는 어렵다고 밝혔다.

'배우자직업유무'(20점)의 경우 세부항목별 편차가 다른 평가항목의 세부항목별 편차보다 커서, 미혼, 배우자 소득이 있는 경우 상대적 불이익을 가져다 준 점이 인정되나 잔류자 40명 중 13명이 기본점수인 10점을 받은 점으로 보아 동 항목이 평가기준에 결정적인 단초를 제공한 것으로 보기는 어렵다 할 것이고…. (I신문사사건. 서울지방노동위원회 명령서(2005부해850) 2005.11.4. 결정 〈판단〉)

전체적으로 정리해고기준과 배점에 대해서도 "평가기준 6개 항목 중 어느 항목 하나만이 절대적인 영향으로 당락의 결과를 야기한 항목은 없다고 보여진다"47)며 기준의 정당성을 인정했다. 그러나 이러한 노동

---

47) 서울지방노동위원회 명령서(2005부해850) 2005.11.4. 결정. 〈판단〉.

위원회의 판단과는 달리 아래의 <표7>는 특정한 평가항목에 대한 배점을 어떻게 하느냐에 따라 해고대상자에 포함되는 여성의 비율이 달라졌음을 보여준다. 특히, 배우자직업유무, 부양가족수, 입사역순의 배점이 해고자 중에서 여성의 수를 결정하는데 핵심적인 역할을 한 것으로 나타난다. <표7>에 의하면 회사에서 최초로 정했던 기준을 따라 배우자직업유무와 부양가족수, 입사역순의 배점을 각각 10점, 10점, 5점으로 할 때 여성은 해고대상자에 2명이 포함되지만, 배점을 각각 20점으로 높일 때 전체 여성 6명이 모두 해고대상자에 포함됨을 알 수 있다. 이러한 사실은 '결과적으로' 여성들이 전부 해고대상자로 선정된 것에는 배우자직업유무, 부양가족수, 입사역순이라는 '근로자측 사정을 고려한' 기준이 차지한 배점비율의 효과가 결정적이었음을 증명한다.

그러나 이 사건과 관련해서 노동위원회는 긴박한 경영상 필요성, 해고회피노력, 노동조합과의 협의는 물론 정리해고 대상자 선정기준도 적법하다고 인정했다. 다만, 몇몇 근로자에 대해서만 '사실상의 부양가족에 대한 평가가 미흡하거나 오류가 발생'했다며 부당해고를 인정했다.

> 정리해고의 요건인 긴박한 경영상의 필요성, 해고회피 노력, 근로자 대표와의 사전통보 및 협의절차 이행, 정리해고 대상자 평가항목 선정 등에 있어서는 피신청인의 나름대로의 노력과 불가피성을 인정하지 않을 수 없다고 보여진다. (I신문사사건. 서울지방노동위원회 명령서(2005부해 850) 2005.11.4. 결정 〈결론〉)

〈표7〉 I신문사 정리해고 대상자 선정기준
및 배점비율에 따른 해고대상자

하위 연번	배점기준	
	배우자직업유무 : 부양가족수 : 입사역순	
	10 : 10 : 5	20 : 20 : 20
	이 기준을 따를 때 여성2명 해고됨	이 기준을 따를 때 여성6명 해고됨
1	이○○	김○○
2	강○○	송○○
3	송○○(여)	송○○(여)
4	송○○	김○○
5	박○○	김○○
6	남○○	강○○
7	이○○	박○○(여)
8	김○○	장○○
9	김○○	김○○
10	여○○(여)	여○○(여)
11	박○○	이○○
12	정○○	노○○(여)
13	김○○	맹○○
14	정○○	송○○
15	김○○	김○○(여)
16	김○○	남○○
17	우○○	박○○
18	배○○	박○○
19	지○○	김○○
20	송○○	우○○
21	김○○	임○○(여)
22	김○○	배○○

출처 : 행정법원 소장(2006.7.27)에서 재구성.

‘부양가족수’(20점)의 경우도 그 자체는 부당하지 않으나, 적용에 있어서 사실상의 부양가족 존재 여부로 판단하지 않고 소득공제신고서나 건강보험증의 기재를 기준으로 한 것은 합리성에 문제가 있다고 보아 해고자 중에서 4명만 부당해고라고 인정했다[48]. 이처럼 부양가족수가 잘못 계산되어 부당해고로 인정받은 네 사람 중에서 3명은 회사와 지방노동위원회 판결 이후 회사와 합의하면서 사건이 종결되었고, 합의에 이르지 못한 맹○○에 대해서는 회사측이 중앙노동위원회에 재심을 신청했다. 이에 대해 중앙노동위원회는 ‘차남인 맹○○가 사회통념상 부모를 부양하고 있다고 보기에는 무리가 있다’며 초심이 맹○○가 부모를 부양한다는 전제 아래 판단한 부분은 잘못된 결론이라고 결정을 내렸다. 이러한 결정문은 중앙노동위원회의 ‘생계부양’에 대한 인식을 엿보게 한다. 즉, ‘차남’이기 때문에 부모를 부양하지 않는다고 판단한다면, ‘여성’의 경우에는 더더욱 부모를 부양한다고 보지 않을 수 있기 때문이다. 실제 중앙노동위원회는 재심을 신청한 여성해고자들에 대해서는 정리해고는 정당하다는 초심의 결정을 유지했다.

> 맹○○가 자필로 작성한 2004년 소득에 대한 연말정산용 소득공제신고서 인적 공제란에 부모를 부양가족으로 기록하지 않은 점과 동인이 작성한 입사원서의 가족사항란에 동인은 부모와 직장이 있는 형과 동거하고 있는 것으로 되어 있는 점 등을 종합하면, 차남인 맹○○가 사회통념상 부모를 부양하고 있다고 보기에는 무리가 있어 보이므로 초심이 맹○○가 부모를 부양한다는 전제 아래 판단한 부분은 심리미진의 잘못이 있다고 할 것인 바… (I신문사사건. 중앙노동위원회 재심판정서 2005부노262 및 부해 997,998. 〈결론〉 2006.6.26))

---

48) 서울지방노동위원회 명령서(2005부해850) 2005.11.4. 결정 <판단>.

법원의 결론도 다르지 않았다. 행정법원에서는 배우자 직업유무와 부양가족수와 같은 '객관적 요소'에 대해 높은 배점을 부여한 것은 합리적인 것으로 볼 수 있다며 이 사건 정리해고의 기준이 합리적이고 공정한 기준이라고 결론지었다. 다만, 여성노동자가 생계를 스스로 해결해야 하는 비율이 점차 증가하는 현 상황에서 배우자 직업유무·부양가족수와 같은 기준을 일률적으로 적용하면 여성이 남성에 비해 불이익을 입을 가능성이 크므로 향후에는 그러한 비중을 줄여나가는 것이 바람직하다는 의견을 덧붙였다. 이처럼 이 사건 재판부가 배우자 직업유무·부양가족수와 같은 정리해고자 선정기준이 남성보다 여성에게 불리할 가능성이 크다는 것을 인식하고도 이 사건 정리해고자 선정기준이 정당하다고 본 것은 모순적이라고 보여진다. 그럼에도 고등법원[49]과 대법원[50]에서도 이 사건 정리해고 대상자 선정기준에 대한 행정법원 판결은 그대로 인용되었다.

> 해고대상자 선정기준에 있어서 근로자의 부양의무의 유무, 재산, 건강상태, 재취업 가능성 등 근로자 각자의 주관적인 사정과 사용자의 이익 측면을 적절히 조화시켜야 하는 바, 참가인이 최종적으로 업무실적(10점), 업무태도(10점) 등 주관적 요소에 대하여는 합계 20점만을 부여하고, 상벌(20점), 배우자직업유무(20점), 부양가족수(20점), 입사역순(20점) 등 객관적 요소에 대하여 합계 80점을 부여한 평가기준을 채택한 것을 2005년 5월 4일자 평가기준보다 객관적 요소의 비율이 증가하여 합리적인 것으로 볼 수 있는 점 <중략> 등에 비추어 보면, 이 사건 해고시 참가인이 적용한 해고기준은 합리적이고 공정한 기준이라고 봄이 상당하다. 다만, 남성근로자의 취업비율이 높고, 부양가족을 남성근로자의 직장건강보험에 편제하며, 이혼율의 증가와 부부별산제 채택으로 인하여 가정이 해체되는 경우 여성근로자가 생계를 스스로 해결해야 하

---

49) 서울고등법원 2008.9.3. 선고 2008누1261 판결.
50) 이 사건은 대법원에서 심리불속행으로 기각되었다.

는 비율이 점차 증가하여 가고 있는 우리나라의 현 상황에서 배우자직
업유무·부양가족수에 관하여 기준을 일률적으로 적용하게 되면, 여성
근로자가 남성근로자에 비하여 불이익을 입을 가능성이 크다. 따라서
이러한 사회환경의 변화에 맞추어 앞으로는 근로자 개인의 사정을 중
시하고 가족의 노동력 제공비율 및 부양가족의 규모 등의 비중은 점차
줄여나가는 것이 바람직할 것으로 생각된다. (I신문사 사건. 서울행정법원
2007.11.22. 선고, 2006구합27281 판결)

결국 법에 의해 합리적이라고 간주되는 위와 같은 정리해고의 기준
중에서 근로자를 보호하는 요소라고 하는 것이 오히려 '여성우선해고'
를 합리화하는 기제로 작동함을 알 수 있다. I신문사의 사례에서도 알
수 있듯이 일반적으로 근로자측의 요소로 거론되는 것은 생계위험이
적은 자(배우자직업이 있는 자), 부양가족이 적은 자, 근속연수가 짧은
자 등이다. 근속연수가 짧은 자를 기준으로 할 때 평균적으로 근속연
수가 짧은 여성이 결과적으로 불이익을 받을 가능성이 높은 것은 자명
하다. 부양가족이 적은 자의 경우도 대부분의 기업에서는 '국민건강보
험'상의 피부양자를 그 기준으로 하고 있다. 이 경우도 여성이 불이익
을 받을 확률은 높다. 또한 생계위험이 적은 자로는 대체로 '맞벌이부
부(사내부부)'를 그 기준으로 한다. 이것을 보다 '중립적'으로 표현하면
'배우자직업유무'가 하나의 기준이 되는 것인데 이런 기준으로 인해
남성에 비해 더 많은 비율의 여성이 결과적으로 불이익을 받게 된다.

이런 상황에서 여성들은 배우자직업유무, 부양가족수라는 기준이 여
성들에게 불리한 기준이라는 것을 주장하면서도 동시에 '여성도 사실
은 생계부양자'라는 점을 강조하게 된다. 예를 들어, '독신 여성도 부
모 생활비를 대는 경우'가 많고 '비정규직인 아버지, 어머니와 군대에
간 남동생을 부양하는' 경우에도 서류상으로는 부양가족이 없다며 기
준자체가 아닌 적용상의 문제를 지적하는 것이다. 결국 경영상의 사유

로 인해 누군가가 해고되어야 하는 정리해고의 상황에서 '생계부양자 이데올로기'는 되살아나고, 법에 의해 정당화된다. 이런 상황에서 여성 근로자들이 법원을 향해 '나도 생계부양자이므로 해고되어서는 안 된다'고 주장하는 것은 또 다른 여성해고를 정당화하는 근거로 사용될 수 있다는 점에서 매우 위험하다.

> "어떤 기사를 보니까 회사 관계자가 '부양가족 기준으로 평가점수를 매기다보니 부양가족이 없는 여기자들이 불이익을 받은 것 같다'고 말했다. 보통 자녀나 노부모 등 부양가족은 아버지나 아들 쪽으로 등록돼 있는 경우가 많다. 여자가 불리할 수밖에 없다. 독신자들 중에도 남자는 남아 있고, 여자만 해고통지를 받은 경우가 있다. 실제로 독신 여성들이 부모 생활비를 대는 경우가 얼마나 많은가. 그런 것에 대한 조사가 전혀 이뤄지지 않은 것이다." (오마이뉴스, 2005.7.8. "우리 대신 잘릴 남자기자 적어내라고?" 여○○ 차장과의 일문일답 중)

> "보통 자녀나 노부모 등 부양가족은 아버지나 아들쪽으로 등록돼 있어요. 당연히 여성노동자가 불리할 수밖에 없는 거죠." 6명의 기자는 맞벌이를 하거나 미혼이어서 대부분 서류상으로 부양가족이 없다. 박○○ 기자는 "비정규직인 아버지, 어머니와 군대에 간 남동생을 부양하는 내가 가정의 실질적인 수입원이지만 서류상으로는 부양가족이 없다"며 "이런 기준이라면 긴박한 경영위기 상황에서 여성노동자들은 모두 나가라는 소리"라고 말했다. (≪한겨레21≫, 2005.12.06. "여기자의 펜은 일순위로 잘린다?")

이처럼 흔히 근로자에게 유리하다고 간주되는 기준들이 여성에게는 오히려 불리한 기준이라는 것을 인식한 여성노동자들은 한편으로 '능력'을 중요한 기준으로 사용해야 한다고 주장하게 된다. 근로자측면을 고려할 때 '생계부양자'의 논리가 작동하여 결과적으로 '여성들은 1차적인 생계부양자'가 아닌 것으로 분류되어 해고될 가능성이 높기 때문

이다. 그래서 '차라리' 기업이익측면의 요소라고 간주되는 '능력'이 가
장 해고대상자를 선정하는 중요한 기준이 되어야 하지 않느냐고 여성
노동자들이 주장하는 모순이 발생하게 된다.

> 정리해고는 경영상 위기에 봉착한 회사가 일부 근로자를 내보냄으로
> 써 기업체로서 존속하고자 하는 것이므로, 기업의 존속을 위한 최후의
> 수단으로만 정당성을 인정받는 것입니다. 그렇다면 해고대상자의 선정
> 기준은 여러 가지 정황을 고려하더라도, 회사에 남아 회사를 살리는데
> 기여할 수 있는 능력의 유무를 가장 중요한 것으로 설정하여야 타당하
> 다고 할 수 있는 것입니다. 그런데 이 사건 해고의 대상자 선정기준은
> 회사의 생존에 기여할 능력과 전혀 관계없는 요소에 무려 40%나 되는
> 결정적 비중을 부여했다는 점에서도 도저히 공정하다고 볼 수 없는 위
> 법한 것입니다. (I신문사사건. 근로자측 소장. 행정법원 제출. 2006.7.27.)

실제로 I신문사사건에서도 근로자측은 '능력'이 정리해고 대상자를
결정하는 중요한 기준으로 사용되어야 한다고 주장하고 있다. 그런데
동시에 '능력'을 대변한다고 간주되는 인사고과가 형식적이었을 뿐만
아니라 이미 '대상자를 결정하고 난 후'에 점수를 매긴 것으로 사실상
여성에게 부당하다는 모순적인 주장을 동시에 하고 있다. 이처럼 인사
고과 등 '능력'을 정리해고의 주요한 기준이 되더라도 집단으로서의
여성이 불리하게 될 가능성이 높기 때문에 이것도 효과적인 전략이라
고 보기는 어렵다. 즉, '성'을 기준으로 하는 것은 문제시하면서 '인사
고과' 즉 능력에 따른 기준은 합리적이라고 보는 주장은 함정이 있
다[51]. 실제로 I신문사사건의 사례는 인사고과의 이름으로 행해지는 '객

---

51) 조순경(1998)은 '능력주의'는 '원초적 계약의 불평등함을 은폐하는 대표적인 기제
  라고 지적하면서, '공정한 기준'에 따라 정리해고를 한다 하더라도 만약 그 기준이
  제도적인 '능력평가'에 기초한다면 인사고과 자체가 여성들에게 불리하게 되어 있
  기 때문에 여성들이 1차적인 해고대상이 될 가능성이 크다고 지적한다.

관적인 평가'가 얼마나 '주관적'으로 이루어지는가를 보여주고 있다.

> 피신청인 사업장은 여태껏 인사고과는 단 한 차례도 실시하였던 사실이 없었습니다. 그러던 중 2004년 9월 30일 정리해고에 대한 노사협의를 요구한 직후인 2004년 10월 갑작스럽게 편집국내의 각 부서별 데스크들을 소집지시한 후 소속부서원들에 대하여 2001년부터 현재까지 업무태도 및 업무실적에 대하여 평가를 하라고 지시하였습니다. 2004년 9월경까지 희망퇴직 등 대규모 퇴사자등이 발생하여 부서 간 대규모 인사이동이 있었던 직후의 시점이어서 각 부서별 데스크들은 소속부서원들에 대한 업무태도, 업무능력, 업무실적 등에 대하여 전혀 파악하지 못하는 경우도 상당히 많았습니다. 또한 평가의 방식은 부서원들에 대하여 전혀 파악하지 못하는 경우도 상당히 많았습니다. 또한 평가의 방식은 부서원들에 대하여 등급에 따라서 강제적으로 배분하는 강제할당식의 상대평가였습니다. 전 직원에 대한 평가과정은 데스크들이 모두 모인 자리에서 마치 각자 숙제를 하는 것과 같은 방식으로 약 1시간 만에 모두 종료되었습니다. (I신문사사건. 근로자측 자료. 노동위원회 제출. 2005.9.21.)

> 객관적으로 구체적으로 이거<배우자직업유무, 부양가족수>만으로도 불리한데 업무태도나 실적도 암암리에 조작된 거예요. 왜 조작이 됐냐면 쟤는 남편이 있으니까 먹고 살겠지, 그러면 두루뭉실 점수를 준 거예요. 그런 게 굉장히 억울한 거예요. 분위기 자체가…선배는 남편이 버니까…누구는 여자니까…먹여 살릴 식구들이 없으니까 괜찮지 않아? 자기들끼리 암암리에…왜냐면 이게 시험성적표가 아니기 때문에 업무태도라는 것이 거기에 여기자들이 상받은 애들이 있고 단 한 번도 시말서 써본 애들이 없고 남자들은 시말서도 쓰고…그런 것들이 전혀 반영이 안 된 상태에요. (I신문사사건 당사자)

사실상 정리해고를 실시하면서도 명예퇴직의 형식으로 법을 회피한 N중앙회사건, A생명사건과 달리 I신문사사건은 정리해고의 형식을 취해 성차별이 법적 쟁점의 하나가 되었으나, 노동위원회의 '생계부양자 이데올로기'에 기반한 노동권에 대한 인식은 여성해고를 정당화하였다.

2. 성차별을 하면 처벌 받는가

1) 사업주처벌을 통한 법의 실효성 기대

노동법에서 벌칙조항을 두어 법을 위반한 사업주를 처벌하도록 하는 것은 일반적으로 사회적·경제적 약자인 근로자를 보호하고, 법의 실효성을 확보하기 위한 수단으로 이해된다. 그로 인해 항상 노동계에서는 보다 강력한 벌칙조항을 법에 명시할 것을 요구했다. 남녀고용평등법과 관련해서도 마찬가지이다. 초기 남녀고용평등법의 벌칙규정의 미흡함은 법의 실효성을 떨어뜨리는 요소로 지적되었다(정양희, 1996). 그 결과 수차례의 개정을 통해 <표8>와 같이 벌칙조항은 강화되었다.

<표8> 남녀고용평등법의 벌칙규정 변천과정

	남녀고용평등법
제정 1987.12.4	제22조 (벌칙) 제8조 제1항 또는 제2항의 규정에 위반한 자는 250만원 이하의 벌금에 처한다.
제1차 개정 1989.4.1	제23조 (벌칙) ① 사업주가 제6조의 2 제1항, 제8조의 규정에 위반한 행위를 한 경우에는 2년 이하의 징역 또는 500만원 이하의 벌금에 처한다. ② 사업주가 제6조, 제7조, 제11조 제1항·제3항의 규정에 위반한 행위를 한 경우에는 250만원 이하의 벌금에 처한다.
제2차 개정 1995.8.4	제23조 (벌칙) ① 사업주가 제6조의 2 제1항, 제8조의 규정에 위반한 행위를 한 경우에는 2년 이하의 징역 또는 1천만원 이하의 벌금에 처한다. ② 사업주가 제6조, 제6조의 3, 제7조, 제11조 제1항·제3항의 규정에 위반한 행위를 한 경우에는 500만원 이하의 벌금에 처한다.
제3차 개정 1999.2.8	제23조 (벌칙) ① 사업주가 제6조의 2 제1항, 제8조의 규정에 위반한 행위를 한 경우에는 2년 이하의 징역 또는 1천만원 이하의 벌금에 처한다.

	② 사업주가 제6조, 제6조의 3, 제7조, 제8조의 2 제2항, 제11조 제1항·제3항의 규정에 위반한 행위를 한 경우에는 500만원 이하의 벌금에 처한다.
제4차 개정 2001.8.14	제37조 (벌칙) ① 사업주가 제11조의 규정에 위반한 행위를 한 경우에는 5년 이하의 징역 또는 3천만원 이하의 벌금에 처한다. ② 사업주가 제8조 제1항, 제14조 제3항, 제19조 제3항의 규정에 위반한 행위를 한 경우에는 3년 이하의 징역 또는 2천만원 이하의 벌금에 처한다. ③ 사업주가 제7조, 제9조, 제10조, 제19조 제1항 및 제4항, 제24조 제3항의 규정에 위반한 행위를 한 경우에는 500만원 이하의 벌금에 처한다.

그중에서도 근로기준법과 남녀고용평등법에서 가장 강력한 처벌조항을 두었던 것이 부당해고, 차별해고와 관련한 조항이다(5년 이하의 징역 또는 3천만원 이하의 벌금). 그러나 부당해고·차별해고를 위반한 것을 이유로 형사고소를 하더라도 실제로 사업주가 처벌되는 것은 매우 드물다. 간혹 부당해고로 형사처벌이 되더라도 실제로는 소액의 벌금형 등 가벼운 처벌을 받는 것이 일반적이다(정태상, 1998 ; 김재호·김홍영, 2006).

이런 현실에서 2003년 노동부에서 추진되고 발표된 <노사관계법·제도 선진화 방안>[52)]에서 부당해고에 대한 벌칙조항을 삭제하고 다른 구제방안을 마련하자는 의견이 제시되면서 다시 한 번 부당해고의 형사처벌조항의 실효성 문제가 논쟁이 되었다. 즉, ① 악의적이고 반복적인 부당해고 사례가 여전히 존재하는 노사관계의 현실 ② 근로조건의 전제 내지 근간 자체를 부당하게 잃을 것을 염려하는 근로자의 법감정 ③ 형사처벌하는 다른 법규정과의 형평성 등을 고려할 때 형사처벌 조항을 삭제하는 것은 시기상조라는 의견이 있었던 반면 ① 국제적으로

---

52) 「노사관계법·제도 선진화 방안」이란 2003년 5월부터 12월까지 노사관계전문가 15인으로 구성된 '노사관계제도선진화연구위원회'가 노동부의 의뢰를 받고 연구·발표한 노사관계 법·제도의 개선방안을 말하는 것으로 노동관련법의 34개 개선과제가 제시되었다.

볼 때 부당해고에 대해 형사처벌하는 나라는 거의 없고 ② 사건의 본질과 당사자의 의사가 왜곡될 가능성이 있는데다가 ③ 해고의 정당성 판단이 애매하고 ④ 실제 선고형이 낮아 유용성이 약한 현실을 고려할 때 형사처벌 조항을 삭제해야 한다는 의견이 대립하였다(엄현택, 2005). 이처럼 논란이 있었으나 결국 벌칙조항은 삭제되었고 노동위원회의 부당해고구제명령에 대해 이행강제금을 부과하는 방식으로 근로기준법은 개정되었다[53]. 그러나 남녀고용평등법상의 차별해고에 대한 벌칙조항은 여전히 존재하기 때문에 성차별적 해고의 경우 현재와 같이 노동부 ─검찰에 사업주를 고소하는 것이 가능하다.

남녀고용평등법에서는 성차별적 해고를 하는 사업주에게 '5년 이하의 징역 또는 3,000만원 이하'의 벌금을 부과할 수 있도록 처벌조항이 마련되어 있다[54]. 이러한 조항에 근거해 해고자들은 피해구제를 위한 방법으로 노동위원회, 법원을 통한 행정, 민사소송을 진행하면서 동시에 사업주처벌을 요구하며 노동부─검찰에 진정, 고소하기도 한다. 이러한 절차에 따라 1988년부터 2005년까지 접수된 남녀고용평등법 관련 신고사건 중에서 정년·퇴직·해고와 관련한 사건은 총 81건(고소·고발에 해당하는 사건은 15건)에 해당된다. 정년·퇴직·해고와 관련한 신고사건은 1998년 11건, 1999년 20건, 2000년 12건, 2001년 14건으로 IMF 이후 약 4년간에 전체의 70%에 해당하는 57건이 접수되었다(노동부, 2006). 본 연구사례 중에서도 법적으로 성차별을 주장한 사건들(N중앙회사건, A

---

53) 이후 2006년 9월 "노사정대표자 합의"를 거쳐 2006년 11월 개정된 근로기준법에 따르면 ① 부당해고에 대한 벌칙조항은 삭제된 반면 ② 노동위원회의 부당해고구제명령을 따르지 않을 경우 2천만원 이하의 이행강제금을 1년에 2회의 범위 안에서 최대 2년까지 부과하고, ③ 확정된 구제명령을 이행하지 않은 자에 대해서만 벌칙(1년 이하의 징역 또는 1천만원 이하의 벌금)을 부과하도록 하였다.

54) 본 연구사례들에 적용되었던 (구)근로기준법에서도 부당해고에 대해서는 위와 같은 벌칙조항이 존재했다.

생명사건, D제분사건, R전기사건, K협의회사건)은 노동부, 검찰에 남녀고용평
등법 위반 등으로 사업주를 진정, 고소·고발했던 것으로 나타난다. 민
사소송과 별도로 사업주를 진정, 고소·고발하는 주된 이유는 이러한
절차를 통해 사업주를 압박하고, 위법한 행위에 대해 노동부─검찰의
인정을 받음으로서 궁극적으로 피해자구제에 도움을 받고자 하는 목적
에서 진행된다.

이때 법원과는 달리 노동부─검찰의 경우 주로 직접적으로 '남녀고
용평등법 위반'을 다루기 때문에 성차별 자체가 판단대상이 된다. 그러
나 본 연구사례 중에서 노동부, 검찰을 통해 법위반의 혐의를 인정받
은 경우는 A생명사건이 유일하다. 유일하게 인정받은 A생명사건도 남
녀고용평등법 위반의 성차별이 아닌 근로기준법을 위반한 부당해고의
혐의가 인정된 것이다. 이에 다음에서는 성차별 혐의로 노동부─검찰
에 접수된 사건을 통해 왜 성차별을 행한 사업주를 처벌하는 법이 존
재함에도 형사처벌이 어려운가를 밝혀보고자 한다.

2) 노동부·검찰의 전문성 결여

R전기사건의 당사자들은 노동위원회에 부당해고구제신청을 하면서
동시에 남녀고용평등법상 차별여부 및 육아휴직 불이익처우 등에 관하
여 노동부에 진정을 제기했다. 그러나 이와 관련하여 광주지방노동청
은 모집과 채용, 승진, 동일노동 동일임금, 임신 등을 이유로 한 불이
익처우를 인정할 수 없다는 결론을 내렸다. 이 사건에서 노동부는 모
집채용의 경우 실제 성별직급분리 채용이 이루어졌던 현실을 간과하고
형식적인 채용공고(자격)에 근거해 차별이 아니라는 결정을 내리고, 이
를 다시 승진, 임금차별을 정당화하는 근거로 제시했다. 우선, 승진차

별과 관련해서는 7급과 8급은 채용요건을 달리 정하고 있으므로 남성
만 채용하는 7급사원은 승진가능하고, 여성만 채용하는 8급사원은 승
진제도가 없어서 여성은 평생 일해도 승진이 불가능하지만 채용요건이
다르기 때문에 승진차별이 아니라고 밝혔다. 또한 여성인 8급사원과
남성인 7급 일반직사원의 일부가 동일한 노동을 함에도 동일한 임금을
지급하지 않고 있다는 주장에 대해서도 7급사원은 8급사원과 채용요건
이 다르고, "현장 확인한 결과 현재 7급 일반직 남성이 수행하고 있는
업무의 전 분야에 대하여 여성이 동등하게 수행할 수 있는 업무로 볼
수 없으므로" 동일노동 동일임금으로 볼 수 없다고 밝힌다. 여성노동
자들의 주장은 7급 일반직사원(남성)의 일부가 8급사원(여성)과 동일한
노동을 하므로 동일한 임금을 지급해야 한다는 것인데, 노동부는 "7급
일반직 남성이 수행하고 있는 업무의 전 분야에 대하여 여성이 동등하
게 수행할 수 있는 업무로 볼 수 없으므로" 임금차별이 아니라는 것이
다. 노동부가 '차별'에 대한 개념을 제대로 이해하고 있는지 의문이 가
는 내용이다.

    가. 7급, 8급사원 모집과 채용에서의 차별여부 : 최근 8급사원의 모집
이 없었으나 성별 제한없이 모집요건을 달리하고 있고, 7급사원(생산직)
의 모집에 있어서 자격요건을 공고졸업자, 기계관련자격증 소지자 등으
로 정하고 있는 바, 동 모집에 응모한 남성을 7급사원으로 채용함을 남
녀차별이라고 볼 수 없음.
    나. 7급, 8급사원의 승진에서의 남녀차별여부 : 7급과 8급사원의 채용
요건을 달리 정하고 있는 바, 7급사원에 대하여 승진제도를 규정하고, 8
급사원에 대하여 승진제도를 규정하고 있지 않다 하여 제도상 차별로
볼 수 없음.
    다. 8급사원과 7급 일반직사원의 동일노동 동일임금여부 : 7급사원의
일부가 자격증을 소지하지 않고 있을지라도 공고졸업 등 채용요건을
정하여 채용된 자로 8급사원과는 채용요건이 다르고, 현장 확인한 결과

현재 7급 일반직 남성이 수행하고 있는 업무의 전 분야에 대하여 여성
이 동등하게 수행할 수 있는 업무로 볼 수 없으므로 동일노동 동일임
금으로 볼 수 없음.
(R전기사건, 광주지방노동청, R전기 특별감독 요구에 대한 회신, 2004.5.18)

K협의회사건의 당사자도 사업주가 모집과 채용과정에서 근로기준법
및 남녀고용평등법을 위반했다고 고소했다. 이에 대해 지방노동사무소
에서는 '모집과 채용은 근로조건이 아니므로 근로기준법 위반여부를
논할 수 없다'는 이유로 불기소의견을 내고 사건을 종결처리했다.

신청인이 피신청인을 상대로 제기한 모집과 채용에 있어서 근로기준
법 및 남녀고용평등법에 대한 고소 및 진정사건에 대하여 서울남부지방
노동사무소장은 "모집과 채용은 근로조건이 아니므로 근로기준법 위반여
부를 논할 수 없고" (K협의회사건, 중앙노동위원회 재심판정서 2002부해342)

위와 같은 노동부의 결정 역시 노동부가 관할 부처로서 전문성을
가지고 있는 것인지 의심하게 한다. 우선, 모집과 채용은 근로조건이
아니라 근로기준법 위반여부를 논할 수 없다고 했지만, 남녀고용평등
법에서는 모집과 채용에 있어서의 성차별을 명백히 금지하고 있기 때
문에 이 법 위반의 문제를 논할 수 있기 때문이다. 이와 관련해서는
이미 2001년 K협의회의 관할 부처인 산업자원부의 감사결과 '신규직원
채용시 전문대졸 남직원의 경우는 5직급을 부여하는 반면, 여직원의
경우는 6직급을 부여하는 것은 불합리하다'고 지적하면서 남녀고용평
등법에 위반되는 일이 없도록 시정하라고 명령한 바 있다. 노동법에
관한 전문 부처가 아닌 산업자원부도 이해하고 있는 남녀고용평등법
등을 관할 부처인 노동부는 정작 알지 못하고 있는 것이다.

지적내용

○ 신규직원 채용시 여성차별

직원신규 채용시 남녀고용평등법 등 각종 법령에 위반되는 일이 없도록 직급을 부여하나 전문대졸 남직원의 경우 5직급을 부여, 여직원의 경우는 6직급을 부여하는 불합리한 점을 시정.

조치시정

○ 직원 신규채용시 여성을 차별하여 임용한 사항에 대하여 시정방안 수립추진

(K협의회 내부공문. "2000년도 산업자원부 정기감사결과 주요지적사항 통보", 2000.10.31.)

또한 노동부는 K협의회사건에 대한 진정 내용에서 승진과 관련해서도 '구체적 사실이 확인되지 않아 차별적 대우를 하였다고 볼 수 없다'는 이유로 불기소의견을 내고 사건을 종결처리했다. 이후 이 사건은 고등법원과 대법원에서 승진차별을 인정받았음을 볼 때 노동부가 제대로 조사를 했다면 다른 결론이 나올 수도 있었음을 짐작할 수 있다.

"최근 3년간 동일직급에서 남성근로자에 비해 여성근로자의 승진이 제한된 구체적 사실이 확인되지 않아 차별적 대우를 하였다고 볼 수 없음"이라고 결론을 내리고 피신청인을 서울지방검찰청 남부지청에 송치하고 (불기소의견) 종결처리한 사실. (K협의회사건. 중앙노동위원회 재심 판정서 2002부해342)

노동부는 근로기준법, 남녀고용평등법 등을 관할하는 행정기관이다. 보다 구체적으로는 사법경찰관의 지위를 갖는 근로감독관이 ① 남녀고용평등법의 위반여부를 사전에 점검(예방점검)하거나 사업장감독(정기·특별감독)을 실시해야 하고 ② 법령 위반사실에 대한 진정·고소·고발 등의 접수 및 처리하도록 되어 있다[55]. 노동부에서는 '남녀

---

55) 노동부 훈령 제601호(개정 2005.6.29).

고용평등업무처리규정'을 만들어 관련 사건을 처리하는 지침으로 사용하도록 하고 있지만, 내용이 굉장히 추상적인 수준이어서 지침만으로 구체적인 사건의 위법성을 판단하기는 어렵다. 결국 담당 근로감독관이 사건을 실질적으로 조사·처리하게 되는데 이들이 성차별을 판단하는 주체로서 전문성을 가질 수 있는가에 대해서는 회의적이다. 근로감독관이 직무교육을 통해 남녀고용평등법 등에 대해서 교육을 받을 수 있는 기회가 절대적으로 부족하기 때문이다(정형옥, 2003). 이런 현실은 정부가 남녀고용평등법을 제대로 집행하고자 하는 의지를 갖고 있는 것인지 의심하게 한다. 실제 이러한 법집행의지의 부족은 근로감독관의 차별판단에 대한 전문성 부재로 현실화되고, 그 결과는 위와 같이 성차별사건이 접수되었을 때 제대로 된 조사, 판단이 이루어지지 못해 법의 실효성을 약화시키는 것으로 나타나기 때문이다. 이는 비단 노동부만의 문제가 아니다. 노동부에 접수된 고소·고발 등의 사건에 대한 수사는 사실상 검찰의 지휘와 감독 하에 이루어지도록 되어 있기 때문이다. 그러나 검찰 또한 별반 다르지 않아 보인다.

3) 공소시효의 한계

D제분사건과 관련해서 검찰은 '결혼퇴직을 조건으로 채용한 것은 남녀고용평등법(제23조, 제8조 제2항) 위반죄에 해당하나 공소시효가 완성되었다'는 이유로 사건을 종결했다. D제분사건의 당사자는 1991.9.5.에 채용되었고, 약 7년 뒤인 1998.11.2.에 결혼퇴직을 한 후 '결혼퇴직을 조건'으로 채용한 것은 무효라고 고소했으나 이미 공소시효가 지난 후였기 때문이다. 형사소송법 제249조에 따르면 "장기 5년 미만의 징역 또는 금고, 장기 10년 이상의 자격정지 또는 다액 1만원 이상의 벌금

에 해당하는 범죄"는 공소시효가 3년이다. 남녀고용평등법 제7조 제1
항 위반에 대한 벌칙은 500만원 미만의 벌금이다. 따라서 남녀고용평
등법 제7조 제1항에 해당하는 모집채용에서의 성차별사건의 경우 공소
시효가 3년에 해당한다. 그러나 모집채용과 관련한 성차별은 당사자들
이 해고 등으로 근로관계가 종료되는 시점에 법위반에 대한 문제제기
를 할 가능성이 높기 때문에 이 사건과 마찬가지로 대부분의 사건이
'성차별이지만, 공소시효가 지나' 처벌하기 힘든 결과가 발생할 것을
충분히 예상할 수 있다.

> 위 회사가 위 김○○ 입사 당시 위와 같은 입사조건으로 김○○를
> 채용한 것은 남녀고용평등법위반(제23조, 제8조 제2항)죄에 해당되나 이
> 미 공소시효가 완성되었음. (D제분사건. 춘천지방검찰청청원주지청 공소부
> 제기이유고지서. 사건번호 1999년 제12018호)

4) 충족하기 어려운 엄격한 증거원칙

1999.3.17. 노동부 국정감사기간에 한 국회의원은 'N중앙회의 성차별
구조조정에 대해 검찰에 고발하라'며 문제제기를 했고, 이것은 노동부
가 N중앙회에 대한 '특별감독'을 실시하게 된 배경이 되었다. 이 사건
에 대해 노동부는 조사결과 '여성을 부당하게 차별한 것이긴 하지만'
사법처리는 하지 않고 N중앙회에 대해 '경고'하는 것으로 사건을 종결
했다. 당시 노동부는 ① 퇴직강요에 대한 객관적 증거나 진술이 없어
강제성이 있었음을 확인하기 어렵다는 것과 ② 해고된 당사자가 노동
부에 이의를 제기한 사례가 없다는 것을 그 이유로 들었다.

노동부는 '99년 1~2월에 걸친 구조조정 진행시 명예퇴직자중 여성근

로자의 비율이 높고 사내부부를 우선 감원하는 등 성차별적 의혹이 제기됨에 따라, 지난 3월 22일부터 3월 25일까지 특별감독을 실시하였음. <중략> 결과적으로 사내부부 중 여성이 명예퇴직 대상에서 벗어나기가 어려운 상황을 구성하여 여성근로자를 부당하게 차별함으로써 사회적 물의를 야기하였다 할 것이며, 이러한 행위는 고용상의 남녀차별 금지를 규정한 남녀고용평등법 제2조의 2 제1항 및 동법 제8조 제1항의 입법취지를 위배하여 <u>부당하게 사내부부 중 여성근로자를 차별한 것으로 볼 수 있음.</u> 다만, 퇴직강요에 대한 객관적 증거나 진술이 없어 그 과정에서 강제성이 있었음을 확인하기 어려웠으며, 명예퇴직을 신청한 여성근로자가 명예퇴직금을 수령하고, 이 과정에서 우리부 등에 이의 등을 제기한 사례는 없었음. 이에 따라 "엄중 경고조치"하고 '99년 3~4월 중 진행된 지역 N중앙회의 구조조정과정에서 사내부부가 우선 감원 대상이 되지 않도록 적극 지도하였음. (노동부 보도자료. "성차별적인 구조조정을 행한 N중앙회에 대해 엄중 경고", 1999.4.30.)

한마디로, 성차별이라고 판단되지만 당사자가 직접 문제제기를 하지 않아 퇴직강요에 대한 '객관적 증거나 진술'이 없어서 사법처리는 하기 어려웠다는 것이다. 또한 R전기사건의 근로자들이 제기한 진정내용 중에서 임신 등으로 인한 차별에 대해서도 노동부는 '증거불충분'을 이유로 차별이 있었다고 단정할 수 없다고 밝혔다.

임신·출산·육아휴직으로 인한 불이익처우여부 : 육아휴직 사용자 중 의원면직 3명, 명예퇴직 1명, 이건 정리해고 4명으로 사실상 육아휴직 중에 있는 자 1명을 제외한 나머지 육아휴직 사용자가 퇴사하였으나, 의원면직, 회망퇴직에 있어서 본인이 작성한 사직원이 강요나 강박에 의해 작성된 사직원으로서 무효로 인정되지 않는 한 부당해고라고 볼 수 없고, 육아휴직기간 동안 인사고과 최하위 5% 이내인 자는 5명으로서 육아휴직기간동안 인사고과에서 상위권에 해당하는 자도 있고, 일부 직원은 평소에도 인사고과에서 중·하위권에 있는 등 특별히 육아휴직으로 인해 인사고과에서 불이익을 주었다는 증거불충분으로 육아휴직으로 인해 불이익을 준 것이라고 단정할 수는 없음. (R전기사건.

광주지방노동청. R전기 특별감독 요구에 대한 회신, 2004.5.18.)

한편, H호텔사건의 경우 검찰에서 무혐의처분을 받은 '위장도급'이 법원(1심)에서는 사실로 인정되었는데 이에 대해 담당변호사는 '검찰이 부족하다고 본 증거들이 민사법원에서는 이 정도 증거면 충분하다'고 인정할 수도 있다고 지적한다. 사업주의 행위를 범죄로 보아 형사처벌을 하기 위해서는 민사소송보다 엄격한 증거가 요구되기 때문이라는 것이다.

> 수사기관하고 민사법원하고 좀 다른 것 같아요 수사기관 같은 경우는 형사소송법상 유죄인정을 하려면 고도의 개연성인가 이렇게 표현을 하잖아요. 무혐의처분을 한다는 게 순 법이론만 가지고 보면 범죄를 저질렀다는 고도의 개연성에 이르지 못했다 이렇게 볼 수도 있는 거잖아요 뭐 증거가 부족하다. 근데 검찰이 부족하다고 본 증거들이 사실은 민사법원에서는 이 정도 증거면 충분하다 이렇게 사실인정 할 수 있잖아요 사실은 좀 다른 거죠. 고의하고 증거들. (민사보다 엄격하게 인정) 증거를 보고 유죄가 많다고 인정하는 데는 훨씬 엄격해야죠 사실 민사책임은 과실도 인정이 되니까. 그런데 형사는 어쨌든 그거보다 더 엄격한, 증거가 부족하다 이렇게 판단을 했을 거예요 (H호텔사건 담당변호사)

형사소송법 제307조에 따르면 사실의 인정은 증거에 의하여야 하는데, 이때 범죄사실의 인정은 합리적인 의심이 없는 정도의 증명에 이르러야 한다고 밝히고 있다. 따라서 사업주에 대한 형사처벌을 위해서는 사업주가 위법한 행위를 했다는 것을 증명해야 하는데 이때 요구되는 증명의 정도는 민사법원에서 요구하는 증명의 정도에 비해 엄격하다. 일반적으로 민사사건에서는 '상당인과관계'를 입증하면 충분하다고 보지만, 형사처벌을 위해서는 '법관으로 하여금 합리적인 의심을 할 수 없을 정도로 고도의 개연성에 대한 확신'이 들도록 범죄사실을 증명해야 한다고 본다. 이런 차이로 인해 민사상 책임이 인정되는 경우라도 검찰에서는 '증거불충분'을 이유로 무혐의처분을 내릴 수 있는 것이다.

5) 입증하기 어려운 '고의故意'

N중앙회사건과 관련해서 검찰은 N중앙회가 고소인들을 부당하게 해고했거나 해고에 관하여 여성인 것을 이유로 남성과 차별한 것으로 볼 수 없고[56], 또한 이에 대한 "고의가 있었다고 보기 어렵다"고 판단하여 무혐의처분을 하였다[57]. 이에 대해 고소·고발인들은 고의라는 것은 성차별이라는 사업주의 인식이 존재하면 그것으로 족한 것이지 사업주의 내심의 차별의도까지 포함되는 것은 아니라고 주장하면서, 검찰의 판단은 '고의'라는 법률용어와 성차별의 본질에 관한 이해부족에서 기인한 것이라며 항고·재항고하였으나 모두 기각되었다[58].

---

56) 이와 관련해 고소고발인들은 "원청은 무혐의처분의 이유 대부분을 이 사건의 민사사건의 판결문에 의존하여 이 사건을 부당해고문제와 해고에 관해 여성인 것을 이유로 차별한 것인가 아닌가의 점에 대해서만 민사사건 판결을 그대로 따오고 있다(항고장 2001.2.9)"며 검찰의 수사미진을 주장했다.

57) 서울지방검찰청은 N중앙회에 대해서는 '공소권없음', N중앙회 회장에 대해서는 '혐의없음'의 불기소처분을 하였다. 우선, N중앙회는 2000년 7월 1일 개정 농업협동조합법의 시행으로 인하여 합병해산되는 과정을 거치게 되었는데, 검찰은 해당 사건이 합병해산 전 N중앙회에서 발생한 행위이므로 '법인이 존속하지 아니하게 되었을 때'에 해당한다고 해석하여 '공소권없음'이라는 결정을 내린 것이다. 이후 이와 관련한 법적 논쟁은 성차별이 아닌 다른 법리에 의해 완전히 다른 방향으로 전개되었다. 이에 대해서도 고소인측에서는 항고하였으나 이와 관련한 법적 논쟁은 본 연구주제와 내용상 무관한 것이므로 여기에서는 더 이상 다루지 않는다.

58) 이와 관련해 대검찰청은 "재항고인은 피재항고인 N중앙회에 대하여 해산을 이유로 공소권없음을 결정한 것은 권리·의무를 승계한 새로운 N중앙회가 신설되었으므로 잘못이라고 주장하나, 가사 그렇다고 하더라도 피재항고인 원○○에 대하여 혐의없음을 이유로 재항고를 기각하는 이상, 법인인 피재항고인 N중앙회에 대하여 굳이 따로 재기수사를 명할 실익이 없으므로 같이 재항고를 기각(대검찰청, 불기소재항고사건 처분통지. 2001.7.25.)"한다고 결정하였다. 이에 고소·고발인들은 서울

고의라고 하는 것은 어떤 구성요건 사실에 대한 인식을 일컫는 것이
므로 성차별이라는 것은 피해자인 여성이나 혹은 남성이 다른 성과 다
르다는 것과 그로 인해 고용조건이나 근로조건, 채용조건 등을 달리한
다는 것에 대한 사업주의 인식이 존재하면 족하지 이러한 고의에 사업
주의 내심의 차별의도까지 포함되는 것은 아니라 할 것이고, 외부적으
로 드러난 여러 정황을 종합하여 판단하는 가치판단의 문제가 성차별
이라는 것입니다. 명예퇴직 강압과정에서 사표를 써야 할 구체적인 대
상으로 지목되었던 사내부부 여성들의 입장에서 여성들을 해고시키려
고 하는 N중앙회의 의도를 고의성으로 해석하지 않으면 무엇으로 해석
할 수 있겠습니까? (N중앙회사건. 근로자측 항고장, 2001.2.9)

검찰의 결정 이전에 1심 법원에서도 해고가 아닌 '사직'이라고 결정
한 위 N중앙회사건의 경우와 달리 D제분사건은 지방노동위원회―중앙
노동위원회―행정법원에서 사실상 부당해고에 해당한다는 판결을 받았
던 상황에서 "고의가 아니므로 혐의가 없다"는 검찰의 판단결과가 발
표되었다. 조사결과 검찰은 결혼을 이유로 해고당한 것이라는 근로자
의 주장은 사실인 것으로 판단된다고 밝혔다. 그러나 "위 사직서 제출
이 사실상 해고에 해당하고 그것이 사법상 무효인지는 별론으로 하고"
회사경영자인 피의자에게 부당해고의 "고의가 있었다고 단정할 수 없
다"는 이유로 '범죄혐의 없음'이라는 결론을 내렸다. 즉, 부당한 해고에

지방검찰청의 불기소처분으로 인하여 헌법상 보장된 평등권 및 재판절차진술권을
침해받았다고 주장하면서 2001년 8월 30일 위 불기소처분의 취소를 구하는 헌법소
원심판을 청구하였다. 그러나 헌법재판소(2001.12.20. 선고 2001헌마610)는 당사자들
에 대해서는 '기본권이 침해되었다고 볼 수 없다'는 이유로 기각하고, 나머지 고발
인들에 대해서는 '기본권을 직접 침해받은 자들이 아니다'라는 이유로 기각하였다.
"청구인들은 여성학, 사회학, 철학 등을 강의하는 교수들이거나 한국여성단체연합
등 여성단체의 대표들로서 성차별적인 구조조정 근절과 남녀평등의 실현을 위하여
피고소인들을 고발하였다는 것이므로 이 사건 피고소인들의 행위로 인하여 어떠한
법률상 불이익을 받은 바 없으며, 따라서 검사의 불기소처분으로 인하여 자기의
기본권을 직접 침해받은 자들이 아님이 명백하므로 이 부분 심판청구는 자기관련
성이 없어 부적법하다(헌법재판소 2001.12.20. 선고 2001헌마610)."

해당한다고 하더라도 고의가 없으므로 형사처벌을 할 이유가 없다는 것이다.

> 위 김○○는, 위와 같이 사직서를 제출한 것은 입사 당시 혼인과 동시에 퇴직한다는 약정을 하고 입사를 했기 때문에 혼인을 하게 되자 사직서를 제출한 것이고 따라서 자신은 사실상 혼인을 이유로 해고당한 것이라고 주장. 김○○이 입사 당시 혼인과 동시에 퇴직하는 조건으로 입사하였다는 주장에 관하여 살펴보면, 이에 대하여는 부합증거와 반대증거가 각각 다수 대립되어 있으나, 위 회사의 정식 여성근로자 56명이 전원이 미혼이고 위 회사는 1953년 11월 설립된 이래 1999년 6월까지 혼인 사실이 밝혀진 후 위 회사에 근무한 여성근로자가 전혀 없다는 점 등에 비추어 볼 때 반대증거는 믿기 어렵고 위 김○○의 입사 조건에 관한 주장은 사실인 것으로 판단됨. <중략> 위 사직서 제출이 사실상 해고에 해당하고 그것이 사법상 무효인지 여부는 별론으로 하고(위 김○○는 위 회사를 상대로 부당해고구제신청을 하여 구제명령을 받았고 이에 대하여 위 회사는 재심신청을 하였다가 기각되자 다시 서울행정법원에 재심판정취소소송을 제기하였으나 2000년 2월 15일 기각됨) 위 회사 경영자인 피의자에게 위 김○○를 부당하게 해고한다는 고의가 있었다고 단정할 수 없음. 범죄혐의없음. (D제분사건. 춘천지방검찰청청원주지청 공소부제기이유고지서, 사건번호 1999년 제12018호)

사업주가 부당해고를 할 고의가 있었다고 단정할 수 없으므로 혐의가 없다는 결론은 성차별해고를 금지하고, 이를 위반시 사업주를 처벌하는 조항을 두었지만 실제로 처벌될 가능성은 매우 희박하다는 사실을 보여주는 사례이다. 형법 제13조(범의)는 '죄의 성립요소인 사실을 인식하지 못한 행위는 벌하지 아니한다'고 하여 원칙적으로 고의에 의한 행위가 처벌의 대상이 됨을 명백히 하고 있다. 이때 고의를 일반 형사사건과 같이 엄격하게 해석할 경우 노동사건에서는 사업주가 '성차별적 해고인 줄 몰랐다'라고 하면 고의없음에 해당하여 간단하게 처벌을 면할 수 있음을 예상할 수 있다.

이와 관련해 대법원도 "사용자가 근로자에게 어떠한 징벌을 가함에 있어 소정의 절차를 밟지 아니하여 징벌의 효력이 인정될 수 없는 경우라 하더라도 <u>사용자가 부당한 징벌을 가할 의사로</u> 징벌의 절차를 의도적으로 무시하였다는 등의 특별한 사정이 없는 한, 그와 같은 절차위배의 사유만으로 곧바로 근로기준법 제107조, 제27조 제1항(현행 근로기준법 제110조, 제30조 제1항)에 의한 형사처벌의 대상이 된다고는 할 수 없다[59]"고 밝힌 바 있다. 즉, 소송을 통해 부당해고를 인정받더라도 고의가 존재하지 않는다면 곧바로 형사처벌의 대상이 될 수 없다는 것이다. 본 연구사례 중에서 D제분사건의 경우도 행정법원에서 부당해고로 인정받은 상황이었고, 검찰도 그러한 사실을 인정했으나 부당해고의 '고의가 있었다고 단정할 수 없다'는 이유로 '혐의없음'이라는 결론을 내린 바 있다.

그러나 노동부―검찰, 법원이 이처럼 '고의'의 개념을 협소하게 이해한다면 차별을 행한 사업주가 형사처벌을 받을 경우는 거의 없을 것이다. 더욱이 여성에 대한 직접차별은 감소하는 반면 간접차별의 형태가 점점 증가하는 현실에서 위와 같은 형사처벌은 더욱 그 의미를 상실할 것으로 보인다. 간접차별은 차별의 의도는 없지만 결과적으로 차별이 발생하는 것을 의미하기 때문에 차별에 대한 '고의'가 결여된다는 점에서 과실범은 원칙적으로 벌하지 않는 형사법상의 원칙에 비추어 볼 때 형사상 제재와는 더욱 친하지 않기 때문이다(이승욱, 2003).

위와 같은 연구결과를 통해 볼 때 사업주에 대한 형사처벌 조항을 둠으로서 법의 실효성을 담보하고자 하는 남녀고용평등법의 목적은 그다지 효과적이지 않음을 알 수 있다. 이에 대해 벌칙조항의 존재 자체

---

59) 대법원 1996.12.10. 선고 95도 830판결 등.

가 사전에 차별을 예방하는 '보이지 않는 효과'를 가져올 수도 있는 것이 아니냐고 항변할 수도 있겠으나, 실제 법을 위반해도 처벌되는 경우가 거의 없는 현실에서 '보이지 않는 효과'를 기대하는 것은 한계가 있다고 생각된다.

<표9> 성차별사건에 대한 형사고소(고발) 결과

사건명	고소(고발) 결과	사건처리 이유
N중앙회사건	엄중경고	— 남녀고용평등법 제2조의 2 제1항 및 동법 제8조 제1항의 입법취지를 위배하여 부당하게 사내부부 중 여성근로자를 차별한 것으로 보이나, 퇴직강요에 대한 객관적 증거나 진술이 없어 강제성을 확인하기 어려움.
A생명사건	약식기소	— 근로기준법(부당해고) 위반.
D제분사건	범죄혐의 없음 공소시효 완성	— 피의자에게 부당해고의 '고의가 있었다고 단정할 수 없음' — 결혼퇴직을 조건으로 채용한 것은 남녀고용평등법(제23조, 제8조 제2항) 위반에 해당하나 공소시효가 완성되었음.
R전기사건	성차별 아님	— 모집, 채용, 승진 차별을 인정할 수 없음. — 동일노동 동일임금으로 볼 수 없음. — 임신 등으로 인한 불이익을 단정할 수 없음.
K협의회사건	불기소의견	— 모집채용은 근로조건이 아니므로 근로기준법 위반여부를 논할 수 없음. — 승진은 구체적 사실이 확인되지 않아 차별적 대우를 하였다고 볼 수 없음.

제5장 법적 분쟁을 둘러싼 사회적 조건

성차별을 금지하는 법을 위반하는 행위가 발생했어도 아무도 그것을 문제시하지 않는다면 법이 사회적으로 실현된다고 보기는 어렵다. 법이 그 자체로서 사회구성원의 행동의 변화를 가져올 수도 있겠지만, 그것도 법을 위반할 경우 '법적으로' 문제가 된다는 인식이 뒷받침될 때 가능하다. 그렇다면 성차별을 금지하는 법규범을 위반한 행위에 대한 법적 제재의 필수불가결한 전제조건은 무엇인가. 그것은 피해자들이 법적 문제를 제기하는 것이다. 피해자들이 사건을 소송으로 제기하는 것은 법이 실현되는 사회적 조건과 밀접한 관련이 있다. 이에 다음에서는 성차별사건이 어떤 사회적 조건에서 법적 문제로 제기되고, 유지되는가를 살펴보고자 한다.

1. 성차별소송 '권하기' 어려운 구조

1) 소송의 이익은 공공에게

성차별사건을 소송으로 제기한다는 것은 입법을 통해 확보한 권리를 구체적인 현실에 적용시키는 적극적인 행위이다. 소송이라는 방법은 구체적인 당사자에 의해 제기되고, 그 결과가 판결에 의해 승/패로 명확히 나뉜다는 점에서 효과가 확실한 것처럼 보이지만, 그 효과는 단지 소송을 제기한 당사자에게만 국한되는 것은 아니다. 이에 오래 전부터 미국 등에서는 소송을 평등기회를 위한 사회운동의 전략으로 사용해왔다[1]. 소송결과 승리하여 평등에 대한 법적 정당성을 확보할 수도 있지만, "소송과정은 최종적인 법적 결과와는 상관없이 정치적 이슈를 정당화시킬 수(Gambitta, 1981 : 276)"도 있기 때문이다. D제분사건의 담당변호사의 말처럼 소송에서 "이기면 판결로 세상을 바꿀 수"도 있겠지만, 승패와 상관없이 성차별사건이 소송으로 제기되는 것 그 자체로 사회적 관심을 환기시키고, 법적 판단의 문제가 무엇인가를 논쟁하는 과정에서 성차별에 대한 인식이 확대될 수도 있다. 또한 법적판단

---

1) Maschke(1989)은 여성노동자들이 소송에서 많이 패배했음에도 불구하고, 소송과정은 법적 이슈를 지지하기 위해 동원되는 수단으로 도움이 되었다며, 소송은 노동시장에서 여성의 권리와 기회를 확장시키는 중요한 도구였다고 주장한다. 예를 들어 General Electic v. Gibert 사건에서 법원은 임신차별이 성차별이 아니라고 했지만, 국회는 여론의 압력에 의해 법원의 결정을 뒤집는 법을 제정했다는 것이다. 또한 McCann(1994)도 1970-80년대 동안 여성의 임금평등(pay equity)과 관련하여 법(소송)이 중요한 역할을 했음을 분석하여 소송이 좀처럼 사회적 변화에 중요하게 기여하지 못한다는 주장에 도전했다. McCann은 법의 동원이 직접적으로 긍정적인 효과를 불러오지는 않았을지라도, 임금평등을 위한 운동의 초기단계에서 매우 중요한 역할을 했고, 사회적 변화를 가져올 수 있는 정치적인 사실을 제공했다고 주장한다.

에 대한 사회적 관심은 추후 관련 사건에서 법원의 판결을 바꾸는 힘
이 될 수도 있다[2].

> 기존의 법률해석의 문제를 계속 제기를 하고 그것이 현실에서 어떻
> 게 부당하게 나타나는가를 밝힌다는 점에서 지더라도 의미가 있다고 생
> 각을 해요. 이기면 더 좋고 이기면 판결로 세상을 바꿀 수 있는 거고
> 지더라도 얘기를 해볼 수 있는 거 같아요. 계속 이야기를 하면 논리도
> 추가로 생산되고 그러면 힘도 좀 늘어가니까. (D제분사건 담당변호사)

이와 같은 맥락에서 한국여성민우회는 N중앙회사건에 대한 대법원
패소판결이 나온 직후 해당 사건은 패소하였지만 사회적으로 '사내부부
해고가 성차별적 해고에 해당한다'는 메시지를 전달함으로서 유사한 사
건이 재발되지 않도록 하는 파급효과를 가져왔다는 성명서를 발표했다.

> 사법부의 몰성적이고 비합리적인 판결과 상관없이 이 사건은 역사적
> 으로 매우 의미가 깊다. 경제위기시 남성가장이데올로기를 작동시켜 사
> 회적 약자(여성)를 발판으로 위기를 극복하려고 하는 기업의 관행에 경종
> 을 울리면서, 사내부부해고와 같은 성차별적 해고가 반복되지 않도록 하
> 는 파급효과를 가졌으며, 그 과정에서 이 소송 자체가 많은 사내부부들
> 에게 힘이 되었다. 또한 남녀차별금지법 등에서 사내부부해고가 성차별
> 적 해고의 유형으로 규정되는데 기여하였으며, 여성노동자의 평등한 노
> 동권을 많은 사람들이 다시 한 번 생각해보게 하는 중요한 계기가 된 것

---

2) 실제로 교통사고로 인한 손해배상청구사건으로 시작되었던 이른바 '이경숙 사건'은
   1심 법원이 "우리나라 여성의 평균 결혼연령인 26세부터는 가사노동에 종사하는 것
   으로 보아야 한다(서울지법 1985.4.18 선고, 84가합4162 판결)"고 결정하면서 성차별
   적 정년과 관련한 사회적인 문제로 대두되었다. 이 사건은 당시 여성들이 "그 부당
   성에 합의하여 집단적 대응을 모색함으로서 법정투쟁 지원운동으로 발전하였고, 항
   소심에서 여성 조기정년 인정 부분을 파기함으로서 여성운동에 의한 승소를 쟁취
   하였다"(윤후정·신인령, 2001 : 181). 이 사건이 단순히 개인의 교통사고에 대한 손
   해배상문제가 아니라 여성문제로 인식되고 법원의 전향적 판결을 이끌어낸 것은
   법적 결정에 대한 여성운동의 적극적인 문제제기에서 비롯된 것이라고 볼 수 있다.

이다. (N중앙회사건의 대법원 판결에 대한 한국여성민우회 성명서, 2002.11.8)

실제로 N중앙회사건이 사회적으로 문제가 되자 노동부는 1999년 8월 '여성부당해고 방지 업무처리지침'을 마련해 '사내부부 중 1인', '맞벌이부부 중 1인' 등을 명예퇴직자 또는 정리해고의 기준으로 제시하여 여성에게 강요하는 것은 '여성부당해고'로 본다는 입장을 밝힌 바 있다. 또한 당시 대통령직속 여성특별위원회도 1999년 7월 '남녀차별금지및구제에관한법률에 의한 남녀차별금지기준'을 고시하면서 성차별의 한 유형으로 '정리해고의 객관적 기준을 정함에 있어서 동일 직장 내 배우자가 근무하는 자를 정리해고 대상에 포함시킴으로써 사회관념 또는 해당 직업의 속성상 특정성의 해고를 강요하거나 특정성이 우선적으로 해고되는 결과를 초래하는 경우'를 명시했다.

여성부당해고 방지 업무처리지침(1999.8. 노동부)

추진배경
정리해고 대상 및 명예퇴직 등 모집기준에서 '사내부부 중 1인' 등을 기준으로 제시하여 결과적으로 기혼여성이 대다수 해당.

유형별 업무처리요령
1. '사내부부 중 1인' '맞벌이부부 중 1인' 등을 명예퇴직자 모집 또는 정리해고기준으로 제시하여 여성근로자에게 이를 강요하는 경우
   0 최근 진행되는 고용조정과정에서 다음과 같은 사례(예시)가 종종 발생
   - 상대적 생활안정자를 우선대상으로 하면서 주로 사내부부 또는 맞벌이 부부에 한정
   - 고용조정 대상자 선정과정에서 대상자에 대한 개별면담을 통해 여성근로자쪽에서 퇴직 또는 사표제출을 요구
   - 정리해고 기준 및 희망퇴직기준에 '사내부부 중 1인', '맞벌이 부

부 중 1인'이라는 기준을 명시적, 묵시적으로 제시하여 여성근로자
에게 퇴직 강요

* 관련 사례 : N금융기관은 명예퇴직 우선 대상으로 '상대적 경제적 생활안정
자'를 기준으로 제시하고, 그 적용에 있어 사내부부에게 집중 권유하여 전체 사내
부부 762쌍 중 752쌍이 부부 중 한 명이 퇴직하게 됨(이 중 여성근로자 687명). 우
리 부는 이에 대해 경고조치함.

소송으로 인한 효과는 위와 같은 제도적인 변화에 국한되지 않고 사
업장 내의 실질적인 변화를 가져오기도 하는 것으로 나타난다. 성별직
급분리에 따른 성차별적 직급정년제에 의해 해고된 K협의회사건의 당
사자는 K협의회의 제도적이고, 관행적인 성차별에 대해 회사 내부적으
로는 오래 전부터 문제제기가 되었지만, 별다른 변화가 없었다고 한다.

상용직 문제를 가지고 장장 10년 동안 싸웠어요 사실은 이미 엄청
나게 가슴앓이를 했기 때문에 이 문제는 언젠가는 제기를 해야 한다는
생각이 있었어요 이 문제가 갑자기 이루어진 것이 아니고 어떤 방법으
로든지 이 문제는 외부에서 해결할 수밖에 없다는 것이 항상 저는 잠
재적으로 있었어요 (K협의회사건 당사자)

그러나 이 사건이 소송을 통해 외부에 알려지자 사건이 진행되는
과정에서 K협의회는 "지금까지 남성의 전유물이었던 승진문제에 관심
을 갖게 되었고, 여직원들의 승진이 하나 둘씩 이뤄지는" 변화가 시작
되었다고 한다. 또한 결혼퇴직관행이 문제가 되었던 D제분도 소송과정
에서 "결혼퇴직제도 없애고…고법에 증인을 세우기 위해서인지 모르겠
지만 기혼여성들을 정말 채용"하는 변화가 있었다고 한다. 이러한 변
화는 소송에서 이기기 위한 회사측의 '전략'이라고 폄하할 수도 있겠
지만, 소송이 계기가 되어 사업장 내의 성차별적 관행에 조금이라도

변화를 가져온 것은 분명하다.

> 회사에서는 문제가 외부로 드러나자, 지금까지 남성 직원의 전유물이었던 '승진'문제에 대해 관심을 갖게 되었고 여직원들의 승진이 하나둘씩 이뤄지게 되었다.[3] (K협의회사건 당사자)

> 그<소송> 이후에 D제분이 사규를 다 고치고 결혼퇴직제도도 없어지고 실제로 기혼여성도 취업을 하셔서 일을 하시고 (소송과정에서?) 소송과정에서 환경이 다 변한 거예요. 그래서 이 사안을 더 확대하기가 어려운 측면이 있었어요. (그러니까 본인은 구제가 안 됐지만 소송과정에서 회사가 변화를) 그럼요. 그리고 고법에 증인을 서기 위해서 일부러인지 어쩐지 모르지만 기혼여성들을 정말 채용을 하고 했어요. 그 이후로 지속됐는지는 잘 모르겠는데. (D제분사건 소송지원활동가)

이러한 사실은 성차별소송이 갖는 의미가 사건당사자에게만 국한되는 것은 아니며, 법적으로 승리하지 않더라도 그 자체로 여러 가지 사회적, 개인적 차원에서의 의미가 있음을 보여준다. 또한 법의 적극적 활용은 근본적으로 법이 사문화되는 것을 막고, 판례들이 축적되면 결과의 예측가능성이 높아져 법적 불안정성을 해소하는 데도 기여할 수 있다. 무엇이 법이 금지하는 성차별의 현실적 형태인가를 확인하기 위해서는 법해석이 적극적으로 이루어져야 하는데, 입법은 되었으나 사법적 해석이 미비한 상태에서 소송으로 제기되는 대부분의 사건들이 '선례'로서 기능하게 되기 때문이다. 이런 맥락에서 '결혼퇴직'의 부당성을 다룬 D제분사건의 변호인은 법원을 향해 '이 사건은 단순한 개인권리구제의 문제가 아닌 성차별관행에 대해 법원이 어떠한 입장을 밝힐 것인지 기준을 제시하는 중요한 사건'이라고 강조한 것이다.

---

3) 정○○, "나 자신의 승리가 아닌 여성의 승리", 한국여성민우회, 『함께가는 여성』, 2006.7·8.

이 사건은 단순히 원고의 복직이나 임금을 청구하는 개인의 권리구
제를 위한 사건이 아니며, 탈법적이고 암묵적으로 이루어지는 성차별적
인 고용관행, 아직도 우리 사회에 뿌리 깊게 남아있는 전근대적인 고용
관행에 대하여 법원이 어떠한 입장을 밝힐 것인지, 그리고 이러한 현상
을 어떻게 규제할 것인지 기준을 제시하는 매우 중요한 사건입니다. (D
제분사건. 근로자측 준비서면. 고등법원 제출. 2003.6)

2) '소송비용'은 개인부담

그러나 현재 한국 사회는 성차별에 직면한 당사자들에게 소송과 같
은 법적 분쟁을 적극적으로 권하기 어려운 구조인 것으로 보인다. 일
차적으로 '개인의 권리구제'에 기반한 법률분쟁의 형식 자체가 필연적
으로 당사자의 책임과 부담을 요구하기 때문이다. 즉, 주변에서 여러
가지 지원을 하더라도 소송비용, 소송결과 등에 대한 일차적인 책임은
소송당사자에게 부과된다. 이에 대해 소송지원을 한 경험이 있는 여성
단체들은 성차별사건의 경우 법적으로 이기는 것이 매우 어려운 일이
며, 소송이 수년간 장기화될 수밖에 없다는 것을 알기 때문에 당사자
에게 소송을 권하기 어렵다고 밝힌다.

소송을 잘 안 권하는데. 민사소송은 잘 안 권하고 노동위원회나 행
정기관의 구제절차를 먼저 통하는 것을 우리는 1차적으로 생각하고 소
송까지 가는 거는 그런 것들이 어려웠을 때 정도만… 그리고 확실하
다…그래도 그건 본인이 판단하게 하고 민사소송까지 할 수 있다, 예를
들면, 구제기관 가는 거는 지나서 어려우니까 민사소송을 하는 방법이
있는데 본인이 선택하는 거다, 이길 수 있냐 물어보면 확언할 수 없다.
다만 법률의 흐름상 어떠하다 이런 정도만 이야기하고 본인이 결정하
고 소송을 권하는 경우는 거의 없는 것 같아. 거의 없고 (N중앙회사건,
A 소송지원활동가)

특히, 열정적으로 지원했던 사건이 패소한 경험을 한 활동가들은 개인에게 사실상 모든 책임이 귀결되는 방식, 소송을 통한 사회변화라는 방법에 큰 회의감을 느끼는 것으로 나타난다. N중앙회사건에 대한 소송 승리를 위해 오랫동안 다각적인 노력을 했던 한 활동가는 결과적으로 패소를 경험하면서 '소송에 대해 맘이 많이 떨어졌다'고 밝힌다. 의욕적으로 진행했던 사건이 결과적으로 패소함으로 인해 사건당사자들에게도 큰 상처가 되었지만, 사건을 지원했던 여성단체도 '상처를 많이 입었다'는 것이다. 그리고 소송을 통해 사회를 변화시키겠다는 것이 한국 사회에서 의미있는 운동방법인가에 대한 고민을 많이 하게 된다고 밝힌다.

> 김○○씨는 올해 통화를 했는데 내가 '잘 지내시냐' 그러면 워낙 말을 그렇게 하시는데 '아휴 내가 왜 했나 몰라' 올해는 솔직하게 얘기를 하시더라구. 왜 나를 꼬셔가지고 우리 탓을 하는 거야…아 정말…정말…<허탈하게 웃으면서> 내가 그냥 좋은 경험이지 뭘 그래요 여러 가지 의미도 있고 그렇죠? 그랬더니…몰라…당신들이 꼬셔가지고 자기는 했다고 여성운동에 무슨 의미가 있는지는 몰라도 자기는 너무 힘들었고 자기가 왜 했는지 모르겠다고 자기는 아직도 악몽을 꾼다. 이렇게 얘기를 하시는 거야 너무 힘들다. 이런 거야. 알았다고…그만 하시라고…서로 좋은 경험됐다. 이런 정돈데…사실 좋은 경험이겠나. 이런 생각도 들고 <중략> 우리는 N중앙회사건을 한 다음에 사실 소송에 대해서 맘이 많이 떨어졌어. 그래서 내가 김○○씨 김○○씨 당신들만 그런 줄 아나 <허탈하게 웃으면서> 민우회도 많이 상처 입었어. 이 방법에 대한 고민을 굉장히 하게 되요 (N중앙회사건 소송지원활동가)

또한 D제분사건을 지원했던 단체의 활동가도 D제분사건이 패소한 후 여성노동관련 상담을 받으면서 성차별문제를 법적으로 해결할 수 있다고 알려주는 것이 '너무 괴로웠다'고 한다. 이런 저런 법적 절차가 있다고 안내는 하지만 '기간은 최소한 2-3년'이라고 이야기하면서 스스로 "이건 개인에게… 너무나 부담을 주는 거"라는 생각이 들었다고 한다. 여성단체에서 지원을 하더라도 "그 개인이 오랜 시간동안 쏟아야 되는 정열이라든지 불안감 그리고 그 과정에서 친구도 잃고 외톨이가 되는 그것을 제안을 할 수 있을까" 고민이 되었고, 더 나아가 여성단체가 "여성노동자에게 유리한 판결 하나 얻으려고 이 개인한테 이런 희생을 요구할 수 있나 이런 생각까지 들 정도였다"고 밝힌다.

> 고법에서 지고 나서부터는… 상담을 받잖아요. 여성노동자들한테 상담을 받으면 '소송을 하십시오'라는 말을 꺼내기가 너무 괴로웠어요. 이런 절차가 있다고 안내를 하지만…과정을 중요하게 생각하잖아요. 어떤 과정이 있나. 지방노동위. 중앙노동위…대법원까지 갑니다. 기간은 최소 2-3년이 걸립니다. 이런 이야기를 하면서 제 스스로가… 이렇게까지 개인에게 맡기기에는 너무나…부담을 주는 거다. 물론 단체에서 지원을 하긴 하지만 그 개인이 오랜 시간동안 쏟아야 되는 정열이라든지 불안감 그리고 그 과정에서 친구도 잃고 외톨이가 되는 그것을 제안을 할 수 있을까. 우리로써는 좋은 판결하나 우리한테 유리하고 이후에 여성노동자에게 유리한 판결하나 얻는 게…사실…내가 이걸 얻으려고 이 개인한테 이런 희생을 요구할 수 있나 이런 생각까지 들 정도였어요. (D제분사건 소송지원활동가)

소송이 승리하여 '좋은 판결'이 만들어지면 이후 전체 여성노동자들에게 의미있는 자료로 활용될 수 있지만, 사건당사자에게 소송을 권하기 어려운 구조인 것이다. 아래의 글은 결국 소송을 할 것이지 최종적으로 결정해야 하는 사건당사자의 외롭고, 어려운 심정을 잘 드러내 준다.

> 온종일 우느라 진이 빠진 상태지만 그래도 나는 선택해야만 했다. '송사에 휘말리지 말라는 시쳇말도 있는데, 하지만 기각을 인정할 수는

없는데' 하루에 수백 번 머릿속을 맴도는 양 갈래 생각은 나를 옥죄기
만 하고 어떤 선택도 내릴 수가 없었다. 만나는 사람들마다 조언을 구
하고 다녔지만 어떤 결론도 내릴 수 없었고 자꾸 회피하려고만 하는
자신을 봐야 하는 몇 주간은 지옥 같았다.[4] (S대학사건 당사자)

이처럼 성차별사건 당사자들에게 소송을 적극적으로 권하기 어렵고,
사건당사자들은 '외로운 결단'의 순간에 직면해야 하는 것은 근본적으
로 판결에 대한 '결과는 사회가 공유하면서 책임은 개인이 지는' 구조
에서 비롯된다. 차별피해자들이 해고를 당하게 된 근본적인 원인은 개
인적인 사유에서가 아니라 '성차별'이라는 사회적 사유에서 기인한다.
그리고 이런 사건이 소송으로 제기되고 판결이 나오면 그 판결은 사회
가 공유하게 된다. 그러나 소송에 대한 모든 비용과 결과에 대한 법적
책임은 최종적으로 개인에게 부과된다. 사건당사자들은 경제적 비용뿐
만 아니라 소송을 유지하는데 들어가는 시간, 노력, 결과에 대한 실질
적인 책임에서 자유로울 수 없다. 개인이 '성차별'이라는 구조적인 문
제에 맞서 싸우기 위해 모든 책임을 져야 하는데 이런 구조에서 아무
리 사회적으로 의미있는 사건이라도 피해자에게 성차별소송을 권하기
는 힘든 것으로 보인다. 특히, 소송자원의 불균등 구조는 여성노동자가
소송을 제기하고, 승소를 기대하기 어려운 현실적인 이유의 하나이다.

3) 소송자원의 불균등 구조

(1) 법적 지식의 불균등

사건발생초기에는 대부분의 해고된 여성노동자들은 자신이 적극적으

---

4) S대학사건 당사자가 쓴 글 "내 인생의 스페셜", 한국여성민우회, 『함께 가는 여성』,
2006.11 · 12.

로 문제를 제기하기만 하면 '당연히' 법에 의해 부당함을 인정받을 것
이라고 생각하고 법적 상담자를 찾아오지만, 전문가와의 상담을 통해
승소하는 것이 '그렇게 쉬운 일'이 아님을 깨닫게 된다. 성차별사건이
소송으로 제기되면 이른바 '법리'에 의한 다툼이 시작되는데 이때 여
성노동자들이 법적으로 불리한 위치에 서게 되는 이유 중의 하나는 여
성노동자들이 처한 현실과 법에 대한 '상식'이 법적 판단의 근거가 되
는 '법리'와 차이가 있기 때문이다.

　본 연구사례 중에서 N중앙회사건, A생명사건, D제분사건의 당사자
들은 부당해고의 원인으로 '성차별'을 주장했지만, 법적 분쟁과정에서
는 성차별은 중요하게 다루어지지 않았고 '사직서 제출의 진의여부'가
쟁점이 되었다. 이는 그들이 '법적으로' 해고가 아니라 사직의 형태로
근로관계를 종료했기 때문이다. 근로자가 사직서를 제출한 경우에 법
원은 해고의 정당성을 논하기 이전에 사직서 제출의 유무효를 판단한
다. 이때는 민법상의 의사표시법리가 적용되기 때문에 해고법리에 의
해 해고정당성을 곧바로 다투는 경우보다 근로자들에게는 상당히 불리
하다. 즉, 사직서만 제출하지 않았다면 법적 분쟁에서 보다 엄격한 해
고법리의 적용을 받게 되기 때문에 근로자에게 유리할 수 있지만, 대
부분의 근로자들은 이러한 법적 정보를 잘 알지 못하기 때문에 당시
상황에서 '어쩔 수 없이 사직서를 제출'하는 경우가 많다. 물론 이를
알았다고 해도 회사의 직간접적인 강요에 사직서 제출을 거부하기는
쉽지 않았을 것이다.

　　무식했던 게 가장 큰 문제였던 것 같아요. 사용자측이 우리한테 압
　박을 가하는데 법적으로 근거가 없다는 것을 몰랐거든요.[5] (N중앙회사건

---

5) 한국여성민우회, "평등의 대화" 인터뷰 자료.

당사자1)

> 문 : 참고로 더 할 말이 있나요
> 답 : 저는 결혼을 하면 퇴직을 시키더라도 법적으로 아무런 하자가
> 없는 줄 알았고 그래서 퇴직당시에는 이의를 제기하지 않았던
> 것입니다.
> (D제분사건. 당사자 진술조서. 근로기준법위반 피의 사건에 대하여. 춘천지
> 방검찰청 원주지청. 1999.12.2)

이렇게 만들어진 자료들은 추후 소송이 제기될 경우 여성노동자에게
불리한 자료로 사용된다. L호텔사건의 담당변호사 표현에 의하면 '결국
불리한 자료를 노동자들이 스스로 만들어 준 꼴'인데 그러한 자료가
갖는 법적인 의미를 잘 모르는 개별적인 여성노동자들로서는 '불리한
증거를 스스로 만들어 줄 수밖에 없는' 상황이다.

> 결국은 이런 불리한 자료를 노동자들이 스스로 만들어 준 꼴이거든
> 요. 스스로 사인한 거 (모르니까) 보통 그렇잖아요 이거 사인하고 월급
> 받아가 그러면 다 사인해주고 한단 말이에요 <중략> 개별적인 노동자
> 들로서는 불리한 증거를 스스로 만들 수밖에 없고 그런 면이 있는 것
> 같아요 (L호텔사건 담당변호사)

> 안타까운 게 사직서 쓴 거. 정말 안타깝죠 절대로 쓰지 말았어야 하
> 는데. 이런 것들은 널리 알려야 되요 사직서 안 써도 된다고 절대로
> 쓰지 말고 그냥 버티는 거예요 사직서를 쓰면 정말 방법이 없어요 비
> 진의<의사표시>…주장해볼까 하다가 자신이 없더라구요 (H호텔사건 담
> 당변호사)

반면, 회사측의 상황은 이와 매우 다르다. 대부분의 회사들은 변호
사, 노무사 등 다양한 법률전문가를 통해 어떤 결정을 함에 있어서 '최
대한 법적으로 문제없이' 하는 방법에 대해 사전에 자문을 받는다. 법

적 정보가 거의 부재한 상태에서 행동한 여성노동자와 사전에 법적인 자문을 충분히 받아 행동하는 회사측이 법적인 분쟁을 할 때 '법적으로' 후자가 훨씬 더 유리한 지점에 설 가능성이 높다는 것은 자명하다. D제분의 경우 법원에 제출한 답변서를 통해 자신의 회사가 "노동관계법령을 준수하며, 해석에 의문이 있을 경우에는 사전에 법률고문, 공인노무사 또는 소관 노동부 관계자의 자문'을 받는다고 강조하면서 결혼퇴직관행"이 존재하지 않았다고 주장했는데, 이는 여성노동자가 '결혼퇴직관행'이 위법한 줄 모르고 사직서를 제출했다고 답변한 것과는 매우 대조적이다.

　　피고회사는 남녀고용평등법, 근로기준법 등 각종 노동관계법령을 준수하여, 이를 법령의 해석적용에 있어 의문이 있을 때에는 사전에 법률고문, 공인노무사 또는 소관 노동부 관계관의 자문을 받아 추호라도 근로자의 권리가 침해되지 아니하도록 힘쓰고 있는 회사입니다. (D제분사건. 회사측 답변서. 서울지방법원 제출. 2002.4)

N중앙회의 경우도 명예퇴직 대상자 기준을 정할 때 처음에는 서류상에 '부부직원'으로 표기했다가, 나중에는 '부부직원은 희망하는 직원에 한하여'라고 변경했는데, 그 이유는 "부부직원을 명예퇴직 대상자로 할 때 사회적 비난은 물론 '법적 문제'가 발생할 것이라고 예상"했기 때문이다. 법적으로 '부부직원'으로 표기하는 것과 '부부직원 중 희망하는 직원'으로 표기하는 것은 매우 큰 차이가 있다는 것은 노동법에 대한 지식을 필요로 하는 일이다. 이러한 문서는 '희망'이라는 표현을 사용함으로서 '강요하지 않았다'는 것을 입증하는 근거로 사용될 수 있기 때문이다. 이처럼 회사측은 상대적으로 많은 법률지식과 법률전문가들을 활용해 사전에 최대한 '법적으로' 문제가 없는 방식으로 해

고를 실시한다. 즉, 성차별을 하지 않는 것이 아니라 최대한 법을 피하는 방식으로 하는 것이다.

이처럼 여성노동자들이 처한 현실과 그들이 가지고 있는 법에 대한 '상식'은 실제 사건이 발생했을 때 법적 판단의 근거가 되는 '법리'와 차이가 있는데 이는 여성노동자들의 법에 대한 지식의 부재에서 비롯된다. 회사측은 풍부한 법적 자원을 활용해 '법을 피하는 방법'까지 구사하는 반면 여성노동자들은 법에 대해 '무지'하다. 대부분의 여성노동자들은 수십년간 살아오면서 어디에서도 근로기준법은 물론 남녀고용평등법에 대한 교육을 받을 기회를 얻기 힘들다. L호텔사건의 당사자는 외주화 당시 '절대 (회사측의 강요에) 넘어가면 안 된다'는 정도만 알려줬더라도 좋았을 것이라며 법에 대해 '너무 몰랐다'고 밝힌다. 그러면서 '정규직 노조'에서라도 그런 역할을 해줬어야 한다고 말한다. 그러나 노동조합이 간부가 아닌 일반 조합원을 상대로 노동법에 대한 교육을 실시하는 경우는 매우 드물다고 생각된다. H호텔사건의 당사자들도 20년 가까이 회사를 다녔고, 노동조합에 조합비를 납부했지만, 한번도 노동법과 관련한 교육을 받아본 적이 없다고 밝힌다.

(외주화 당시에는 잘 모르셨고 그래서 도장을 찍어주고 넘어오게 된

이처럼 구체적인 사건에서 법적 판단의 근거가 되는 이른바 '법리' 와 '상식' 사이에 차이가 있는 현실에서 여성노동자들의 법에 대한 '무 지'는 여성노동자들의 법적 문제제기를 어렵게 한다. 법적으로 승소가 능성이 높다고 하는 경우에도 일반인들이 법에 접근하는 것에는 많은 심리적 장애를 경험하게 되는데, 성차별사건과 같이 선례가 거의 없고, 승소가능성을 예측하기 어려운 경우(사실상 패소가능성이 높은 경우)에 는 더욱 그러하다. 실제로 남녀고용평등법 등이 만들어지고 입법적으 로 고용상의 성차별이 금지되었지만 소송으로 제기되는 사건이 매우 미비한 것도 한국 사회에서 성차별이 사라졌기 때문이 아니라 성차별 이 존재함에도 당사자들이 법적 문제제기를 '포기하기' 때문이라고 생 각된다. 그리고 그 배경에는 법적으로 문제를 제기하더라도 '이기기 힘 들 것'이라는 현실이 작동하고 있다고 여겨진다. 이런 현실이지만 여성 들이 성차별을 경험하고도 법적인 문제제기를 하지 않은 것은 때로 회 사측의 주장을 정당화하는 방식으로 이용되기도 한다. 실제로 D제분은 결혼으로 인한 부당해고라고 소송을 제기한 김○○씨 외에도 비슷한 시기에 결혼으로 퇴직한 다른 여성노동자가 17명이나 있었음에도 불구 하고 '부당해고구제신청을 한 사람이 한 사람도 없었다는 것'은 해당

사업장에 부당한 결혼퇴직관행이 존재하지 않았음을 반증하는 것이라고 주장했다. 정말 결혼 때문에 부당하게 퇴직할 수밖에 없었다면 왜 지금까지 김○○씨를 제외하고 부당해고구제신청을 한 사람이 한 명도 없었겠냐는 것이다.

법지식의 부재 및 불균형과 더불어 입증의 어려움 또한 여성노동자들이 승소를 기대하며 소송을 제기하기 어렵게 하는 장애요소로 작동한다.

(2) 입증 자원의 불균등

일반적으로 소송과정에서 근로자측은 자신의 주장을 입증해줄 증인이나 증거를 찾는데 매우 어려움을 겪게 된다. 모든 소송이 입증의 어려움이 있지만, 특히 노동사건의 경우 관련 정보를 독점한 회사를 상대로 소송을 진행한다는 점에서 근로자들은 더욱 불리하다. 그중에서도 노동조합에 의해 지지를 받지 못한 성차별사건의 경우 더욱 그러하다. S대학사건의 변호사는 소송과 관련한 자료수집에 있어서 노조의 역할은 매우 중요하지만 해당 사건을 진행하는데 있어서 전혀 도움을 받을 수 없었다고 밝힌다. 또한 A생명사건의 당사자들도 소송과정에서 자신들의 주장을 증명해줄 수 있는 자료를 찾기 위해 회사와 노조를 찾아갔으나 전혀 도움을 받을 수 없었다고 한다.

　　(소송하는데 있어서 노조의 지원을 받는다는 것이 구체적으로 어떤 측면에서) 일단은 정치적인 압박. 노조가 좀 힘이 있으면 소송을 하면서도 정치적인 압박을 할 수가 있습니다. 회사를 상대로 회사가 세게 소송을 하지 못하게 하거나 소송을 좀 끌면서 합의를 볼 수 있게 한다거나. 그런 지원을 받을 수 있거든요 임단협이 다가왔을 때 이걸 합쳐서 같이 해결할 수 있게 한다든지 이런 게 있는데. 노조가 전혀 없는 경우는 아무런 지원을 못 받기 때문에…소송 외에 회사에 대해서 압박을 가할 수 있는 방법이 없다는 것이 있고 또 하나는 자료수집. 노조가 있으면 회사와 단체교섭이라든지 하면서 정보를 받을 수 있죠 각종 정보를 교류해서 어느 정도 받을 수 있는데 개인은 전혀 그런 정보가 없죠 그래서 김○○씨 재판도 본인이 가져온 자료보다는 지노위에서 중노위에서 회사가 낸 자료를 우리가 낸 거예요 그렇게 소송이 진행되고 있죠 (S대학사건 담당변호사)

　　회사까지 갔어요 인사과 자료 뒤져서 공문도 찾고 그랬어요 찾게는 하는데 그 공문이 없어요 분명히 저희가 받은 공문이 있기 때문에 그 노조공문을 찾으려고 노조사무실에 갔는데도 보관기간이 1년이라면서 폐기처분 했다고… 노조랑 회사랑 회의한 것도 안 보여주고 그냥 가장 기본적인 문서만 잔뜩… (A생명사건 당사자1)

　　법적으로 위장도급이 쟁점이었던 L호텔사건과 H호텔사건에서는 호텔의 직접적인 지휘감독이 있었다는 것을 입증하는 것이 소송에서 핵심이 되는데 여성노동자들이 자신들에게 유리한 자료를 확보하기는 매우 어려운 일이다. L호텔사건의 경우 '관리자의 지시'를 녹음하는 등 관련된 자료를 준비해야 한다는 사실을 인식한 지 얼마 되지 않아 '아무런 증거자료를 확보하지 못한 상태'에서 해고되었고, 그나마 어렵게 녹음을 한 것도 '잘못해서 아무 소리도 안 들리는' 등 입증에 어려움이 많다고 한다. 사실 평생 자신의 일만을 묵묵히 해온 대다수의 중년 여성노동자들이 입증자료를 확보하기 위해 상대방과의 대화 등을 '몰래' 녹음하는 것은 익숙하지 않은 일이다[6]. H호텔사건의 여성노동자들

은 '그들이 쓰레기통에 버린 것'을 '더러운 쓰레기통을 뒤져서' 자신들
에게 유리할 만한 자료를 어렵게 모았다고 한다.

> 아무런 증거자료를 확보 못한 상태에서 계약이 종료되어가지고 제가
> 자문을 하면서 이거 녹음하고 이거 녹음하고 이런 걸 좀 해라라고 했
> 는데 거의 그걸… 준비해야지 하다가 해고가 됐어요. 거의 증거자료를
> 준비를 많이 못했어요. 좀 더 일찍 예상을 했더라면 관리자의 지시나
> 이런 것도 녹음을 하고 했을 텐데 거의 없어요. <중략> 증거자료를 확
> 보하는데…저랑 이야기를 하고 이런 거 이런 거를 구해와라…쉽지 않
> 잖아요. 녹음하고 그러는 게 나이 드신 분이어가지고 처음에 기계 못
> 다룬다고 해서 기계 사놓고 이렇게 해라, 핸드폰 전화 온 거 녹음을 하
> 라고 했더니 못하신다고 해서 다 할 수 있다, 그런 과정에서 좀 지나니
> 까 바로 해고가 되어 가지고 녹음을 한 것도…녹음을 좀 하셨는데 잘
> 못하셔서 아무 소리도 안 들리고 (L호텔사건 담당변호사)

> <전에 노동법을 알려 준> 변호사님한테 교육 받은 거야. 다 쓰레기
> 통에 버리면 제가 쓰레기통 다 뒤져서. 우리가 주은 거. 그들이 막 버
> 렸어요. 겁이 나니까 버린 걸 우리가 막 주었죠. 쓰레기통에서…. 그 드
> 러운 쓰레기통 뒤져서 모으고 그랬습니다. (H호텔사건 당사자)

그러나 간혹 여성노동자들이 관련된 증거를 '어렵게 확보해' 제출하
면 회사측은 그런 증거를 확보했다는 것 자체가 '미리 소송을 계획'한
것이라며 여성노동자를 공격하기도 한다. W은행은 공과금수납업무만
을 맡기기 위해 사건당사자들을 '계약직'으로 채용했으나 그 업무가
자동화됨에 따라 더 이상 필요가 없어 재계약을 하지 않은 것이라고
주장했는데, 이에 대해 여성노동자들은 자신들이 '일부 영업점에서 수

---

6) 판례(대법원 1999.5.12, 선고 99다1789 판결 등)는 증거에 관하여 자유심증주의를
   채택하였음을 이유로 비밀로 녹음한 녹음테이프라도 위법하게 수집했다는 이유만
   으로 증거능력이 없다고는 단정할 수 없다고 하였다(이시윤, 2007 : 406).

표압인, DM발송, 연체독촉전화 등 정규직의 업무를 보조적으로 수행[7]’하기도 했다고 반박하면서 이를 입증하기 위해 관련 자료를 제출했다. 그러자 W은행은 해당 여성노동자가 ‘소송을 계획하고 증거자료로 활용할 목적으로 일부러 상급자의 지시에 반하는 업무를 처리한 것’이라며 반박했다.

> 이○○이 제출한…업무처리내용은 2003년 12월 2일부터 12월 5일 사이에 집중적으로 이루어진 것이며, 모든 컴퓨터 화면을 인쇄하여 두어 이 사건 증거로 제출하고 있음에 비추어 볼 때 이○○이 미리 이 사건 소송을 계획하고서 그 증거자료로 활용할 목적으로 일부러 상급자의 지시에 반하는 업무를 처리한 것이 분명하다고 할 것입니다. (W은행사건. 근로자측 준비서면. 서울행정법원 제출. 2005.12.2)

그런가 하면 소송과정에서 근로자측의 입장을 대변해줄 증인을 찾는 것도 어려운 일이다. 예를 들어, 정리해고사건의 경우 인사고과가 해고대상자를 결정하는 하나의 기준으로 사용되고, 근로자는 인사고과 자체가 부당하다고 주장하는 경우가 많지만 이를 입증하기란 쉽지 않다. R전기사건의 경우처럼 회사측은 해고대상자들이 시말서, 사유서 등을 쓴 경험이 있기 때문에 다른 근로자들에 비해 인사고과점수가 낮았다고 주장하고, 해당근로자들은 자신들 이외에도 다른 근로자들도 시말서 등을 쓴 적이 있다는 사실을 ‘알고 있지만’ 그것을 입증할 수가 없는 것이다. 즉, 회사가 자신들에게 불리한 관련 자료를 제출하지 않는 상황에서 당사자들은 자신들의 주장을 입증하기 위해 다른 근로자에게 ‘당신도 시말서를 쓴 적이 있다’는 것을 증언해달라고 해야 하는데 이것은 현실적으로 어려운 일이다.

---

7) 서울지방노동위원회 명령서 2004부해412, 2004부노57.

우리가 주장을 하려면 우리가 주장할 수 있는 근거가 있어야 하잖아
요 그런데 대부분 해고를 당한 노동자들 입장에서는 그런 근거를 하나
도 갖고 있지 못한데…회사는 그런 자료를 다 가지고 있으니 꼼꼼하
게…가령 어떤 문제도 있었냐면 인사고과가 우리가 제일 낮다고 해서
낮은 순으로 해고를 했거든요 근데 그 인사고과 중에 출산휴가를 통해
서 쉬는 날이 많아서 인사고과가 낮을 때도 있었고, 무슨 이유로 사유
서 쓴 거 이런 것도 있었는데, 우리 말고도 사유서 쓴 사람이 정말 많
았어요 우리보다 더 많이 쓴 사람도 많았고 근데 회사에서는 필요한
자료만 하니까…가령 나 말고 내 옆에 있는 그 사람도 몇 년도 몇 년
도에 사유서 썼는데 그 사람은 사유서 쓴 걸로 해서 감점이 없고 우리
만 감점이 있냐 그렇게 주장할 수 있는…그 사람들이 사유서를 쓴 거
는 알고 있지만 자료가 없고, 그 사람한테 또 가서 사유서 썼다고…해
달라고 할 수도 없잖아요 그 사람도 심적인…해고당시는 모든 사람들
이 숨죽이고 우리 눈길을 마주치기도 힘들어하는 사람들한테 증명서를
해달라고 할 수 없잖아요 그런 모든 요건들이 우리가 증명하기에 뻔히
눈에 보이는 부당함이 있는데도 불구하고 그걸 나타낼 수 있는 게 너
무 부족하더라구요. (R전기사건 당사자1)

W은행사건의 여성노동자들도 자신들의 주장을 증명하고자 했으나
'많은 사람들이 은행과의 관계를 고려하여 기피'해서 증인을 신청할
수 없었고, 사실심의 마지막단계인 고등법원에 이르러서야 '어렵게' 진
술을 해주겠다는 증인이 있어 뒤늦게야 법원에 증인신문을 신청할 수
있었다.

　증인 신문의 신청 : 참가인들은 이 사건 계약해지의 합리성이 없고,
참가인들이 담당할 수 있는 업무를 피크타이머로 대체하였다는 점을
보이기 위하여 사무행원으로 근무하다가 피크타이머로 근무한 사람을
증인으로 신청하여 신문하고자 하였으나, 그 동안 많은 사람들이 원고
은행과의 관계를 고려하여 이를 기피하여 신청하지 못했습니다. 그런
데 최근 그 중 한 사람이 어렵사리 담당업무의 내용과 피크타이머의
실체에 대하여 진술해 주겠다고 승낙을 하였습니다. 비록 증거신청이

다소 늦어진 점은 있으나 참가인들로서는 새로운 증거를 제출할 수 있
는 사실심 마지막 단계인 항소심에서 그 기회를 가질 수 있도록 허가
해 주시기 바랍니다. (W은행사건. 근로자측 준비서면. 서울고등법원 제출.
2006.11)

이런 현실은 입증책임을 사업주에게 요구하고 있는 현재의 법규정과
차이가 있다. 성차별사건에서 이러한 입증책임전환의 취지는 그다지
효력을 발휘하지 못하고 있는 것이다. 실제 소송에서는 법적 분쟁의
특성상 양당사자가 할 수 있는 한 자신의 주장을 입증하게 되는데 여
성노동자의 입장에서는 사업주의 '입증책임'만을 믿고 있을 수 없다.
사업주는 '성차별을 하지 않았다'는 것을 증명해줄 수 있는 자신에게
유리한 자료만을 선별적으로 법원에 제출할 것이 자명하기 때문이다.
즉, 근로자측이 가지고 있는 자료는 회사가 가지고 있는 자료에 비해
양적으로 불리할 뿐 아니라 내용면에서도 회사측이 '자기들한테 유리
한 자료'만을 선별적으로 제출하기 때문에 여성노동자들에게 그다지
도움이 되지는 않는다.

> 제가 저희한테 있는 유리한 증거를 다 냈는데 요것(손가락으로 적은
> 분량이라는 표시함)밖에 안 돼요 상대방은 요만큼 냈는데(근로자측 자
> 료보다 많다는 표시) 이것보다 더 많아요 부당노동행위 때 자기들한테
> 유리한 자료를 낸 게 박스로 왔어요 그만큼 확보하고 있다는 거고 이
> 증거를 가지고 불법파견이나 위장도급을 이길 수가 없어요 (L호텔사건
> 담당변호사)

(3) 경제적 자원의 불균등

소송을 제기하고, 유지하기 어려운 이유는 여러 가지이지만 그중에
서 가장 현실적인 문제의 하나가 경제적 비용의 문제이다. 사건당사자

들이 권리구제를 위해 소송 등을 하기로 마음을 먹었다고 하더라도 평
균 수백만 원에 이르는 소송비용을 개인적으로 지출해 실제 소송으로
이어가는 것은 많은 현실적인 갈등을 수반한다.

> 수임료는 사건의 승소가능성이 낮아서 좀 더 싸게 해주신다고 들었
> 어요. 200으로 알고 있는데 구체적으로 저하고 결정해야죠 (수임료는
> 개인적으로 해결하는 거지요?) 부담스럽죠, 그것 때문에. 이게 바로 숫
> 자로 확 와가지구요. 제가 생각할 시간을 달라고 변호사 만나기 전에.
> 그래서 늦어졌어요. 변호사 만나는 게. (S대학사건 당사자)

또한 사건에서 패소할 경우 원칙적으로 자신의 소송비용뿐만 아니라
회사측의 소송비용까지 책임을 져야 하기 때문에 소송을 지속하는 것
은 단지 '억울한 마음만 가지고' 되는 것은 아니다. 승소가능성이 낮더
라도 여성노동자들에게 의미있는 사건을 사회적으로 이슈화하는 전략
으로 법을 동원할 수도 있겠지만, 결과에 대한 법적 책임을 공유하지
못하는 구조에서는 당사자에게 적극적으로 소송을 권하기 어렵다.

> 김○○씨는 내심 그걸 걱정을 하고 있었다구요. 자기가 이렇게 소송을
> 해서 소송비용을 그쪽에서 물어내라고 오면 자기가 어떻게 하냐, 그걸
> 걱정을 했어요. 민사 간 이후에는 그걸 계속 걱정을 했다구요. <중략>
> 그런 일은 없을 것이라고 얘기는 했는데 당사자는 그것도 되게 부담스러
> 워 하더라구요. 소송비용이 자기한테 돌아올까봐. (D제분사건 담당변호사)

> 정○○씨<K협의회사건 당사자>가 대단하신 것 같아요. 행법까지 졌
> 으면 부담이 너무 커진 거잖아요. 사측까지 비용부담이나 이런 것이…
> 그걸 계속 끌고 오셨다는 게 정말…아무나 그렇게…도저히 나라면 4년
> 동안 그 <비용>부담안고 못 왔을 것 같아요. 난 무서워서 못했을 것
> 같아. (S대학사건 소송지원활동가)

이런 현실적인 문제로 인해 여성노동자들은 법적 대리인(변호사나 노무사)을 선임하지 않고 사건을 진행하는 경우도 있다. D제분사건의 경우도 고등법원에서는 여성노동자가 변호사를 선임하지 않았는데 비용의 문제가 가장 큰 이유였던 것으로 보인다. 당시 D제분사건의 소송가액을 볼 때 사건당사자였던 김○○씨의 월급여가 100만원 정도였던 것으로 보이는데, 변호사가 아무리 적은 비용을 받는다고 해도 소송비용은 여성노동자에게 굉장히 큰 부담으로 작용할 수 있다. 그래서 변호사를 수임하지 않고 소극적으로 대응하는 경우도 발생하는 것이다. 물론 변호사를 선임하는 것이 필수적이지는 않지만 현실적으로 법적 조력자 없이 소송을 하는 것이 당사자에게 유리하게 작용할 리는 없다. 실제로 D제분사건은 지방노동위원회—중앙노동위원회—행정법원에서 모두 여성노동자가 승소했음에도 변호인 없이 소송을 진행한 고등법원에서는 처음으로 근로자패소판결을 받게 되었다.

> 그 비용이 굉장히 적은 비용이었어요 근데 그것도 부담이 된다고 이야기를 하시더라구요 하여튼 비용이 저렴했는데도 본인이 굉장히 부담스러워 했고 저도 그렇게 비용이 부담스러워 하시는 분한테 굳이 이거를 맡겨라 굳이 내가 해야 된다 이렇게 이야기하기가 그래서 어차피 1심에서 이겼으니까 2심에서 크게 문제없을 거다 생각을 해서 제가 그때 선임을 안 했어요 선임을 안 했는데. 고등법원에서 졌죠 (D제분사건 담당변호사)

D제분사건이 2심에서 패소하자 1심을 담당했던 변호사는 '이 사건이 패소할 경우 우리 사회에서 암묵적으로 이루어지는 차별적인 고용관행에도 나쁜 영향을 미칠 것이라고 판단'해서 당사자에게 대법원에 상고할 것을 권유했다. 그러나 고등법원에서도 변호사비용이 부담스러워 변호사를 선임하지 않고 사건을 진행했기 때문에 대법원의 소송비용은

'당사자의 부담이 없도록' 하는 방법을 강구했고, 결국 이 사건의 지원 단체였던 여성단체협의회와 대한변호사협회에 비용지원을 요청했다.

> 사건에 대해 까맣게 잊고 있던 어느 날 여성단체협의회로부터 2심에서 패소하였다는 연락을 받았다. <중략> 나는 이 판결이 매우 부당하고 이 사건이 패소할 경우 우리 사회에서 암묵적으로 이루어지는 차별적인 고용관행에도 나쁜 영향을 미칠 것이라고 판단해 K에게 대법원에 상고할 것을 권하였다. 이번에는 당사자에게 부담이 없도록 대한변협과 여성단체협의회가 소송비용을 부담했다.[8] (D제분사건 담당변호사)

> 의뢰인은 1심에서 여성단체협의회의 도움으로 승소하였으나 2심에서 비용이 없어 변호사 없이 소송을 수행하였고, 현재 출산 직후이며 변호사선임비용이 없어 어려움을 겪고 있음. 이 사건은 여직원의 결혼퇴직 관행이 부당해고에 해당하는지 여부에 관한 중요한 선례가 될 것이며, 여성단체 등에서도 지대한 관심을 가지고 있음. (대한변호사협회 법률구조신청서, 2000.10.5)

이에 대해 대한변호사협회 법률구조사업회에서는 "이 사건의 정황증거와 의뢰인 김씨가 1심과 달리 2심에서는 변호사 없이 소송을 진행시켜 패소했을 가능성도 있다는 점을 감안하여 이 사건 상고심을 법률구조하기로 결정했다"[9]고 밝혔다. 대한변협에 소송비용지원을 요청한 이유에 대해 담당변호사는 단지 '비용의 문제'를 넘어서 '대한변협이라는 기관이 의미부여를 한 사건'이라는 것이 소송에서 유리하게 작용할 것이라고 생각했기 때문이라고 말한다.

> 제가 그 이야기를 했죠 이거는 소송구조를 받겠다. 특별히 소송구조를 받는 이유가 돈도 돈이지만 사회적으로 의미있는 사건에 대해서 대한

---

8) 『월간 사람』 4호, 2005.10.
9) "결혼퇴직 해고 여성근로자 법률구조", 대한변협신문 2000.10.23자.

이 사건은 이후 서울지방법원에 의원면직처분무효확인소송으로 제기
되면서 민변에서 1심 소송비용을 지원받았는데, 이 또한 담당변호사가
민변 소속으로 활동하면서 사건지원을 적극적으로 요청했기 때문에 가
능했던 것으로 보인다. 그러나 민변에서도 노동사건을 공익소송으로
지원하는 것은 흔한 일은 아니며, D제분사건은 '특별한' 경우에 해당
된다고 한다. 공익사건이 '사회적 의미가 있고 공중에 확산 이익이 있
는 사건'을 의미한다면 성차별사건은 공익사건에 해당하지만, 실제로는
'개인사건'으로 간주되어 경제적, 법률적 지원을 받기 어려운 것이다.

이런 현실에서 여성단체, 여성노조 등에서 소송을 지원하는 경우 원
직복직 소송 후원의 밤(N중앙회사건), 투쟁기금 마련을 위한 일일주점
(L호텔사건) 등의 행사를 통해 소송자금을 마련하여 당사자들을 부담을
덜어주려는 시도를 했던 것으로 나타난다. 조합비를 통한 노동조합 재

정확보가 비교적 용이한 노동조합의 경우 이른바 '희생자구조기금'이라는 것이 있어 조합원이 부당한 대우를 받았을 경우 경제적인 지원을 하는 경우가 있지만 대부분의 경우에는 여성단체 등도 재정적인 어려움에 처해 있기 때문에 여성노동자에게 의미있는 사건이라고 할지라도 전적으로 비용을 지원해줄 수 있는 상황은 아니기 때문이다.

> S대학 사건 같은 경우도 너무 힘든 여건이라서 변호사를 아직 선임 못한 부분이 비용문제가 만만치 않아서, 개인이 감당하기에는. 만약에 변호사를 선임하면 저희쪽에서도 재정을 지원하기 위한 어떤 일일호프 내지는 바자회를 고민해야 하지 않을까 생각하고 있거든요. 예를 들어, 노조는 희생자구조기금이 있잖아요. 워낙에 저희 쪽은 조직되지 못한 개별화된 노동자들이기 때문에 어려움이 있어요. (S대학사건 소송지원활동가)

본 연구사례 중에서 W은행사건, I신문사사건의 경우는 소송비용을 노조가 일부 지원한 것으로 밝혀졌다. W은행사건의 경우 '비정규직의 대표소송'인데 만약 소송비용지원이 안 되면 많은 사람들이 소송을 포기해야 한다며 당사자들이 금융노조에 지원을 요청했다고 한다. 금융노조에서도 이런 당사자들의 요청이 의미가 있다고 생각해서 소송비용의 일부를 지원했다고 한다. I신문사사건의 경우 여성을 포함한 25명의 노동조합 조합원이 정리해고 된 사안이라 노동조합에서 노동위원회의 비용과 행정소송의 비용일부를 지원했다고 한다.

> (금융노조에서 행정법원 소송비용지원을 하게 된 계기는) 지원해달라고 해서 지원한 거예요. 비정규지부에서 요청을 해서. 이 비용 때문에 우리 대표소송이 우리 비정규직의 대표소송 아니냐, 이거 지원 안 되면 많은 사람들이 포기해야 한다고 말씀드렸더니 행정소송 비용만 지원을 하겠다, 그래서 (고법은) 개별로. (W은행사건 당사자)

  금융노조가 그런 약자들을 도와주지 않으면 무슨 의미가 있느냐 해
  가지고 봤더니 비록 다툼의 소지가 있지만 대표소송의 의미가 있다, 그
  래서 소송비용의 의미가 있었던 거고 (W은행사건 금융노조담당자)

  (소송비용은 노조에서?) 아니요. 재원이 풍부하면 그렇게 할 텐데. 지
  노위 중노위까지는 노조에서 준비를 했고 성공보수는 개별적으로 하기
  로. 행정소송은 조합비도 부족하고 해서 각자 개별 부담하는 걸 원칙으
  로 하고 노동조합에서는 인지대, 송달료 정도 (I신문사사건 노조위원장)

이처럼 근로자측은 경제적 비용의 문제로 사건을 포기하거나, 최소
한의 비용으로 소송을 진행하는 방법을 강구하는 반면, 회사측은 충분
한 자원을 배경으로 소송을 장기적으로 이끌어간다. 대부분의 경우 회
사측은 하급심에서 패소해 여성노동자를 복직시키라는 법원의 명령을
받더라도 '2심, 3심까지 무조건 간다'며 대법원까지 상고하는 것으로
나타난다. 소송비용은 문제가 되지 않는 상황에서 하급심에서 패소한
법원의 명령을 받아들이는 경우 담당자들은 '왜 대법원의 판결을 받지
않았냐'는 회사측의 질책을 받을 수도 있지만, 대법원에 상고하여 패소
할 경우에는 '법적으로 할 만큼 해봤기 때문에 어쩔 수 없다'는 면책
을 받을 수 있기 때문이다. 특히, 성차별사건의 경우 더욱 그러하다.
우리나라의 경우 지금까지 성차별사건이 법적으로 다투어진 사례 자체
가 많지도 않았고, 그 결과 '선례'라고 할 만한 의미있는 판단기준 자
체가 성립되지 않았기 때문에, 다른 사건에 비해 결과를 예측하는 것
이 더욱 어렵다. 따라서 근로자측도 회사측도 '어떻게 판결이 날지 한
번 해보는 것'이다.

  회사에서는 2, 3심까지 무조건 간다는 거지. 그러면 당사자들 입장에
  서는 그걸 따라갈 수가 없는 거예요 (N중앙회사건. K협의회사건. W은행사

> 끝까지 하는 게 습성이에요. 대법원까지. 왜냐면 비용에 구애받을 거 없고 담당자 입장에서는 최소한의 자기들이 업무상의 질책을 받을 만한 일을 하면 안 돼요. 끝까지 가서 대법원에서 판결 내렸으니까. 예를 들어 <제가> 고법부터 승소했잖아요. 그러면 대법원에 상고를 안 하고 끝내버리잖아요. 그러면 담당자가 질책을 받아요. 해볼 수도 있는데 왜 안 했냐. 업무상 질책을 받기 때문에 그런 거를 최대한 회피하기 위해서 끝까지 가요. 여기 습성이 그래요. (K협의회사건 당사자)

현실이 이렇기 때문에 여성노동자가 노동위원회 또는 하급심에서 승소하여 '근로자를 원직 복직시키라'는 결정을 받더라도 복직은 어렵고, 법적 분쟁은 장기화된다. D제분사건의 경우도 노동위원회에서 부당해고로 판정한 후 여성노동자를 복직시키라고 명령했지만 D제분은 '법의 최종 판정에 따르고자 할 뿐'이라며 판결에 불복했고, 이 사건은 이후까지 수년 동안 법정다툼이 지속되었다.

> 문 : 피의자는 지방. 중앙노동위원회의 판정결과 김○○는 부당해고로 판정 되었는데 원직에 복직을 시켰나요?
> 답 : 김○○를 현재까지 원직에 복직시키지 않았습니다.
> 문 : 피의자는 왜 김○○를 원직에 복직시키지 않았나요?
> 답 : 중앙노동위원회에서 부당해고로 판정되었지만 앞에 진술과 같이 회사에서는 본인이 제출한 사직서를 수리하였을 뿐이지 결코 해고한 사실이 없기 때문에 판정을 수용할 수 없으며 행정법원에 재심을 요청한 상태인 바 법의 최종 판정에 따르고자 할 뿐입니다. 아울러 법의 최종 판결에는 승복할 것임을 밝혀 둡니다.
> (피의자 장○○. D제분 대표이사. 근로기준법 위반 피의사건에 관한 피의자신문조서. 1999.7.2)

또한 H호텔사건의 경우도 2004년 11월 소송이 제기된 후 약 2년 8

개월이 지난 2007년 7월에야 '근로자를 복직시키라'는 1심 판결이 선고되었는데 회사측에서는 복직을 시키지 않은 채 항소를 제기하였다. 이에 대해 사건당사자들이 문제를 제기하자 회사측은 '당신들도 졌으면 항소하지 않았겠느냐…그래서 우리도 한다'고 했다고 한다. 이에 대해 H호텔사건의 한 당사자는 '그들은 가진 자고 못된 짓을 한 사람'이므로 '1심에 승복을 해야' 하는데 항소를 했다며 '돈의 힘이 세다'고 말한다. 이런 방식으로 소송은 장기화되는데, 소송이 장기화될수록 힘들어지는 것은 여성노동자들이다.

> <1심에서 근로자가 승소하여> 법에서는 복직이 됐는데… <호텔측에서는> 판결을 보자…그래 놓고 법에서 이기고 나니까 항소하겠다. 당신네들이 졌으면 항소하지 않았겠느냐 이러는 거야. 물론 하죠 그래서 자기들도 한다는 거야. 근데 중요한 건 그들은 가진 자고 못된 짓을 한 사람이에요. 우리는 모든 것을 다 잃은 사람들이라구요. 줄 것 하나도 없는 사람하고 가진 것 많은 사람하고 싸움을. 잘못된 사람들이 1심에 승복을 해야지 안 한다는 거야. 돈의 힘이 이렇게 쎄구나. 막강하구나. (H호텔사건 당사자)

위에서 살펴본 바와 같이 법적 자원, 입증자원, 경제적 자원 등과 같은 소송자원의 불균등 구조는 성차별소송이 제기되거나, 승소하기 어려운 현실적인 하나의 이유라고 볼 수 있다.

2. 소송을 하게 되는 배경

이러한 현실에도 불구하고 수적으로 많지는 않지만 한국 사회에서 성차별에 직면한 여성들이 피해를 구제받는 해결방법으로 소송을 제기한 사례가 존재한다. 이에 다음에서는 어떤 조건에서 그것이 가능했는가를 분석하여 법의 실효성 확보에 도움을 주는 사회적 조건을 파악해보고자 한다.

1) 제3자에 의한 사회적 문제제기

성차별을 금지하는 법규범이 실현되기 위해서는 무엇보다 차별받는 당사자들의 적극적인 문제제기가 필요하다. 그러나 고용과 관련한 문제일 경우에는 회사의 보복에 대한 두려움이 여성들이 법적 문제제기를 하는 것을 종종 단념시키고, 그로 인해 여성단체는 자발적인 소송당사자를 찾는데 종종 어려움을 경험한다(O'Connor, 1980 : 14). 대표적인 경우가 N중앙회사건과 A생명사건과 같은 사내부부해고사건이다. 이 사건당사자들은 자신들이 당한 '명예퇴직강요'가 매우 부당하다고 생각했음에도 불구하고, 자발적으로 즉각적이고 적극적인 문제제기에 나서지 못했는데 그 이유는 바로 그 회사에 남편이 고용되어 있었기 때문이다. 이런 현실에서 N중앙회사건, A생명사건에 대한 최초의 사회적 문제제기는 당사자가 아닌 여성단체 등 제3자에 의한 사회적 관심에서 시작되었다.

N중앙회사건은 해당 사업장의 전임 노조간부에 의해 외부에 이 문제가 알려지기 시작했고, 국회의원과 여성단체에서 성차별적 해고라고 주장하면서 사회적 이슈로 대두되었다. 이 문제가 사회적인 문제로 제기되는 과정에서 여성민우회에서는 보다 적극적인 문제제기를 위해서 사건당사자를 찾기 시작했다고 한다. IMF 당시 확대되고 있던 성차별적 해고에 대해서 여성단체에서 추상적으로 문제를 제기하기보다는 '당사자들이 나서서' 구체적인 경험에 대해 발언할 때 보다 사회적으

로 큰 파장을 일으킬 수 있다고 생각했기 때문이다. 또한 사회적 파급효과가 큰 소송이라는 방법을 통한 문제제기는 '당사자가 나서지 않으면' 할 수 없기 때문이기도 했다. 여러 경로를 통해 수소문한 결과 여성민우회에서는 사건당사자들을 만날 수 있었고 이들은 여성단체와의 상담과 지원을 받고 본격적으로 민형사상의 소송을 시작했다.

이○○ 선생님<당시 국회의원> 통해서 조사가 되고 그 상황에서 우리는 알고 있는 상황이기는 했고 사람을 발굴하려고 그런 상황에서 대책회의도 하고…당사자를 만나기 전에…민우회에서…어떻게 사람을 컨텍을 해볼 수 있을까, 나설 수 있는 사람을 만들어 볼까, 그런 얘기를 하고 최○○씨<전임노조간부> 계속 만나고…민우회는 이 사안을 계속 어떤 방식으로 끌어내서 이슈화해야 하느냐…동시적으로 이런 얘기를 하다가 최○○씨 통해서 김미○씨를 알게 되고 김미○씨를 설득하게 되면서 김미○씨가 나서겠다고 나오면서 김미○씨가 혼자하기가 그러니까 김향○씨를 전날 설득하게 되면서 민우회 오기 전날 설득해서 다음날 민우회에 둘이 같이 왔지. (그 말이 맞군요 민우회가 당사자들을 찾아서 소송을 했다는 게) 왜냐면 사람들이 문제의식이 있고…많다…는 상황은 다 접수가 됐었는데 전화든…최○○씨를 통해서든…당사자가…나서지 않으면 <소송을> 할 수가 없는 상황이고…. (N중앙회사건 소송지원활동가)

그러나 N중앙회는 위와 같은 여성단체에 의한 적극적인 운동방법을 소송과정에서 사건당사자들의 진정성을 훼손하는 방식으로 인용했다. 즉, 당사자들은 부당하거나 문제라고 생각하지 않았으나 '여성운동자들이 소를 제기할 목적으로 의도적으로 당사자들을 적극 물색하였고' 그로 인해 사건이 발생된 지 수개월 후 내지 1년여가 지나서야 문제가 제기된 것이라고 주장한 것이다[10].

---

10) 이 사건에서는 법적 쟁점이 되지는 않았으나 이처럼 해고 이후 오랜 시간이 지난 후에 문제제기를 할 경우 '신의칙 또는 실효의 원칙'에 위배된다는 이유로 법원이 소를 받아들이지 않을 수 있다. 대법원은 "일반적으로 권리의 행사는 신의에 좇아

　　원고들은 원래는 제소의사가 없었으나 피고 노조의 전임 부회장이 국회의원 이○○에게 제보하고 이를 이○○ 의원이 여성운동의 일환이 되도록 만든 것이며 여성운동자들이 주축이 되어 이 건 소를 제기할 원고들을 의도적으로 적극 물색하였고 <중략> 기실은 그들 소를 제기한 아내직원들도 처음에는 제소의사가 없었으나 수개월 후 내지 1년 후 여성운동자들의 권유에 응해 소를 제기하게 된 것이고, 그들이 느끼고 있던 피해의식이나 불만은 거의 없었던 것입니다. (피고측 준비서면. 서울지방법원 귀중. 2000.6.28)

　　그러나 회사측의 주장과 달리 당사자들이 즉각적으로 문제제기를 하

성실히 하여야 하고 권리는 남용하지 못하는 것이므로 권리자가 실제로 권리를 행사할 수 있는 기회가 있어서 그 권리행사의 기대가능성이 있었음에도 불구하고 상당한 기간이 경과하도록 권리를 행사하지 아니하여 의무자인 상대방으로서도 이제는 권리자가 권리를 행사하지 아니할 것으로 신뢰할 만한 정당한 기대를 가지게 된 다음에 새삼스럽게 그 권리를 행사하는 것이 법질서 전체를 지배하는 신의성실의 원칙에 위반하는 것으로 인정되는 결과가 될 때에는, 이른바 실효의 원칙에 따라 그 권리의 행사가 허용되지 않는다고 본다"(대법원 1992.1.21. 선고 91다30118 판결). 그리고 이러한 원칙은 다른 법률관계보다 사용자와 근로자 사이의 고용관계 (근로자의 지위)의 존부를 둘러싼 노동분쟁에서 더욱 적극적으로 적용되어야 한다는 입장이다. 실제로 N중앙회사건과 A생명사건의 경우 회사측은 신의칙 위반을 주장했다. N중앙회사건의 경우 회사측은 "원고들은 ① 당해 지점의 직원들로부터 퇴직기념품도 받고 송별회식도 하였으며 ② 무엇보다도 다액의 명예퇴직금을 수령하여 잘 쓴 다음 ③ 원고들은 이 건 제소 전까지 3개월의 기간 동안 그들의 사직에 대해 아무 이의가 없었으며 특히 퇴직 직후 피고의 사무실에서 아무 이의없이 계약직으로 잘 근무하고 있다가 3개월 만에 갑작스럽게 이 건 소를 제기하여 명예퇴직은 무효라고 주장하는 것이니, 이는 금반언의 원칙 내지 신의칙에도 반한다"고 주장했다(2000.6.28. 피고측 준비서면). 또한 A생명사건의 경우 상고심에서 회사측은 '원고들이 퇴직한 후 1년 9개월이 지나서야' 소송을 시작한 것은 신의성실의 원칙에 위배된다고 주장했다. 이 사건의 경우 회사측이 고등법원까지는 이러한 주장을 전혀 하지 않다가 대법원에 이르러서야 '새로이 주장'하여 법원에서 상고이유로 받아들이지 않았다.

"원고들이 1998년 7월에 사직서를 제출하고 같은 해 8월에 퇴직하였음에도 그로부터 1년 9개월이 지나서야 이 사건 청구를 한 것은 신의성실의 원칙에 위배된다는 주장은 피고가 상고심에 이르러 비로소 새로이 하는 주장이고, 원심에서는 주장한 바 없었음이 명백하므로 이는 원심판결에 대한 적법한 상고이유가 될 수 없다(사건B. 대법원 2002.7.26. 선고 2002다19192 판결)".

지 못한 것은 부당하다고 생각하지 않아서가 아니라 '남편이 볼모로 잡혀 있는' 상황에서 회사를 상대로 법적인 문제제기를 한다는 것이 사실상 두려운 일이었기 때문이다.

> (남편이 당하게 될 불이익과 사직서를 냈다는 점, 이미 명예퇴직금을 받았던 점 등 문제제기하기에 어려운 조건임에도 불구하고 고소를 결심하게 된 배경은?)
> 사건당사자1 : …한시도 그 생각을 떨쳐버릴 수가 없어요…. '어쩔 수 없구나, 해야 되겠구나' 하고 마음먹었죠
> 사건당사자2 : '누군가 해주겠지' 하는 기대가 있었어요 그런데 모두가 두려워하는 거예요. 우리는 서로 망설였죠 비겁하고 싶지 않았어요 그래서 같이 하게 됐죠[11] (N중앙회사건 당사자)

> 다들 마음속으로는 부당하다고 생각하고 있지만 딱 터뜨리는 사람이 없었어요 왜냐면 남편이 볼모로 있었기 때문에 터뜨리는 사람이 핵심 인물이 되고 그 사람의 남편이 가장 위험해지는 거잖아요 그래서 다들 몸을 사리고 있는 상태였는데 한 군데서 터뜨려 주니까 그래 이거야 하고 나간 거죠 (A생명사건 당사자1)

A생명사건도 당사자에 의해 사회적 문제제기가 시작되지 않았다는 점에서는 N중앙회사건과 비슷하다. 그러나 A생명사건의 경우 상당히 이례적으로 '누구인지 이름모를' 제3자가 해고사건이 발생한 이후 거의 1년이나 지난 시점에 이 사건에 대해 대통령비서실에 민원을 제기하면서 사회에 알려지기 시작하였다.

> 1999년 9월경 대통령비서실에 피고회사가 사내부부들을 부당해고 하였다는 내용의 민원이 접수되었는데, 대통령비서실은 이를 노동부장관

---

11) N중앙회사건 당사자들에 대한 인터뷰 "침묵을 거부한 당당한 여성", 한국여성민우회, 『함께가는 여성』.

에게, 노동부장관은 다시 서울지방노동청장에게 이첩하여, 같은 해 12월 경 서울지방노동청은 피고회사의 근로기준법 위반여부를 조사하게 되었 는데… (A생명사건. 서울지방법원 2000가합38454, 2001.4.12. 〈사실인정〉)

이에 대해 A생명사건의 당사자2는 "A생명의 인사과 직원의 친구이면서 또 다른 대기업의 인사과에서 일하고 있는 사람"이 구조조정과정에서 발생하는 여러 가지 부당한 인사에도 불구하고 인사과에서 일하는 직원으로서 어쩔 수 없이 담당해야 하는 서로의 업무의 어려움을 토로하는 과정에서 이 사건을 알게 되었고, '제3자'로서 대통령비서실에 민원을 제기한 것이라고 알고 있었다.

나중에 시발점이 된 게 노동부에 누가, 제3자가 진정을 내줘서 (그 제3자가 누구였나요?) 인사과에 있던 직원의 친구였어. 그 사람이, 인사과에 있던 직원도 아니고…그 친구가 누구냐면…옛날에 그때 그 사람이랑 통화도 했었거든 사실은… (그 사람은 어떤 계기로 다른 회사일로 민원을 넣게 된 거죠?) <인사과 직원이랑> 가끔씩 모이는 모임이었데요 친구들 동기모임이었는데 그 사람도 대기업에 인사과에 몸담고 있는 사람이었어. 그 사람도 인사과에 몸을 담고 있으니까 친구랑 맘은 똑같잖아요 자기네가 인사과에 있어서 회사가 시키는 대로 일을 하기는 하지만 자기도 그게 옳다고는 생각하지 않는 사람이었는데 자기는 그 대기업에 몸담고 있으면서 자기도 어쩔 수 없이 직원이지만 똑같이 그 일을 할 수밖에 없던 상황이었던 거예요 근데 우리 회사에 다니는 친구가 술을 먹으면서 참 회사가…이렇게 나쁜 짓을 했었다고 그런데도 어쩔 수 없이 내가 인사과에 있다는 것만으로 참 이렇게 묵인하고 조용히 넘어갈 수밖에 없는 게 너무 괴롭다고 이런 식으로 얘기를 한 거예요 그 듣고 진정서를 내준 사람도 이게 너무 부당하다고 생각하고 있으면서 자기 회사일은 자기가 못 건드리는 거니까 그렇지만 친구가 너무 괴로워하고 자기도 이거는 정말 너무 했다 싶어서…그 친구도 아마 그랬던 것 같아. 회사에 남편들이 남아 있으니까 여직원들이 억울해도 못하는 거 같다 이러면서 얘기를 했던가봐요 술 먹고 너무 안 좋은 당사자가 아닌 제3자에 의해 '대통령비서실에 제기된 민원'은 이후 사건당사자들이 수년에 걸쳐 적극적으로 법적 분쟁을 하게 된 도화선이 되었다. 이 사건은 대통령비서실에서 담당부처인 서울지방노동청으로 이첩되었고, 이에 따라 노동청에서는 근로기준법 위반여부를 조사하게 되었다. 그리고 이 과정에서 노동청은 사건조사를 위해 당사자들에게 출석통지를 보냈고, 이것은 해고된 지 1년여가 지난 후 당사자들이 모두 한 자리에 모이게 된 계기가 되었다. 당시 해고되었던 여성노동자들은 사건이 발생한 후 1년이나 지난 후에 '그날 안 나오면 스스로 퇴직한 걸 인정한 것으로 하고…부당하다고 느끼면 나와라'는 내용의 통지를 받고 전국 각지에서 서울로 모여들었다는 것이다. 그리고 이렇게 모인 것이 결정적인 계기가 되어 '항상 부당하다고 생각하고 있었지만 말은 못하던' 사람들이 소송 등을 통해 적극적인 문제제기에 나서게 된 것이다.

> 노동부에서 확인절차가 왔더라구요. 해고된 지 1년도 넘었어요. 그때가 1년이 넘은 상태에서 그게 날라왔어요. 저희는 항상 부당하다고 생각하고 있었지만 말은 못하는 상태였거든요. 어디에다가 말을 못하는 상태고 그냥 속으로만 억울하다 그것만 느끼고 있었지 그것을 이렇게 한다고 생각을 못했거든요. 근데 한 사람이 그렇게 해줬기 때문에 모든 사람이 그날 안 나오면 인정한 걸로…스스로 퇴직한 걸 인정한 걸로 하고…노동부로 나오라고 했어요. 개개인한테 등기로 다 보냈어요. 부당하다고 느끼면 나와라 그래서 서울하고 지방에서도 다 왔어요. 그 때 모인 사람이 거의 77명 중에 50명 좀 안 되게 모였던 것 같아요. 1년이 지나서 그거를 받고 다들 부당하다고 생각을 했기 때문에 모인 거죠. (A생명사건 당사자1)

이러한 사실은 고용사건의 경우 차별받은 '당사자의 의지'에만 의존할 경우 법적 문제제기가 활발하게 제기되기는 어렵다는 것을 보여준다. N중앙회사건, A생명사건의 당사자들은 모두 사내부부라는 이유로 해고된 것에 대해서 부당하다고 생각하고 있었지만 오랜 시간이 지나도록 이에 대해서 문제를 제기할 수 없었다. 이 사건들도 여성단체 등 제3자에 의한 문제제기가 없었다면 사회적 문제로 드러나지 않고 '각자 개개인들이 억울하다고 생각만 하다'가 묻혔을 것이다. 이러한 사실은 사회적인 관심과 여성단체 등 제3자에 의한 적극적인 문제제기가 필요함을 보여준다.

2) 여성권리에 대한 인식

N중앙회의 구조조정이 성차별적이었다는 사회적 문제가 제기되자 노동부는 특별감사를 실시했다. 노동부는 조사결과 "결과적으로 사내부부 중 여성이 명예퇴직 대상에서 벗어나기가 어려운 상황을 구성하여 여성근로자를 부당하게 차별하였으나, 당사자가 노동부에 이의를 제기한 사례 등이 없다는 이유" 등으로 사건을 경고로 마무리하였다[12]. 피해당사자가 직접 이의제기한 사례가 없기 때문이라는 노동부의 조사결과는 당사자들이 문제제기에 적극적으로 나서게 된 계기가 되었던 걸로 보인다. 이 문제가 단지 자신들 개인에 국한된 문제가 아니라 여성노동권에 대한 심각한 침해라는 인식과 그에 대한 책임감이 적극적인 주체로 나서게 한 것이다.

---

12) 노동부 보도자료 "성차별적인 구조조정을 행한 N중앙회에 대해 엄중 경고", 1999.4.30.

　　고소한 K씨, 노동부의 이러한 판정―사법처리는 하지 않고 경고에 그침―은 오히려 두 명의 피해자가 직접 소송을 준비하게 되는 계기를 만들어줬다. "솔직히 무임승차하고 싶었어요 다른 사람이 누가 나서줘서 이 일을 추진해주길 바랐거든요 그런데 아무리 기다려도 나서주는 사람이 없더라구요 그래서 제가 하기로 마음을 먹게 된 거예요" 고소를 결심한 결정적인 계기가 무엇이냐는 질문에 대한 K씨의 대답이었다. 또 다른 L씨 역시 비슷했다. "그동안 두려워서 얼굴을 보이고 싶지 않았는데, 이런 식으로 하면 끝까지 우리의 해고는 정당화되는 거잖아요 피해 당사자가 나타나지 않아서 노동부의 감독결과가 그렇게 났을 때 힘들게 쌓은 여성권익운동이 하루아침에 무너졌다는 소릴 들었어요 그때 저희들 때문이라는 자책감이 컸습니다." (N중앙회사건. 여성신문, 1999.5.21)

　　또한 S대학사건도 유사한 상황에 놓여 있던 다른 계약직 여성노동자들은 소송을 제기하지 않은 것에 비해 사건당사자가 혼자 이 사건을 소송으로 제기할 수 있었던 것은 평소 여성단체회원으로 활동하면서, 자신의 상황이 '여성비정규직 문제'의 전형적인 형태라는 인식을 하고 있었기 때문이라고 보여진다. K협의회사건의 당사자도 지노위―중노위―행정법원까지 연이어 패소하고도 이에 굴복하지 않고 항소할 수 있었던 것은 자신 스스로 이러한 판결을 받아들일 수 없었기도 하지만, 사건을 진행하던 중 패소한 상태에서 포기해 버릴 경우 오히려 회사측의 행위에 법적 정당성만 만들어 준 결과가 나오기 때문이었다고 밝힌다.

　　(다른 분들도 계약기간만료가 됐어도 문제제기 안 한 것에 비해서 김○○씨께서 소송을 하게 된 게 민우회 활동이 어느 정도 영향을 미친 거네요?) 절대적이죠 내가 민우회 안 했으면 안 했을 걸요 지금도 안 하고 싶은 마음도 많고…힘든데 지금 소송이 다른 단계로 가잖아요 민사로 다른 단계에서는 다른 결심을 해야 해서 그래서 단계를 넘어갈 때마다 제가 힘들어요 아 민우회가 있으니까 이렇게 생각하니까 행복하기는 한데 그게 그것만으로 해결되지 않는 것을 내 문제로 안아야

하는데 그걸 잘 못하고…. (S대학사건 당사자)

저는 중간에 그만둘 수 없는 것이…만약에 진 상태에서 이걸 캔슬시
켜 버리면 안 한 것만 못한 결과가 나와요 <중략> 제가 중간에 진 상
태에서 그만두면 저도 제 자존심이 상처를 입고 여기 회사측에는 이렇
게까지 승진이 없어도 <법적으로> 아무런 문제가 안 된다는 것을 증
명해 주는 부분이 되기 때문에, 제가 여기 이상한 제도를 확인시켜 주
는 것이 되어 버리니까 너무 부담으로 왔어요 저한테 굉장한 부담으로
오더라구요 그래서 끝까지 진행시켜야 했고, 끝까지 진행했음에도 안
되는 부분은 억울하지만 어쩔 수 없는 거고 (K협의회사건 당사자)

이처럼 해당 사건을 '개인의 권리' 차원이 아닌 '여성의 권리'로서
인식하는 것은 당사자들이 법적 주체로 나서게 하는 주요한 동기가 되
었던 것으로 보인다. '단지 나 개인의 문제'가 아니기 때문에 쉽게 포
기할 수 없으며, 이후 자신과 같은 여성들을 위해서라도 '나쁜 선례'를
남기지 않기 위해서라도 중도에 그만둘 수 없다는 의지를 갖게 하기
때문이다. 그러나 '여성을 이유로' 한 직접차별은 어느 정도 감소한 반
면 '중립적 기준'을 사용하였으나 여성에게 불리한 결과가 발생하는
간접차별이 증가하는 현실은 점점 성차별을 인식하거나, 강조하기 어
렵게 하는 것으로 나타난다. 예를 들어, I신문사의 경우 정리해고를 하
면서 배우자의 직업이 있을 경우, 부양가족수가 적을 경우 낮은 점수
를 받게 되는 기준이 결정적인 영향을 미쳐 편집국의 여기자가 전부
해고되었다. 이에 당사자들은 초기에는 여성단체의 지원을 받아 국가
인권위원회에 성차별로 진정하는 등 '여성문제'를 강조하는 듯했지만,
노동위원회에 부당해고로 접수한 이후로는 더 이상 사회적으로 성차별
문제를 부각시키지 않았다. 이에 대해 당시 I신문사 노조위원장은 여기
자 6명만 해고가 됐다면 사회적으로 크게 문제가 될 수 있었겠지만,

젊은 기자들을 포함해 전체 23명이 해고된 정리해고 사건이기 때문에 '성차별문제를 너무 전면에 부각'시키기가 어려운 점이 있다고 말한다. 국가인권위원회의 질의에 대한 노동조합의 답변서에 의하면 '명백한 성차별'이지만 '여기자 해고문제에만 지나치게 국한해 접근하면 자칫 문제의 본질에서 벗어날 소지가 있다'는 것이다. 여기서 '문제의 본질'은 정리해고의 부당성 자체를 의미하는 것으로 보인다.

> (이 문제가 성차별적 성격을 가지고 있다고 생각하시는지요?) 다들 인식하고 있죠. 당연히 기준에 의해서 한 것이다. 회사는 성차별하려고 한 것이 아니라 기준에 의해서 하다 보니 그렇게 됐다는 거죠. 사회통념상 부양가족이 있는 사람을 우대한다는 측면에서는 어느 정도 일리가 있다고 보여지죠. 남자 같은 경우는 부양가족이 다 자기 앞으로 되는데 여기자는 결혼을 하고 얘가 있어도 부양가족이 한 명도 없는 걸로 되기 때문에 그건 성차별적인 성격이 있다고 봐야죠. (그럼 이 문제를 지속적으로 성차별로 이슈화시켜 보시지요?) 그 부분에 있어서는 그 당시에 저희 집행부하고 여기자들 하고도 모여서 이야기를 하고 고민스러웠던 게 뭐냐면 성차별문제가 너무 전면에 부각되면 해고자 선정 기준 자체의 문제가 희석될 가능성이 있다. 우리는 전체가 다 부당하다고 보고 해고회피노력도 제대로 하지 않은 해고라고 주장을 해왔는데 성차별 문제가 부각되면 다른 부분들이 그냥 넘어가게 될 가능성이 있어서 좀 고민이 됐어요. <중략> 여기자들 같은 경우도 묻어서 흘러가게 되는 안타까움이 있어요. 여기자들만 해고가 됐다면 크게 문제가 돼서 사회문제가 될 수도 있었을 텐데 젊은 기자들 대부분이 짤려 나갔거든요. 그 기준이 참 문제 삼기가 애매한 측면이 있습니다. (I신문사사건 노조위원장)

간접차별이 확대될수록 여성에게 부당한 것처럼 보이지만 직접적으로 성차별로 '문제 삼기 애매한' 사건은 더욱 많아질 것이라고 예상된다.

3) 차별피해의 동질성과 집단성

성차별적 해고는 대부분 '성차별적' 제도, 관행, 기준에 의해 이루어지기 때문에 다수의 여성들이 피해자가 된다. 그럼에도 D제분사건과 같은 결혼퇴직, K협의회사건과 같은 정년퇴직, S대학사건과 같은 계약직해고 사건의 경우 그와 같은 성차별적 관행 또는 제도의 영향을 받는 여성노동자는 다수이지만, 구체적인 개인에게 '부당한 결과'가 나타나는 시점은 차이가 있기 때문에 집단적으로 이를 문제제기 하기는 어렵다. 예를 들어, 노동위원회에 구제신청을 하기 위해서는 '사건이 발생한 날로부터 3개월'이라는 조건이 있는데 반해 개인마다 결혼하는 시점, 정년에 도달하는 시점, 계약기간이 만료되는 시점의 차이가 있기 때문이다.

> (같이 할 만한 사람이 없었는지) 다 계약기간이 틀리고 우리가 일하면서도 저 사람이 비정규직인지 아닌지 몰라요. 왜냐면 똑같이 직원 중에 교직원 이렇게 나가니까. 직원명단이 있기는 한데 그걸 파고 보지는 않고 들고 나고 바뀌니까 딱 그림으로 들어오는 사람은 없거든요. 어느 시점을 자르지 않으니까… (S대학사건 당사자)

> 정년의 문제는 앞에 퇴직하신 분이 제기할 수 있는 사람이었는데 그 나머지 부분에 대해서는 현재는 직원이니까…근데 또 저 같이 아예 이 문제를 나와서 제기하는 입장이고 직원의 신분에 있으면서 이 문제를 같이 하기는 어려워요 (K협의회사건 당사자)

그러나 '남편이 볼모로 잡혀 있던' N중앙회사건, A생명사건과 같이 사내부부해고와 같은 경우를 제외하고는 다수의 당사자가 '동일한 이유'에 의해 '동일한 시점'에 해고될 경우 당사자들에 의한 사회적, 법적인 문제제기는 보다 신속하고, 적극적으로 이루어지는 것으로 나타난다. 특히, 정리해고사건은 그 특성상 해고대상자가 결정되고, 해고날짜가 통지되기 전에 이미 회사 내에서 문제가 공론화되게 된다. 따라서 해고대상자에 해당하는 이들은 사전에 개인적인 경로를 통해 법적 자문을 받을 수도 있고, 이런 조건으로 인해 해고가 된 직후 곧바로 소송을 시작할 수 있었던 것으로 보인다. 실제로 R전기사건의 당사자들은 해고가 되자마자 노동위원회에 부당해고, 부당노동행위구제신청을 했고, I신문사사건의 경우도 당사자들이 16일 회사로부터 해고통보를 받은 후 며칠 뒤인 23일 국가인권위원회에 진정서를 제출하는 등 빠르게 법적 문제를 제기함과 동시에 사건을 외부에 알리기 시작했다.

> (소송을 곧바로 했나요?) 저희는 바로 했죠. (문제제기를 할까 말까 그런 고민은 없으셨나봐요?) 저희가 정리해고가 되기 전부터 신○○ 노무사와 상담하는 과정이 있었고…당연히 법적으로 간다고 생각을 했었죠. (R전기사건 당사자2)

이렇게 다수의 당사자가 소송을 제기하는 경우에는 중간에 한두 명이 소송을 포기하더라도 사건 자체는 계속 유지될 수 있다. R전기사건의 경우 지방노동위원회 과정에서 1명이 사건을 취하했고, I신문사사건도 중앙노동위원회에서 기각되자 여성해고자 1명이 행정소송을 포기했으나, 나머지 당사자들에 의해 소송은 지속되었다. A생명사건의 경우도 4명이 함께 소송을 시작했으나 1심에서 패소한 후 1명이 사실상 소송을 포기했다고 한다. 회사측에서 제시한 합의의 '유혹'을 물리치고 '복직만을 원한다'고 했던 사람이었는데 1심에서 패소하자 가장 힘들어했고 더 이상의 소송을 진행하지 않겠다고 했다는 것이다. 그러나 A

생명사건의 당사자들은 4명이 시작해서, 1명이 포기할 경우 회사측에서 '내분이 일어났다'는 것을 알까봐 나머지 3명이 항소를 하면서 포기한 1명에게는 '이름이라도 올리라'고 설득해서 함께 항소할 수 있었다고 한다.

(중간에 1심 끝나고 그만하자 이런 사람은 없었어요?) 한 사람 있었어요. 자기는 돈도 필요없다, 복직만 하면 된다, 그랬는데 가장 심각하게 힘들어했어요. 2심에서는 안 하겠다고 해서 2심에서 뺐어요. 이름만 올렸어요. 4명이서 했는데 한 사람이 빠지면 회사측에서 내분이 일어났다는 걸 알고 또 그걸 노릴 거잖아요. 얘가 활동을 안 하더라도 이름만 그럼 이름만 걸어라 일은 우리가 하겠다. 그래서 이름만 걸게 하고…그랬는데 승소를 하니까…이름을 걸었으니까 당연히 <복직이> 다 되는 거니까 그러고 나서는 대단히 좋아졌어요. (A생명사건 당사자1)

이렇게 유사한 상황에 있는 다수의 여성해고자들이 함께 문제제기에 나설 때 서로에게 여러 가지로 힘이 된다. 주변의 도움이나 사회적인 지원도 중요하지만 궁극적인 책임을 분담할 수 있는 '같은 처지'에 있는 동료들이 존재한다는 사실이 위로와 힘은 무엇보다 사건에 대한 법적, 사회적 문제제기를 지속하는데 중요하다.

아마 혼자 했으면 그렇게 못했을 거 같은데 실은 여러 명이어서…정말 다행이었다고 생각해요. 적어도 두세 명이었다면 정말 힘들었을 텐데…여러 명이니까 정말 우리가 일을 많이 했어요. (R전기사건 당사자1)

저는 사실 활동하면 거의 인터넷이나 우리 소식 단체에 알리고 언론사 기사들한테 보내는 선전물 만드는 작업을 주로 해가지고 외부 돌아다니는 일들은 다른 사람들이 했어요. 저는 기자들 다른 단체 선전물 만들고 집회준비하는 거를 주로 했어요. ○○언니는 돌아다니면서 <사람들을> 만나고 그런 식으로. ○○언니가 전체적인 일정조정하고… (조

직적으로 움직였네요) 그러니까 잘 됐죠 (R전기사건 당사자2)

(당시 동시에 계약기간만료 된 사람이) 54명이었죠 (그 중에 24명이) 소송. (혼자 하면 비용 때문에라도 포기하는 경우가 많아요) 비용도 그렇고 외롭고 맞아요 못할 거예요 (W은행사건 당사자)

이처럼 개별 사업장에서 벌어지고 있는 성차별적 행위에 대한 사회적 관심과 문제제기, 개인문제를 넘어선 여성권리로의 인식, 함께 소송을 제기할 수 있는 다수 피해자의 존재 등의 특정한 조건은 차별피해자들이 어렵지만 법적 권리주장을 시작할 수 있는 계기가 됨을 알 수 있다.

3. 노동조합의 남성중심성

노동법의 중요한 기본이념의 하나가 '노사자치의 존중'이다. 법은 근로자가 노동조합을 설립하여 노동3권을 행사할 수 있는 권리를 부여하고, 법원은 노사 간에 자율적으로 협상한 내용에 대해서는 최대한 존중한 판결을 내린다. 따라서 법적으로 근로자를 대변하는 권한을 부여받은 노동조합의 의미를 살펴보는 것은 성차별사건에서도 매우 중요하다.

1) 여성을 대변하지 못하는 노동조합

R전기사건의 당사자들은 여성만으로 구성된 '8급 생산직'만을 정리해고 함에도 당사자들은 배제한 채 노조가 회사와 일방적으로 합의한 것은 무효라고 주장했다. 또한 R전기 노조의 상급단체인 전국금속노동

조합연맹에서도 노조의 합의가 문제라며 사건당사자들의 주장을 지지했다. 즉, 전국금속노동조합연맹은 R전기 노조가 소속된 지역본부의장에게 공문을 보내 'R전기의 주장처럼 경영상 긴박한 이유가 있다고 해도 그것이 저임금 여성노동자 8명을 수용할 수 없을 만큼 긴박한 상황은 아니라며, 정리해고를 8급사원만을 대상으로 한 것은 부당하다'고 밝혔다. 그리고 무엇보다 큰 문제는 '조합원의 고용을 보호하고 책임져야 할 노동조합이 노조설립목적을 무시하고 정리해고를 합의'한 것이라고 지적했다.

> 회사측의 주장대로 경영상 긴박한 이유가 있다 하더라도 회사는 저임금 여성노동자 8명을 수용할 수 없을 만큼 긴박한 상황은 아니라고 판단되고 해고자 선정기준에 있어서도 8급 사원만을 대상으로 한 점을 미루어 볼 때 형평성을 잃은 부당해고라고 판단됩니다. <중략> 더 큰 문제는 조합원의 고용을 보호하고 책임져야 할 노동조합이 노조설립목적을 무시하고 정리해고에 합의를 했다는 데 있다고 사료되어….
> (R전기사건 전국금속노동조합연맹. 부당해고 철회를 위한 업무지시. 2004.3.16)

R전기사건의 당사자들은 노동조합과 회사가 여성만으로 구성된 8급 생산직을 해고대상으로 결정하자 '여성조합원모임'을 만들어 정리해고에 대한 협의과정에 정작 해고대상자였던 여성은 한 명도 참여하지 못하는 현실에 문제제기하면서 노조와 회사측에 자신들의 의사를 대변할 수 있는 여성들도 참석할 수 있게 해달라고 요청했다. 그러나 노조는 이러한 요구를 받아들이지 않았고, 회사측도 해고당사자들의 모임을 '대화의 상대방'으로 인정할 경우 '조직질서가 문란해지고 공식적으로 존재하는 노동조합과의 관계가 악화될 수 있다'는 등의 이유로 거절하였다. 이에 대해 회사측은 노조가 근로자를 대표하기 때문에 노조와 협의하는 것은 법에 근거한 것으로서 정당한 것이며, 노조가 여성을

대변하지 못한 것은 노조의 문제이지 회사의 탓은 아니라고 반박했다.

신청인들은 노측 협의위원에 여성이 배제되었다고 하여 근로자대표
와 성실히 협의하지 않은 것이라고 주장하나, 신청인들이 노동조합에
노측 협의위원으로 선임될 수 있도록 요구를 하였으나 노동조합에서
신청인들의 요구를 거부하였다고 하여 회사에 이중으로 노사협의를 하
도록 요구할 수는 없음. <중략> 신청인 등은 노동조합이 자신들의 의
사를 반영하여 주지 않는다는 이유로 공식적으로 존재하는 노동조합에
반대하면서 여성조합원모임을 결정하여 별도로 교섭하여야 한다는 주
장은 받아들일 수 없었음. 이러한 단체를 대화의 상대방으로 인정할 경
우 조직질서가 문란해지고 공식적으로 존재하는 노동조합과의 관계가
악화될 수 있으므로 여성조합원모임을 협의대상으로 할 수 없을 뿐만
아니라…. (R전기사건. 전남지방노동위원회 명령서 2004부해8/2004부노4
2004.3.24. 결정 〈피신청인측 주장〉)

이런 문제가 있었지만 지방노동위원회는 여성노동자들을 배제한 노
조와의 협의를 정당하다고 인정했다. 8급(여성)만을 정리해고할 때 8급
(여성)이 배제된 노동조합과의 협의만으로도 법적으로 문제는 없다는
것이다. 사실 노동조합과 협의를 한다면 정리해고 대상인 일정 급수
이상의 직원들의 대표와 협의를 하지 않아도 문제없다고 보는 대법원
(2002.7.9.선고 2001다29452 판결)의 입장을 볼 때 이런 결정은 특별한 경우
는 아니다. 그러나 노조가 여성노동자를 대변하지 못한 경우라도 법원
이 일반적인 법리에 따라 노조의 대표성을 광범위하게 인정하기 때문
에 여성들은 법적인 싸움에서 더욱 큰 어려움에 봉착하게 된다. 통상
적으로 '근로자의 편'이라고 생각하는 노조조차도 회사와 합의 또는
묵인했다면 나름대로 이유가 있지 않겠느냐는 식이기 때문이다.

회사는 노동조합과 2003.11.10. 정리해고를 위한 1차 노사협의회를 개

최한 이래 2004.1.7.까지 9차례에 걸쳐 협의를 하였던 사실(2003.11.10,
11.19. 1차 및 2차 협의시에 회사측이 정리해고의 필요성을 제기하여 노
동조합측에서는 이의 불가피성을 인정하고, 2003.12.10, 12.15. 6차 및 7
차 협의시에 정리해고의 규모를 8급 사원 8명으로 결정, 이후 대상자
선정기준에 대하여 협의하기로 하였고, 2003.12.14. 8차 협의시에 회사측
에서 2000년부터 2003년까지의 4년간의 "인사고과" 및 "취업규칙 미준
수", "징계사실", "고과열등자", "근태불량자" 등 5개 항목의 정리해고
기준안을 통보하였고, 2004.1.7. 9차 협의시에 노동조합측에서는 "재취업
가능자" 및 "근로자 개별생활능력" 등 2개 항목을 추가하는 등 최종 기
준안에 합의하였던 사실). (R전기사건. 전남지방노동위원회 명령서 2004부
해8/2004부노4 2004.3.24. 결정 〈인정사실〉)

심지어 K협의회 노조는 1990년에 설립되었지만 그동안 단체협약을
한 차례도 체결한 적이 없는 형식적인 노동조합으로 조합원들의 입장
을 대변할 수 있는 실질적인 조직으로 기능하지 못하고 있었다. 사실
상 '휴면노조'에 해당하는 것이다[13]. 이런 상황임에도 행정법원은 "노
동조합에서도 정년제도에 관하여 아무런 이의를 제기하지 않아 현재까
지 시행되고 있는 상황"을 회사측의 주장을 인정하는 하나의 근거로
제시했다.

1989.1.17. 결성되어 원고가 소속된 참가인협회 노동조합에서도 정년
제도에 관하여 아무런 이의를 제기하지 않아 현재까지 시행되고 있는
상황인 사실을 인정할 수 있고 (K협의회사건. 서울행정법원 선고 2002구
합39750판결. 2004.4.16)

---

13) 노동조합및노동관계조정법 제28조제1항에서는 노동조합의 해산사유의 하나로 "노
동조합의 임원이 없고 노동조합으로서의 활동을 1년 이상 하지 않은 것으로 인정
되는 경우로서 행정관청이 노동위원회의 의결을 얻은 경우"를 명시하고 있는데 이
런 경우를 흔히 '휴면노조'라고 한다. 이와 관련해 동법 시행령 제13조제1항에서는
노동조합으로서의 활동을 1년 이상 하지 않은 경우는 '계속하여 1년 이상 조합원
으로부터 조합비를 징수한 사실이 없거나 총회 또는 대의원회를 개최한 사실이 없
는 경우'라고 명시하고 있다.

설사 노조가 실체가 있는 조직이었다고 해도 차별적인 정년제도에 문제를 제기하지 않는 것은 노조가 제 역할을 하지 못한 것을 보여주는 것이 될지언정 성차별적 정년제도를 합리화하는 근거는 될 수 없다. 그럼에도 법원은 K협의회 노조의 실질적인 상황에 대한 구체적인 파악 없이 '습관적으로' 노동조합이 '문제 삼지 않았으면 문제없는 것'이라는 형식적인 판단을 한 것이다.

> 참가인협회의 노동조합은 1990년 설립 이래 단체협약을 단 한 차례도 체결한 적 없는 형식적 조합으로 조합원들의 입장을 대변하거나 회사의 인사규정 등에 문제를 제기할 수 있는 실체가 아니었습니다. (K협의회사건. 근로자측 준비서면. 고등법원 제출. 2004.8)

또한 I신문사사건을 결정한 노동위원회도 정리해고 대상자 선정기준은 '노사협의로 정하면' 객관성과 합리성을 담보할 수 있다고 하여 노조와의 협의를 중요한 판단기준으로 전제하고 있다.

> 정리해고 대상자 선정은 개인적인 생활상의 측면과 기업의 이익이 상호 조화되도록 하여야 함이 바람직하다고 볼 것인 바, 일반적으로 그 선정기준에 속하는 사항으로는 연령, 정년, 부양가족, 장애유무, 업무실적, 업무태도, 상벌사항, 근속연수, 기타 해당기업의 특성 등을 감안한 사항 등이 있다 하겠고, 이러한 사항 중에서 어떠한 사항을 평가기준으로 할 것인가에 대하여는 노사협의로 정함이 객관성과 합리성을 담보할 수 있을 진대, (I신문사사건. 지방노동위원회 명령서. 2005부해850. 2005.11.4. 결정 〈판단〉)

그러나 I신문사 노조는 해당 정리해고 자체를 인정할 수 없기 때문에 회사와 정리해고 대상자 기준 등에 관한 협의를 할 수 없다며 거부했었다. 이런 상황에서 회사는 일방적으로 해고기준 등을 마련하여 시행했고, 결국 해고대상 부서였던 편집국에서 여기자 전원이 해고되는 결과를 가져왔다. 정리해고사건의 경우 노조와의 '성실한 협의'가 해고의 정당성을 판단하는데 있어서 중요한 요건의 하나로 인정되는데, 이 사건의 경우 '협의'는 되지 않았지만 지방노동위원회에서는 회사가 노조와 '협의하고자 노력했던 사실'을 인정하여 위법하지 않다고 결정한 것이다. 결국 노사가 정리해고 대상자 선정기준에 대해 구체적으로 '협의'하지 않더라도 '회사가 노조와 협의하고자 노력했던 사실'이 있다면 그 또한 정리해고의 요건을 갖춘 것이라고 협의의 의미를 폭넓게 인정한 것이라고 볼 수 있다.

> 피신청인이 정리해고와 관련 2004년 9월 30일부터 22회에 걸쳐 노동조합에 정리해고 관련 협의를 요청하여 그 중 9차례 회의를 하였으며, 정리해고 대상자 선정기준을 <중략> 변경하여 의견제시를 요청하였으나 이에 대해 노동조합은 긴박한 경영난에 대한 합리적이고 객관적인 이유와 근거가 제출되지 않는 한 협의테이블을 인정할 수 없다며 정리해고의 철회를 주장하고 피신청인이 제시한 정리해고 대상자 선정기준 및 진행절차 등에 관하여는 협의를 거부한 사실, 피신청인이 같은 해 6월 17일 서울지방노동청에 '경영상 이유에 의한 해고계획신고서'를 접수한 사실 등으로 보아, 근로기준법상 정리해고절차로서 '해고를 하고자 하는 날인 60일 이전 근로자 대표에게 해고의 기준 등 협의와 통보', '해고하고자 하는 날의 30일 전까지 노동부장관에게 신고'의 절차에 하자는 없었다고 볼 것이다. (I신문사사건. 지방노동위원회 명령서. 2005부해850. 2005.11.4. 결정 〈판단〉)

더 나아가 이 사건 법원에서는 I신문사 노조가 해고대상자 선정기준에 대하여 어떠한 의견도 제시하지 않은 것은 노조 스스로 근로자보호의무를 포기한 것이라고 보았다.

　　해고대상자 선정기준에 관하여 이 사건 노조가 어떠한 의견도 제시하지 아니한 것을 근로조건의 유지·향상을 위하여 헌법이 단결권을 보장하고 근로기준법이 경영상 해고에 관하여 협의권을 부여한 본래의 취지를 망각하고 근로자보호의무를 포기한 것으로 볼 수 있는 점 등에 비추어 보면, 이 사건 해고시 참가인이 적용한 해고기준은 합리적이고 공정한 기준이라고 봄이 상당하다. (ㅣ신문사 사건. 서울행정법원 2007. 11. 22. 선고, 2006구합27281 판결)

　　위와 같은 사실은 노동조합이 여성노동자를 대변하지 못하는 경우라도 법원은 노동조합의 대표성을 폭넓게 인정하고 있다는 것을 보여준다. 다음에서는 노동조합이 왜 여성노동자를 대변하지 못하는지 살펴보자.

2) 비정규직 가입배제

　　우선, <표10>의 노동조합조직률(A)을 성별에 따라 살펴보면 1990년의 경우 여성은 16.3%, 남성은 24.4%, 1995년 여성 9.3%, 남성 18.7%, 2000년 여성 7.85%, 남성 18.6%로 여성의 조직률은 남성의 거의 절반 정도에 불과하다. <표10>의 노동조합조직률(B)를 중심으로 살펴보아도 마찬가지이다. 1990년도 이후 여성의 조직률은 남성에 비해 현저하게 떨어져 2001년 현재 5.6%에 불과함을 알 수 있다[14]. 다시 말하면, 약 95%에 이르는 여성들이 노동조합에 조직되어

---

14) 일반적으로 노동조합의 조직율은 "1980년 이후 1987년 6월 30일까지는 감소현상을 보이다가 1987년 6·29선언 이후 급격한 증가현상을 보였다(노동부, 2003 : 35)"고 평가되는데, 이러한 변화는 남성의 조직율의 증가에서 비롯된 것이라고 볼 수 있다. 노조의 조직율에 큰 영향을 미쳤다고 평가되는 '87년 민주화항쟁' 기간 이후에 조직율의 성별 차이가 나타나는데, 남성의 경우 조직율(A)이 1985년 15.9%에서 1990년 24.4%로 크게 증가한 반면, 여성의 조직율(A)은 1985년 15.2%에서 1990년 16.3%로 큰 변화가 없다는 사실이다. 이러한 사실은 87년 이후 노조의 조직화사업이 남

있지 않다는 것이다.

〈표10〉 성별 노동조합원수 및 노동조합조직률(1970-2001)

(단위 : 명, %)

	조합원수			조직률(A)			조직률(B)		
	전체	여성	남성	전체	여성	남성	전체	여성	남성
1970	473,259	115,378	357,881	20.0	19.7	20.1	12.6	11.5	13.1
1975	750,235	241,269	508,966	23.0	27.4	21.4	15.8	19.3	14.5
1980	948,134	347,751	600,383	20.1	23.6	18.5	14.7	13.6	13.6
1985	1,004,398	312,487	691,911	15.7	15.2	15.9	12.4	11.1	13.1
1990	1,886,884	502,154	1,384,730	21.5	16.3	24.4	17.2	12.0	20.5
1995	1,614,800	360,667	1,254,133	15.3	9.3	18.7	12.7	7.4	15.9
2000	1,526,995	305,878	1,221,117	14.6	7.8	18.6	14.2	7.5	10.2
2001	1,568,723	305,409	1,263,314	14.5	7.4	19.0	11.8	5.6	11.8

주 : 조직률 A = (조합원수/비농가상시고)×100
　　　조직률 B = (조합원수/총피용자)×100
자료 : 노동부, 노동조합과, 통계청, 경제활동인구조사 각 년도
출처 : 변화순·주재성·김성익(2003), 『2003여성통계연보』, 한국여성개발원

특히, 비정규직 여성들의 경우 정규직을 중심으로 하는 노동조합의 실질적인 조직대상에 해당하지 않는 경우가 대부분이다. W은행사건의 경우도 당사자들이 회사측의 일방적인 '계약해지통보'를 받고 노동조합에 도움을 요청하기 위해 찾아갔지만, '(계약직이라서) 조합원이 아니니까 해결 방법이 없다'는 이야기만 들었다고 한다. 대부분의 조직화되지 못한 비정규직 여성들은 이런 경험을 하게 될 것이다.

(은행안에 노조가 있었는데 가입대상이 아니었나요?) 네. 비정규직은 가입대상이 아니죠 (계약해지 이야기를 듣고 노조에 찾아가신 건지) 상

성노동자를 중심으로 이루어졌으며, 이후에도 큰 변화가 없는 것으로 보여진다.

담을 했구요 정규직 노조에 찾아갔거든요 금융노조 비정규지부에도
찾아갔고 (정규직 노조에서는 뭐라고) 조합원이 아니니까 해결방법이
없다 뭐 할 수가 없다. (W은행사건 당사자)

　　이들 사무행원들이 해고의 부당함에 맞서기 위해 처음 연대를 모색
한 곳은 당연히 한 직장 내의 정규직 노조였다. 정규직 노조의 입장은
간단했다. "우리 직원이 아니니 노조가 관여할 수 있는 문제가 아니다"
라는 것이었다. 오히려 3월 8일 한국노총 전국여성노동자대회에서 유인
물을 배포하다 정규직 노조원들에게 강력한 제지를 받기도 했다. "왜 회
사 내의 문제를 외부에서 풀려고 하냐는 이유였죠 어처구니가 없었습니
다. 근데 막상 대화를 시도하면 같은 회사 직원이 아니니 '회사 내' 문제
가 아니고 그러니 정규직 노조가 할 수 있는 일이 없다는 반복적 대답인
거죠"라고 허○○ 행원은 답답한 심경을 토로했다. (참세상 2004.4.13)

　　그렇다면 노동조합에 가입된 여성들은 조합원으로서 보호를 받고 있
는가? 일반적으로 노동조합은 회사측에 맞서 근로자들을 보호하는 역
할을 할 것이라고 기대된다. 그것이 노동조합의 기본적인 존립이유이
기 때문이다. 그러나 성차별적 해고와 관련해 소송에 이른 연구사례에
서 공통적으로 나타나는 것이 노조가 해고당한 여성노동자들을 사실상
보호하지 못했다는 것이다.

3) 성차별에 대한 동의와 인정

　　N중앙회 노동조합은 구조조정이 진행되던 때 이미 '사내부부'라는
기준의 부당성에 대해서 인식하고 있었던 것으로 보인다. 당시 N중앙
회 노조의 정책실장은 <사죄문>을 통해 "단지 부부직원이라는 이유
로 사직을 권유하고 이를 이유로 인사상 불이익을 준다면…남녀고용평
등법및차별금지법 위반으로 적지 않은 사회적 물의를 야기할 것"이라

며 대상자 기준의 부당성을 문제제기했다. 그리고 노조가 조기진압에 앞장서지 못한 점을 사죄하면서 향후에는 조합원들의 불이익을 최소화하기 위해 최선을 다하고, 어떤 식으로든 책임을 지겠다고 밝혔다.

> 다음은 1999년도 순환명령휴직 대상자기준의 부당성입니다. <중략> 상대적으로 경제적 생활안정자라는 기준으로 부부직원을 내몰고 있는데 과연 그 근거가 무엇인지 밝혀야 합니다. 경제적 생활안정자를 파악하기 위해서는 전 직원의 재산등록을 받은 후 그 서열을 정하여 실시하여야 할 것입니다. 그렇지 않고 단지 부부직원이라는 이유로 사직을 권유하고 이를 이유로 인사상 불이익을 준다면 1999년 1월 4일 새로 개정된 남녀고용평등법 및 차별금지법 위반으로 적지 않은 사회적 물의를 야기할 것임을 제대로 인식하여야 합니다. <중략> 다시 한 번 조합원동지께 금번 사태의 조기진압에 앞장서지 못한 점을 사죄드리며 향후 전개될 문제들에 있어서 조합원들에게 불이익을 최소화하기 위하여 최선을 다할 것을 다짐하여, 어떠한 식으로든 책임을 지도록 하겠습니다. (1999.1.14. N중앙회 노동조합 정책실장 문○○. "사죄문")

그러나 당시 N중앙회에서 근무했던 다수의 여성노동자들은 회사측의 퇴직강요에 직면해 아무 곳에도 의지할 곳이 없는 상황이었고, 노조와도 '전혀 연락할 방법도 없었다'고 진술한다. 오히려 노조가 회사의 '사내부부해고'를 '인정'했다는 식의 이야기들이 들려왔다고도 한다.

> 21일 노사합의 종결이란 노조소식을 보게 되었다. 우린 더 이상 의지할 곳도 기력도 없었다. 명예퇴직 기간의 장기화속에 직원들의 눈초리가 점점 따가워지는 것만 같았고 하루하루 출근하는 것이 너무나 힘들고 무서워졌으며, 시간이 갈수록 남편에게 압박은 심해져갔고 어처구니없는 나의 심정을 호소할 곳도 도와줄 곳도 아무도 없었다. 노조와는 전혀 연락할 방법도 없었고… (법원제출자료 : N중앙회 해고자 김○○ 사실확인서)

> 1월18일(월요일) 그 동안 아무 것도 하지 않고 있던 노동조합에서 소

식지가 날아왔습니다. 며칠 동안 실시했던 명예퇴직을 원천무효화하고 명예퇴직을 다시 실시한다는 것이었습니다. 부부직원들의 사표를 반려하겠다고 하는 문구도 들어 있었습니다. 그러나 저는 노동조합을 믿지 않았습니다. 그동안 노동조합에 여러 번 항변을 했으나 대답이 없었고 근로자의 대표가 협의해서 어쩔 수 없다는 지방노동위원회에서 답변을 들었다는 동료직원들의 이야기들을 이미 여러 번 들었기 때문이었습니다. 저희 노동조합은 구조조정(인원감축)에 대해 이미 경영진과 합의를 했다고 들었습니다. (진정서. N중앙회사건 당사자 김○○)

더 기가 막힌 것은 노조측에서도 (공○○ 위원장이) 사내부부 퇴직에 관한한 자르라고 인정을 했다는 것이었다(남편은 당시 사무실 노조 대의원이어서 나름대로의 내용은 정확하다고 생각했다). (법원제출자료 : N중앙회 해고자 이○○ 사실확인서)

이러한 여성들의 상황에 대한 인식은 비교적 정확했던 것으로 보인다. 실제로 구조조정 과정에서 N중앙회 노조는 '사내부부'를 해고대상자로 하는 것에 대해 회사측과 '동의'한 것으로 나타난다. 이러한 사실은 고등법원에 제출한 회사측 준비서면에서 확인된다. 법적 분쟁이 발생하자 회사측은 법원을 향해 사내부부해고에 대해 '노동조합도…수긍하고 동의했다'는 사실을 강조했기 때문이다.

<u>노동조합도</u> 부부직원들이 상대적으로 경제적 생활안정자로서 아내직원이 직장을 그만두더라도 혼자서 가계를 꾸리는 직원이 직장을 그만두는 경우에 비해 경제적 충격이 덜할 것이라는 점을 <u>수긍하고 동의했던 것</u>입니다. (N중앙회사건. 회사측 준비서면. 서울고등법원)

이와 관련해 N중앙회사건의 1심 재판부는 명예퇴직의 정당성을 인정하면서 '노동조합과 협의를 거친 후' 정리해고 대신 명예퇴직의 요건을 대폭 완화하여 실시하였던 점을 하나의 근거로 제시했다. 회사가

일방적으로 구조조정을 진행했던 것이 아니라 근로자를 대표하는 노동조합과의 '협의'를 거쳤다는 것이다.

노동조합과 협의를 거친 후 1999년 1월경 인력구조조정의 방법으로 정리해고 대신 1993년부터 시행되던 명예퇴직의 요건을 대폭 완화하여…. (서울지방법원 2000.11.30. 선고 99가합48608 판결)

구조조정 과정에서 노조가 근로자들은 정확히 모르게 회사와 명예퇴직 등에 대해서 '합의'한 사실은 H호텔사건에서도 나타난다. 2001년 H호텔의 노사는 임금인상에 대해 합의하면서 동시에 '고인건비율에 따른 회사 경영의 어려움'을 이유로 기존 근로자들을 계약직 및 아웃소싱으로 최대 200명까지 전환할 것을 '합의'했다. 그리고 그 실질적인 대상은 대부분 룸메이드를 비롯한 여성노동자들이었다.

임금협상 합의 의정서
1. 2001년 1월 1일 현재 재직 중인 정직원 공히 기본급 40,000원을 2001년 4월 1일 부로 인상 지급한다.
2. 인상된 상여금 100%는 2001년 11월에 지급한다.
3. 노·사 양측은 고 인건비율에 따른 회사 경영의 어려움을 인식하고 향후 경쟁력 강화를 위해 다음과 같이 합의한다.
① 계약직 및 Oursouring으로 최대 200명까지 전환한다.
② 회사는 명예퇴직을 실시한다.
상기 1항과 2항을 노사가 소위원회를 구성하여 빠른 시일 내에 실시한다. (H호텔 노사가 2001.9.13. 합의한 '임금협상 합의 의정서')

노사가 정직원에 대한 임금인상을 합의하면서 동시에 '인건비율이 높아 회사 경영이 어렵다' 이유로 기존 근로자들을 최대 200명까지 계약직 및 외주용역직으로 전환하기로 합의한 것도 이해할 수 없는 일이지만, 이러한 노사 간의 합의를 정작 해고된 당사자들은 '전혀 몰랐다' 고 말하는 현실은 노조가 근로자를 대표하는 법적 권한을 부여받은 기관으로서 정당한 행동인가 생각하게 한다. 사건당사자들은 대부분 H호텔이 개장하던 1988년부터 외주용역되기 전까지 정규직 직원으로 일하면서 노동조합에 '노조비를 꼬박꼬박 납부한 조합원'이었는데 소송을 하는 과정에서 회사측이 '노조가 합의해줬으니까 우리가 (구조조정을) 했지. 우리 맘대로 할 수 있느냐'며 법원에 관련 자료를 증거로 제출해서 비로소 노조가 합의한 사실을 알 수 있었다고 한다. 그리고 그때서야 회사가 명예퇴직금을 받고 퇴직한 후 외주용역으로 전환하라는 압력을 할 당시 도움을 요청하기 위해 노조를 찾아갔더니 '돈이 필요하면 하시고…하시고 싶은 사람은 하시고 아니면 마시고'라는 식으로 방관하면서 실질적인 방패막이 전혀 되어주지 못했던 이유를 이해할 수 있었다고 한다.

> 이것<노조위원장이 합의한 것>도 2006년도에 회사에서 <서류를> 줘서 알았어요, 싸우는 과정에서. (사인 한 것을) 아무도 몰랐던 거예요 정말 기가 막힌 일이야. (회사에서 사직서 쓰라고 강요할 때) <노조에> 쫓아갔잖아. 그랬더니 하는 말이 사람마다 다른 거야. 협의한 적도 없는데 무슨 합의냐 이러구. 하구 싶으면 하시고 말고 싶으면 마세요 돈이 필요한 사람 하세요…사람마다 이렇게 얘기를 했나봐…야…기가 막히구나…어떻게 노조위원장이 그런 말을 하나 그랬더니 뭐 본인들이 알아서 하는 거지 뭐. 그랬어요 호텔에서 하는 말이 아 노조가 합의해줬으니까 우리가 했지 우리가 마음대로 할 수 있냐 그러면서 <합의서를> 보여줘서 우리가 안 거라니까 얼마나 기가 막힌 현실이야. (H호텔사건 당사자)

이런 사정은 A생명의 경우도 별반 다르지 않았던 것으로 보인다. A생명이 구조조정을 할 움직임을 보이자, A생명 노조는 초기에 사내부부 여직원들에 대한 우선해고를 규탄한다는 성명서를 발표하기는 했지만 그 외에 특별한 조치는 없었다고 한다. 이는 지극히 형식적인 행위에 불과했고 실질적으로 이들을 보호하는 역할은 하지 못했다. 오히려 여성노동자들에 대한 회사의 퇴직압력이 강해질수록 '노조는 전화를 안 받고', 여성노동자들은 노조와 연락할 방법을 찾지 못했다고 한다.

> 피고회사의 <u>노조</u>는 사내부부인 여사원들에 대한 우선해고를 규탄한다는 내용의 성명서를 발표하고, 사내부부인 여직원들에게 절대로 사표를 내지 말라는 취지의 입장을 표명한 외에 <u>특별한 조치를 취하지 아니하였다</u>. (서울지방법원 2001.4.12. 선고 2000가합38454 판결)

> (판결문 보니까 노조는 별로 그 당시에 역할을 한 게) 없어요. 오히려 저희가 그만두기 전에 노조로 굉장히 문의를 많이 했어요. 그만둬야 하느냐 말아야 하느냐. 저희는 무조건 회사에 입사를 하면 가입되는 거였어요. 근데 이제 전화를 해도…처음에는 그만두지 마라…성명도 발표하고 공문도 보내고 그랬어요. 그랬는데 압력이 강해질수록 노조에서 전화를 안 받아요. 저희는 본사로 뛰어갈 수도 없는 입장이고…피해버리니까 어쩔 수가 없죠. 막판에는 전화 안 받고 위원장 없다 이런 식으로 나오니까…. (A생명사건 당사자1)

4) 사업주와 노동조합의 동일한 이해

본 연구대상 중에서 노조가 가장 적극적으로 여성해고에 동조하고, 변호한 사례는 R전기사건, D제분사건이다. 우선, D제분 노조는 여성노동자들의 '결혼퇴직'이 문제가 되자 노조가 나서서 회사측을 적극적으로 대변했다. 그러나 D제분 노조는 생산직 (남성)노동자만을 조합원으로 하기 때문에 결혼퇴직의 대상이 되었던 사무직인 여성노동자들은 노동조합의 가입대상이 아니었으며, 실제로 노조에는 단 한 명의 여성조합원도 존재하지 않았다. 그럼에도 여성노동자들의 '결혼퇴직'과 관련한 사건이 발생하자 당시 D제분 노조위원장은 노동위원회, 법원 등에 증인으로 참석하여 회사측을 적극적으로 대변한 것이다. 당시 노동위원회의 심판위원회 회의록에 따르면 공익위원이 D제분에 결혼퇴직을 강요 또는 권유하는 사실이 있느냐고 노조위원장에게 질문하자 "의아하며…말이 안 되는 일이라고 생각하며…그런 사실이 없으며 유사 이래로 해고나 퇴직권유는 없는 것이라고 생각"한다는 취지의 답변을 하였다. 이러한 답변을 듣고 있던 또 다른 공익위원이 "피신청인(회사측)의 대변인과 같은 말만 하지 말기를 바라고 솔직한 답변을 하라"고 할 정도였다.

노동조합장 강○○가 1999.2.11. 2차 심문회의에 증인으로 참석
증인 : 증인 강○○이며 현 노동조합의 위원장으로 재직하고 있습니다.
의장 : 증인심문을 하겠습니다. 피신청인이 요구한 증인심문내용에 의거 심문을 하겠습니다. 첫째, 증인은 대한제분(주) 노동조합 위원장으로서 귀사의 취업규칙이나 단체협약에서 남녀고용평등법에 위배되는 사항이 있다고 생각하십니까?
증인 : 없다고 생각하며 회사에서 노동조합에 공문을 보내와 검토하였으나 근로기준법에 따라 시행하고 있습니다.
의장 : 귀사에서 여직원이 결혼할 경우 회사에서 퇴직을 강요하거나 권유하는 사실이 있습니까?
증인 : 이번 사건으로 의아하게 생각하고, 5, 6공 때의 일로 생각하며 취업규칙을 변경할 때도 산전산후 조항을 넣고 노동부에 보고한 것으로 알고 있습니다. 법이 있는데 강요에 의해서 될 수는 없습니다.
의장 : 여직원이 입사시 결혼을 사유로 퇴직을 예정하는 각서나 구두약속을 하는 사실이 있습니까?
증인 : 본 사건과 관련으로 회사에서 공문을 보내왔는데 사실여부에 대하여 조사한 바 여직원들로부터 개별적인 회신을 받았고 말이 안 되는 일이라고 생각하며 20여 명과 면담하였으나 그런 사실이 없으며 유사 이래로 해고나 퇴직권유는 없는 것이라고

생각합니다.
<중략>

배○○(위원) : 언제부터 가입 여직원이 없으며 왜 없는지에 대하여
그리고 가입되지 않으므로 받는 영향에 대하여 말하세요

증인 : 여직원 가입이 없는 것은 약 5년이 되었으며 공장은 제분업이
라서 여직원은 일하기 어렵습니다. 노조에 가입하지 않으므로
불이익을 받는 것은 없습니다.

<중략>

김○○(위원) : <u>증인은 피신청인의 대변인과 같은 말만 하지 말기를
바라고</u> 솔직한 답변을 하여 주기 바랍니다. 위원회에서 2차 조
사결과 노조에 가입하지 않은 여직원에 대하여 관심을 가지고
있습니까?

증인 : 있습니다.

(D제분사건. 강원지방노동위원회 제2차 심판위원회 회의록.1999.2.11)

그러나 D제분 노조위원장의 진술은 회사측이 승소한 고등법원에서 믿을만한 증언으로 채택되었다. 이후 상고한 근로자측에서는 "증인인 노조위원장이 여직원들이 제출한 결혼퇴직각서에 대해 알만한 입장에 있는 사람도 아니고, 비노조원인 여직원들의 근무실태에 대하여 전혀 모르는 사람이라며" 위 증인의 증언이 객관적이라고 볼 수 없다고 주장했으나 대법원 결정에는 사실상 영향을 미치지 못했다.

다음의 각 사실은 당사자 사이에 다툼이 없거나 갑제1호증…<중략> 및 제1심 증인 강○○<노조위원장>의 증언에 변론의 전취지를 모아보면 이를 인정할 수 있고… (D제분사건. 서울고등법원 2000.8.30 선고, 2000누2817 판결)

증인 강○○는 반대심문시 원고회사의 노조원은 모두 생산직 남자사원으로 구성되어 있으며, 원고회사의 사무직 여직원 56명이 전원 미혼이고, 증인이 입사한 1977년 4월부터 기혼여성이 근무한 적이 없었고 증인은 여직원 채용이나 인사에 관여하고 있지 않다고 증언하였습니다.

위 증인은 회사로부터 여직원들을 조사하라는 지시를 받고, 여직원들을 일부 만나거나 우편으로 조사를 하여 결혼퇴직각서를 제출한 일이 없다는 내용의 진술서를 받았으나, 진술서의 작성자들이 어디에 근무하고 있는지도 잘 모르고 있습니다. 이처럼 원고회사의 부당해고가 문제된 후 회사의 지시를 받고 여직원들을 상대로 결혼퇴직관행이 있는지 여부를 조사한 점만 보더라도 위 증인은 원고회사의 영향력에서 결코 자유로울 수 없는 입장에 있으며, 증언에 비추어 볼 때 위 증인은 여직원들이 입사시 제출하는 결혼퇴직각서에 대하여 알만한 입장에 있는 사람도 아니고, 비노조원인 여직원들의 근무실태에 대하여도 전혀 모르고 있는 사람입니다. 따라서 위 증인은 객관적인 증언을 하였다고 보기는 매우 어렵습니다. (D제분사건. 근로자측 상고이유서. 대법원 제출. 2000.10)

그런가 하면 R전기사건은 보다 더 적극적으로 노조와 회사가 '함께' 여성만을 해고대상으로 결정한 경우이다. 당시 근로기준법은 정리해고시 근로자의 과반수로 조직된 노동조합 또는 근로자대표(근로자의 과반수로 조직된 노동조합이 없는 경우에는 근로자의 과반수를 대표하는 자)와 60일 전에 해고회피방법 및 해고기준에 대해 성실하게 협의하도록 하고 있었다. 이러한 법적 권한을 부여받은 R전기 노조는 정리해고 과정에서 여성노동자만을 대상으로 한 정리해고기준에 대해서 회사와 '성실하게 협의'하고 결국 '합의'를 했다. 그리고 당시 R전기의 노조 수석부위원장은 지방노동위원회의 심문회의에 회사측 참고인으로 나와 정리해고과정에서 노조와 성실한 협의가 있었음을 적극적으로 증언하였다. 이런 상황에서 흔히 노조가 근로자측을 대변하는 것과는 사뭇 다른 풍경이 연출된 것이다. 노조는 정리해고과정에서 근로자들에게 합의한 적이 없다고 했지만, 실제로는 회사와 합의했고, 법적 분쟁과정에서도 회사측을 대변한 것이다. 그런데 사건당사자들은 노조가 합의해준 사실을 노동위원회 심문회의 때 비로소 정확하게 알 수 있었다고 한다(R전기사건 당사자1).

　　노조가 우리한테는 끝까지 동의하지 않았다고 했는데 법정 소송가고
나서 동의했다는 것이 확인되고 <중략> 지노위에 간 날 보니까 노조의
수석부위원장이 왔더라구요 근데 그 사람이 어떻게 왔냐면 회사측 참고
인으로 와서 '우리가 합의해줬다' 이렇게 이야기를 한 거예요 (그때 아
신 거예요?) 그때 알았죠 정확하게 합의해준 것은. (R전기사건 당사자1)

　　우리 지노위 심문회의 하는 날 참고인으로 노동조합 수석부위원장이
와서 노동조합과 성실히 협의했다 회사사정이 이래서…이렇게 말하니
까…위원분이 보통 노동조합에서 오면 해고자들 편드는데 이 회사는
좀 특이하다고…. (R전기사건 당사자2)

　　이와 같이 성차별적 해고로 인해 소송까지 이른 사건에서 공통적으
로 나타나는 사실은 노동조합이 여성노동자에 대한 실질적인 보호조직
으로서의 역할을 제대로 하지 못했다는 것이다. 만약 노동조합이 여성
노동자를 보호하는 실질적인 조직으로 기능했다면 회사측의 성차별적
해고에 맞서 싸웠을 것이고, 그 결과 성차별이 발생하지 않았거나 성
차별이 발생했더라도 최소한 노사합의에 의해 어느 정도 해결되어 소
송까지 이르지는 않았을 것임을 짐작할 수 있다. 이렇게 볼 때 성차별
을 금지하는 법이 사업장에서 뿌리를 내리고 실효성을 갖기 위해서는
노동조합이 성차별에 대해 어떤 태도를 갖는가도 매우 중요하다는 사
실을 알 수 있다.

4. 여성의식에 기반한 소송지원

　　사업장 내 노조의 실질적인 도움을 받지 못했던 연구사례들에서 공
통적으로 나타나는 사실은 사업장 밖에서 이들의 해고투쟁을 직간접적

으로 지원해준 조직이 존재했다는 것이다. 이에 다음에서는 사업장 외부에 존재했던 소송지원조직의 활동을 중심으로 이들이 성차별사건에서 어떤 역할을 했으며 어떤 사회적 의미를 갖는가를 분석해 보고자 한다.

1) 사업장외부 지원조직의 존재

연구사례를 통해 볼 때 성차별소송을 지원한 대부분의 조직이 여성단체나 여성노조로서 여성의식에 기반한 곳으로 나타난다. 우선, 본 연구사례 중에서 D제분사건, N중앙회사건, A생명사건, K협의회사건, S대학사건, R전기사건, I신문사사건은 여성단체의 지원을 받은 경우이다. 여성단체의 지원은 당사자가 소송을 제기하고, 유지하게 하는데 많은 영향을 미친 것으로 나타난다. 노동사건을 전문으로 하면서, N중앙회사건, K협의회사건 등과 같은 성차별사건에 대리인으로 활동한 한 변호사는 그 동안의 경험을 통해 볼 때 "일반 노동사건의 경우는 노조가, 성차별사건의 경우는 여성단체가 확실히 지원해주는 사건"이 끝까지 가는 것 같다고 말한다. D제분사건의 담당변호사도 해당 사건에 대한 여성단체의 지원이 없었다면 중도에 포기했을 것이라고 말하는데, 그만큼 여성단체의 지원이 당사자들이 소송을 진행하게 하는데 의미있는 역할을 했던 것으로 보인다.

> 노조가 있어도…사건을 끝까지 가는 것은 여성당사자들이 결정하는 건데 그런 게 별로 뒷받침이 잘 안 되죠 (성차별사건은 어떤 사람들이 끝까지 가요?) 여성단체에서 지원을 확실하게 받는 사람들이 끝까지 가는 것 같아. (일반 노동사건은?) 노조가 결합해서 열심히 해주는 사건. (N중앙회사건. K, W 담당변호사)

　　실제로 이 사건을 지금까지 끌어오면서 원고는 심리적으로 한없이 위축되고, 자포자기한 적도 많았습니다. 만약 여성단체와 대한변협, 민변 등의 변호사단체의 헌신적인 지원이 없었다면 원고는 이 건 소송을 수행하지 못하고 중도에 포기하였을 것입니다. (D제분사건. 근로자측 변론보충서. 고등법원 제출. 2003.9)

　한편, H호텔사건과 L호텔사건의 여성노동자들은 외주용역 후 사업장 단위를 넘어서는 일반노조general union[15]의 하나인 여성노조에 가입한 경우이다. 노동조합의 형식을 갖추었다는 점에서는 여성단체와 차이가 있지만 사실상 여성의식에 기반한 조직이라는 공통점이 더 크게 존재한다. L호텔사건의 여성노동자들은 외주용역 후 사실상 임금이 삭감되는 등 지속되는 근로조건 저하에 직면해 문제해결을 모색하던 과정에서 ‘여성노조가 있다는 이야기를 듣고’ 찾아와 조합원으로 가입했다. 또한 H호텔사건의 여성노동자들도 용역으로 전환된 후 자신들이 처한 현실의 문제를 해결하기 위해 다양한 방법을 모색하던 중 여성노조에 가입하게 되었다. 당시 이들은 ‘회사가 망한다’며 용역으로 전환하기를 강요했던 회사측이 직원들의 임금을 인상해서 지급한다는 이야기를 듣고 자신들도 그 대상이 되는지를 확인하기 위해 담당자에게 찾아갔다고 한다. 그런데 “당신들은 H호텔 직원이 아니라 H서비스팀”이라 제외된다고 말한 것을 듣고 그때 “용역이 무엇을 의미하는지 알았다”고 한다. 그리고 그 문제를 해결하기 위해 국가인권위원회 등 ‘온천지를 돌아다니다’ 고용보장을 받으려면 노동조합을 만들어야 한다는 이야기와 함께 여성노조를 소개받고 찾아가 2002년 6월에 조합원으로 가입했다. 그리고 이후 2005년에는 여성노조를 탈퇴하고 민주노총 서비스연맹에 가입한 후 해고투쟁을 지속하였다.

---

15) 일반노조란 하나의 기업을 초월하여 직종, 산업 등의 구분없이 다양한 근로자를 가입대상으로 하는 노동조합을 의미한다.

옛날부터 여성노조가 있다는 이야기를 들었어요 근데 이 노조에 내가 오리라고 생각은 못하고…그해 8월 여기에 찾아온 거예요 5명이. 그래서 정말 쥐도 새도 모르게 3일만에 103명이 노조에 가입을 한 거예요. (L호텔사건 당사자)

4월인가 임단협 할 때 12만원 정도 임금이 인상된 거예요 우리<룸메이드>가 몇 명이 쫓아갔나봐. 우리도 12만원 정도 임금이 인상이 되는 거냐…모르니까…그랬더니 당신네들은 H호텔 직원이 아니라 H서비스팀<용역회사이름>이라고 그때 안 거죠 그래서 온천지 돌아다닌 거야. 인권위에 갔더니 사기를 당했다는 표현을 쓰더래. 같다 온 사람들이 그러는데. 그러면서 고용보장을 받으려면 노동조합을 만들어야 한다. 그러면서 알려준 게 전국여성노조 여성이니까 전국여성노조를 알려준 거예요 그때는 민주노총이고 이런 거 있는 줄 몰랐어요 그래서 우리가 알았죠. 그래서 분회를 만들었죠 (H호텔사건 당사자)

이처럼 여성단체 등에서 성차별사건에 대해 소송지원을 하는 것은 법은 만들어졌지만 그것만으로 한계가 있기 때문에 '좋은 판례'를 남겨서 실질적으로 차별문제를 해결할 수 있어야 한다는 생각에서 진행되는 것으로 보여진다.

(사건지원을 하는 것이 어떤 의미가 있다고 생각해서 하는 거 아닌가요?) 판례를 남기는 거는 사실 법이 있되 법이 현실적으로 적용되는 바가 거의 없기 때문에 판례를 남겨서 사실 여성들이 그런 문제가 생겼을 때 법률적으로 호소할 수 있어야 한다는 생각도 들고 (N중앙회사건. A소송지원활동가)

위와 같이 일반적으로 여성단체가 주도적으로 사건지원을 한 경우는 대체로 해당 사건을 지원할 수 있는 관련 노동조합이 부재한 경우이다. 한 여성단체의 활동가는 사건당사자가 여성단체에 상담을 하더라도 해당 노조가 있을 때는 노조의 지원을 받도록 안내하고, 여성단체에서는 노조가 없거나 노조가 있어도 실질적으로 당사자에게 전혀 도움이 되지 않을 경우에 일차적인 지원자로 결합한다고 밝힌다. 성차별적 해고로 문제된 대부분의 연구사례들에서 나타나는 사실이 노조의 지원을 받지 못하고, 여성단체 등 사업장외부 조직의 지원이 있었던 것으로 나타나는데 이것도 비슷한 맥락에서 설명이 된다. 만약 사업장 내 노동조합이 여성해고자들을 지원했다면 해고에 이르지 않았을 수도 있고, 설사 해고에 이르렀다고 해도 '내부' 노동조합의 지원을 받는 사건당사자들이 굳이 '외부' 여성단체 등까지 찾아올 필요는 없었을 것이기 때문이다16).

우리가 소송을 지원하는 경우는 그 사람이 조직적으로 대응할 수 없을 때만 하거든. 노조가 있다거나 그러면 노조랑 같이 이렇게 해서 그 안에서 내부적인 힘과 주체적인 힘으로 모아서 가는 방향으로 상담을 하거나 그렇게 가고 그렇지 못할 때는 개인이 싸워야 한다거나 조직된 힘이 없다거나 조직된 힘을 만들어야 하거나 그랬을 때 우리가 할 수 있는 방법을 찾아갈 때 소송이라든가 이런 방법을 찾아가는 거지. (N중앙회사건. A소송지원활동가)

본 연구사례 중에서 여성단체나 여성노조의 직접적인 지원을 받지

---

16) 실제로 1998년 부산의 한 사업장에서는 회사측이 여성노동자 9명만을 정리해고하자 노동조합이 "여성에게 먼저 적용한 정리해고 바람은 결국 모든 노동자에게 닥치게 되며, 당장 함께 살 수 있는 방안을 강구하지 못하면 걷잡을 수 없는 해고 바람이 회사 전체에 몰아칠 것"이라며 적극적으로 대응해 여성해고자에 대한 원직복직을 이끌어냈다. 당시 노동조합은 노동위원회에 부당해고구제신청을 내는 등 법적 문제제기와 함께 여성단체와의 연대, 밤샘농성 그리고 회사측과의 협상 등 문제해결을 위해 다양한 방법을 동원했다. 이 과정에서 노조가 회사가 내수보다는 수출에 더 큰 비중을 두고 있는 점을 고려해 "비교적 후하게 책정된 외국 출장비를 줄이는 대신 여성노동자의 해고를 철회해 달라"고 적극적으로 제안한 점은 높이 살만하다(한겨레신문 1998.1.14).

않는 경우에 해당하는 W은행사건은 사업장 내부 노동조합은 아니지만 상급단체인 금융노조 비정규지부에 조합원으로 가입해 지원을 받았다. W은행사건 당사자들은 해고에 직면해 W은행 노조를 찾아가 도움을 요청했으나 비정규직이라서, 조합원이 아니라서 도움을 줄 수 없다는 말을 듣고 상급단체인 금융노조를 찾아간 후 비정규지부 조합원으로 가입한 것이다. 금융노조는 W은행사건을 '비정규직 문제'로 보고 1심의 소송비용을 지원하는 등의 활동을 했으나, 정규직 조합원의 반발 등으로 보다 적극적인 지원에 나서기는 어려웠던 것으로 보인다. 이 사건 해고자들은 "3월 8일 한국노총 전국여성노동자대회에서 유인물을 배포하다 정규직 노조원들에게 강력한 제지를 받기도"[17] 했다고 밝힌다. 이후 W은행사건의 당사자들은 전국불안정철폐연대 등의 지원을 받아 법적, 사회적 투쟁을 전개했다.

> (처음 계약해지 이야기 들었을 때 가장 먼저 찾아간 곳이) 정규직 노조를 찾아갔는데 방법이 없다고 이야기해서 그 다음에 금융노조 비정규지부를 찾아갔죠. 인사부도 찾아가고 노력을 많이 했는데 다 안 됐어요. 어렵다. 은행에서도 해고통보를 번복할 수는 없다. 그래서 그 이후에는 해고회피를 하기 위해서 여러 가지 방법을 찾아봤는데 잘 안 되었고 그래서 해고투쟁을 하게 된 거죠 (비정규지부에서는 뭐라고 이야기를 하던가요?) 비정규지부에서는 같이 열심히 투쟁을 해볼 수 있다, 노력은 같이 하겠다고 이야기를 했고 그때 실질적으로는 금융노조를 찾아갔는데 금융노조 본조의 입장은 그랬었어요. 아 요즘에 정규직도 다 떨어져나가는 상황이다. 그런데 비정규직을 구제하기는 쉽지 않다고 이야기를 했고 비정규지부에서는 현실적으로는 어려운 측면이 있으니 외곽적으로라도 같이 돕겠다고 이야기를 했죠 근데 내부에서는 금융노조에서는 정규직의 반발이 되게 심했어요 (왜 W은행 정규직 노조에서 도와주지는 못할망정) 모르겠어요 정서적으로 그랬어요 왜냐면 W은행

---

17) 『참세상』, 2004.4.13.

의 이미지에 대해서 이미지 손상이 간다. 우리가 해고투쟁하면서 언론 작업도 하고 취재도 오고 하니까. W은행의 이미지를 손상시키는 사람들이다 그런 거죠. (W은행사건 당사자)

금융노조는…. 4월 6일 '일방적 해고 규탄집회'에서는 '원칙적으로 복직투쟁은 지회에서 대응할 일이고 사무실 제공, 당사자들이 법원 등에 제기하는 복직 관련 소송들을 지원해 주겠다'는 입장을 드러내기도 했다. W은행 비정규직 여성노동자들은 4월 1일부터 해고자 모임을 갖는 등 4월 6일부터 본격적인 복직투쟁에 들어갔으며 노동부에 진정서 제출 등 계속적으로 투쟁을 진행할 계획이다. (『노동자의 힘』 53호)

한편, 사업장 내 노동조합의 지원여부와 상관없이 사건당사자들이 '공식적인 문제제기'보다는 '비공식적인 합의'를 통해 문제를 해결하려 할 경우 여성단체에서는 가급적 개입을 하지 않는 것으로 보인다. 유사한 시기에 발생한 사내부부해고사건임에도 불구하고 N중앙회사건에 비해 A생명사건에 대해 초기에 민우회가 적극적인 지원을 하지 않은 것은 A생명사건의 경우 소송 등으로 공식적으로 문제제기를 하기 이전에 회사와의 '비공식적인 합의'의 과정이 있었기 때문으로 보인다. 전술했듯이 A생명사건이 사회적으로 문제가 되고, 당사자들이 형사상 고소, 민사상 소송을 제기할 움직임을 보이자 A생명에서는 당사자들에게 '합의'를 제안했고, 이런 문제에서 '합의'란 대체로 '위로금 등의 명목으로 보상을 받고 소송을 제기하지 않기로 하는 것'을 의미한다. 이런 과정에서 민우회의 한 활동가는 '돈 받고' 하는 합의에 '별로 끼고 싶지 않았기' 때문에 당시 A생명사건에 대해서는 적극적으로 개입하지 않았다고 밝힌다. 그러나 1심이 끝난 후 민우회에서 지원하고 있는 N중앙회사건의 당사자인 여성노동자들에 대한 후원의 밤에 A생명사건의 당사자들이 찾아왔는데 단체에서 보기에는 '합의를 안 하고' 남아서 소송을 진행하고 있는 당사자들이 '대의명분을 고민하고…우리랑 말이 통하는 것' 같다고 판단하고 적극적인 지원을 시작하였다고 한다.

맨 처음에 A생명사건을 받으려고 했을 때 그분들의 상황이 복잡했어. A생명사건 같은 경우는 맨 처음 여러 분이 시작했다가 합의하고 돈 받고 이런 과정이 있었어. 우린 거기에 별로 끼고 싶지 않았고 본인이 정해서 합의하고 돈 받고 이런 거기 때문에 그 과정에서 단체가 끼어서 이래라저래라 하는 게…우리야 같이 문제제기했으면 좋겠는데 몇 명 떨어져 나가고 합의하고 돈 받고 이런 것에 별로…그거는 본인들이 알아서 하셔라…우리는 그래서 끝날 줄 알았는데 끝까지 합의가 안 되신 분들이 계속 간 거잖아. 그랬다는 것을 1심 끝나고 나서 알고 그럼 가능하겠다, 계속 가실 생각이 있는 거냐? 싸움을 하실 생각이 있는 거냐? 그랬더니 하시겠다고 그래서 그 남으신 분들이 아마 N중앙회사건의 후원의 밤에 왔을 거야. 그 후원회 밤에 와서 <단체의 지원을 받는다는 사실을> 너무 부러워하고…합의를 안 하고 남으셨던 분들이 내가 보기엔 씩씩하셨던 분들이었던 것 같아. 대의명분과 이런 것에 대해서 고민하시는 분들이고…그러면서 우리랑 얘기가 통하고… (N중앙회사건. A소송지원활동가)

이러한 여성단체 등의 소송지원은 당사자들에게 회사에 대적할 수 있는 '조직'의 지원을 받고 있다는 심리적 위안을 주며, 사건을 중도에 포기하지 않고 끝까지 진행할 수 있는 실질적인 힘으로 작동한 것으로 나타난다. K협의회사건과 A생명사건의 당사자들은 1심에서 패소한 후 여성단체를 찾아온 케이스이다. 성차별사건의 경우 법리적으로 쟁점이 되는 것과 별개로 '여성문제'로서 문제제기하고 의미를 부여할 수 있는 측면이 있기 때문이다.

민우회가 도움이 많이 되었죠 <중략> 이런 시민단체가 아니면 여기 회사쪽에서는 조직하고 접촉해서 어떻게 무마시킬지 몰라요 시민단체는 좀 힘들겠다는 생각을 했어요 일반적인 기관들을 이용하게 되면

어떤 방법으로든 알력이 들어갈지 모르기 때문에 개인에게는 불리하다
그러니까 저한테 시민단체를 이용하라고 이야기를 그것도 영향이 있겠
다고 생각을 해요 (K협의회사건 당사자)

2심 때 김○○변호사님 만나게 된 게 민우회 도움이 컸었어요. 1심
은 우리끼리 했었고 1심에서 지고 나서, 아 이렇게 해서는 안 되겠다.
이런 생각에 여성단체를 좀 알아보자 싶어서 <중략> 저희가 찾아가니
까 너무너무 반겨주셨고 힘이 되겠다고 해주셨고 조언도 많이 해주셨
고 그래서 굉장히 의지가 많이 됐어요. (A생명사건 당사자2)

소송을 지원하는 여성단체 등에서는 우선 해당 사건이 여성노동자들
에게 매우 중요한 의미를 갖는다는 사실을 강조하면서 사회적으로 사
건을 알리는 것에 힘쓴다. 예를 들어, K협의회의 경우 "승진차별로 인
한 조기직급정년의 성차별성을 다투는 최초의 소송"이라고 강조하면서
이 사건에 대한 판결이 향후 여성노동자에게 미치는 영향이 매우 크기
때문에 매우 중요하다고 지적했다.

3년여에 걸쳐 법적인 다툼을 하고 있는 본 사건은 승진차별로 인한
조기직급정년의 부당성과 성차별성을 다투는 최초의 소송입니다. 본 사
건에 대한 법원의 판결은 향후 여성노동자의 고용상 차별문제를 판단
하는 하나의 잣대가 될 수 있고 또한 여성노동자의 차별 현실을 개선
해 나가는 데에 지대한 영향력을 미치기 때문에 그 중요성은 이루 말
할 수 없습니다. 그런 측면에서 법조계, 학계, 시민사회단체 등은 입직
에서부터 승진, 퇴직에 이르기까지 성차별이 중첩된 '정○○ 40세 직급
정년사건'에 대한 판결을 주목하지 않을 수 없습니다. (한국여성민우회,
'정○○ 40세 직급정년사건'에 대한 의견서. 2005.3.14)

그리고 법적 판결이 '제대로' 나올 수 있도록 해당 사건과 관련한
노동위원회의 심문회의 등에 참관신청을 하기도 한다. 예를 들어, R전

기사건이 이에 해당한다. R전기사건을 지원하고 있던 지역의 여성단체들은 지방노동위원회에 대한 면담신청을 했고, 해당 사건의 심문회의를 직접 참관하겠다고 신청했다. 당시 해당 지방노동위원회에서는 '여성단체들이 이렇게 나서서 하면…공정한 심사를 하기 어렵다…어차피 우리가 공정하고 객관적으로 할 건데 이렇게 압력을 행사하려고 하면 되냐'며 불쾌하게 받아들이는 듯했지만 인원제한을 했을 뿐 참관을 막지는 않았다고 한다.

> 지노위 심문회의 하는 날 여성단체들이 대표단을 꾸려서 지노위원장 면담신청을 했어요. 여성단체연합 내에 소속되어 있는 단체들이 같이 대표단을 꾸려서 지노위원장 면담을 요청했더니 굉장히 기분 나빠하더라구요. <중략> 여성단체들이 이렇게 나서서 하면 자기네들이 공정한 심사를 하기 어렵다 이렇게 불쾌하게 이야기를 하더라구요. 어차피 우리가 공정하고 객관적으로 할 건데 이렇게 압력행사를 하려고 하면 되냐 이렇게. 어쨌든 면담을 하고 그 대표들이 다 같이 심문회의에 참관하겠다고 그랬더니 인원제한을 두더라구요. 그래서 가능한 인원들이 거의 다 들어가서 있었고 못 들어간 인원들은 밖에서. (R전기사건 소송지원활동가)

물론 여성단체 등의 성차별주장이 그 자체로 법리 논쟁의 기반을 제공해주는 것은 아니다. 예를 들어, N중앙회사건과 A생명사건의 경우 여성단체는 대표적인 성차별사건으로 개념화하면서 사건의 성차별이라고 강력히 주장했지만 이들 사건과 관련하여 법원은 단 한 번도 정면으로 성차별을 판단하지 않았기 때문이다.

> 그거 자체가 법리논쟁의 기반을 제공해주거나 그런 건 없는 것 같아요. 단체에서 제기하는 거를 왜냐면 법률논리보다는 실질적인 정의에 부합하는가잖아요. 단체에서 이야기하는 건 설령 법률이 이럴지라도 이게 말이 되느냐 이런 거잖아요. 법률이 문제가 법을 바꿔야한다 이런

거잖아요, 단체는. 그리고 법률논리를 정밀하게 피는 건 아니잖아요. 단체 주장이 그러니까 그거 자체가 법률판단에 논쟁거리를 제공한다든가 이건 아니에요. 관심을 갖는다, 여성단체들이 그러면 좀 부담이 되는 측면이 있지 않겠나, 아무래도 그런 게 있을 거 같아요. 판사들도 사람이니까. (D제분사건 담당변호사)

또한 여성단체 등이 관심을 갖고 사회적으로 압력을 행사한다고 해도 그것이 승패에 결정적인 영향을 미친다고 말하기는 어렵다. N중앙회사건의 경우 사회적으로는 대표적인 성차별 문제로 이슈가 되었지만, 성차별이 제대로 판단받지도 못했을 뿐만 아니라 3심까지의 과정에서 모두 여성노동자들이 패소했기 때문이다. 그러나 여성단체 등의 위와 같은 활동은 최소한 법해석기관에 대해 일종의 감시자의 역할을 하는 의미가 있는 것으로 보인다. 즉, 여성단체가 이 사건에 관심을 가지고 있다는 메시지를 지속적으로 법원에 보냄으로서 법원에서 해당 사건에 '좀 더 신경을 쓰게 하는' 기능을 할 수 있다는 것이다.

(여성단체에서 의견서를 내거나 법원에 사회적인 이슈화를 시키는 게 법적 판결을 받는데 있어서 유리한 거라고 생각을 하신 건지?) 꼭 유리한 건 아닌데요. 그게 지원이 없는 거보다는 법원에서 신경을 쓰는…아…좀 신경이 쓰이는…좋은 의미든 나쁜 의미든 간에…이렇게 관심을 갖고 있는데…한 번이라도 더 볼 수 있지 않을까 하는 그런 정도에서 긍정적인 효과는 있는 거 같아요. (D제분사건 담당변호사)

(사회적 문제로 커지는 게 법적으로 판결을 유리하게 받는데 영향을 미치는 것 같나요?) 판사에 따라서 다른 면이 있겠지만 저는 조용한 거보다는 낫다. 그리고 방법만 잘 택하면 도움이 된다고. 정○○씨 사건(K)은 저는 도움을 많이 받았다고 생각하거든요. <중략> 전체적으로 사회가 관심을 가지고 있다는 지속적인…언론에 대해 계속 푸쉬를 하고 토론회 같은 것도 좀 하고 법쪽 출입기자들한테 이야기를 해서 이 사건

실제로 사건에 대한 사회적인 관심은 법원이 판결에 대한 '설명'을
하게 하기도 한다. N중앙회사건과 A생명사건은 사회적으로 '사내부부'
를 해고대상으로 한 유사한 사건으로 인식되었고, 대법원에서 동일한
재판부가 판결했으나 다른 결론이 내려졌다. 이러한 사회적인 관심에
부담을 느낀 대법원은 원고 대리인(변호사)에게 송달된 판결문 정본에
는 없는 설명자료를 '언론용 판결문'에 첨부(김진, 2006)하여 N중앙회사
건과 A생명사건에 대해 법원이 서로 다른 결정을 내린 이유에 대해서
설명했다. 이러한 경우는 매우 이례적인 것으로 사회적 관심과 목소리
에서 법원도 완전히 자유로울 수 없음을 보여준다.

무엇보다 사건이 사회적으로 이슈화될 때 여성단체 등의 사회적 지
원은 매우 중요한 역할을 하는 것으로 나타난다. 그러나 법적 문제제
기의 주체가 사건당사자인 현실에서 당사자의 문제해결의지 역시 매우
중요하다. 현실적으로 대부분의 경우는 사건당사자들이 상담이든, 지원
요청이든 어떤 방식으로든 문제를 알리지 않으면 다른 사람들이 알기
어렵기 때문이다. 그리고 여성단체 등의 사회적 지원도 당사자의 의지
가 확고할 때 더 활발해질 수 있기 때문이다.

표들이 오고 그러는데 해고가 됐는데 우리 이렇게 싸울 테니까 열심히
도와주십시오, 그런 차원에서. (R전기사건 소송지원단체 활동가)

이렇게 변호사만 믿고 있을 게 아니구나. 우리가 참 뭘 몰랐다. 그게
1심 끝나고 알았어요. 2심은 우리들 힘만 가지고 된 것도 아니고 그래
도 도움을 받을 수 있는 데를 찾아보자. 그래서 민우회를 갔었고 (A생
명사건 당사자2)

본인들이 주장하지 않으면 누구도 도와주지 않는다는 것을 알았어요
내가 이렇게 억울해도 내가 주장하지 않으면 누가 이 사건을 알겠어요
아무도 몰라요. (H호텔사건 당사자)

이처럼 여성단체 등 사회적 조직의 지원은 사건당사자들에게 큰 힘
이 되지만, 관련 단체들 간의 '실질적인' 협력은 더욱 보완되어야 할
것으로 보인다. D제분사건의 변호사는 한 여성단체의 소개로 이 사건
을 맡게 되었고, 여성단체의 지원이 당사자가 소송을 제기하게 되는
힘이 되었지만, 결과적으로 해당단체가 "내부문제로 이 사건을 끝까지
지원하지 못했고, 이러한 상황은 이 사건에 불리한 조건으로 작용하였
다"고 밝힌다.

대법원에 상고를 앞두고 민변 여성위원회와 공익소송위원회 변호사
들이 공동변호인단을 구성하고, 여성민우회에서도 탄원서를 제출하는
등 여론조성에 나섰으나 역부족이었다(처음에 사건을 지원한 여성단체
협의회는 내부문제로 이 사건을 끝까지 지원하지 못했고, 이러한 상황
은 이 사건에 불리한 조건으로 작용하였다).[18] (D제분사건 담당변호사)

이런 상황이었지만 다른 여성단체 등에 지원을 적극적으로 요청하기
는 어려웠다고 한다. 즉, 여성단체협의회를 통해 처음부터 지원받던 사

---

18) 『월간 사람』 4호, 2005.10.

건에 대해 여연 등 다른 여성단체에 지원을 요청하는 것의 어려웠는데 이에 대해 D제분사건의 담당변호사는 '약간 미묘하잖아요'라고 표현한다. 이후 '의원면직무효소송'을 진행하면서 최종 대법원 판결을 앞두고는 여협이 아닌 다른 여성단체, 즉 민우회 등에 법원에 의견서를 제출해줄 것을 요청했는데 그 당시에는 "고법부터는 아무도 관심을 갖는 사람이 없었고, 여협에서도 신경을 안 썼던 상황"이라서 다른 여성단체에 지원을 요청할 생각을 할 수 있었다고 밝힌다.

> (민사로 간 건 거의 사회적으로 알려지지 않고 민우회나 민노총이 대법원에 의견서 한 번 제출하였던데요) 어떻게 된 거냐면 여협이 처음부터 관여를 했기 때문에 제가 여연에다 요청하기가 좀 그랬어요 약간은 미묘하잖아요 여협에 양해를 구하고 내가 여연의 지원을 받겠다고 이야기하기가. 여협에 미안한 일이고 그렇다고 여협에서 손을 완전히 뗀 것도 아닌데 제가 그 내용을 여연에 이야기를 해서 알리기가 좀 애매하다가 사실 고법가서부터는 아무도 관심 갖는 사람이 없었고 여협에서도 신경도 안 썼고 그때는…그런 상황에서 민변의 변호사들 연명으로 위임장 들어갔다고 해봐야 크게 달라지는 것 같지도 않더라구요 그래서 대법원 갈 때는 이거는 어쨌든 마지막으로 여성단체쪽에서 진정서라도 좀 내고 의견을 좀 밝혀줘야 할 사안이 아니냐. 그래서 제가 그거를 민우회쪽에 요청을 했던가. 그래서 민우회쪽에서 의견을 냈고 좀 뒤늦게 결합을 한 셈이 된 거죠 (D제분사건 담당변호사)

노동조합은 조합원에 대해, 여성단체의 경우 일차적으로 자신의 단체를 통해서 상담을 한 사건을 주로 지원하게 된다. 의견서 등에 다수의 여성단체가 연명을 하는 등 개입이 되어 있는 것으로 보이는 경우라도 대개는 일차적으로 당사자와 긴밀한 관계를 유지하면서 사건지원을 담당하는 단체가 있기 마련이다. 이런 단체들이 자신들이 지원하는 사건에 대한 사회적인 영향력을 높이기 위해 다른 여성단체에 '연대'

해줄 것을 요청하는 경우 특별한 문제가 없는 한 여성, 노동단체들 간에 연대를 하는 것으로 보여진다. 소송지원사건의 경우 대부분의 연대는 의견서 등에 단체의 명칭을 사용하는 것으로 나타난다. 이러한 관계는 다시 말하면 일차적인 지원단체가 있는 사건의 경우 다른 단체는 당사자들에 대한 '일차적인' 지원단체로 나서지 않는다는 것을 의미하기도 한다. 즉, 동일한 사건에 대해 하나 이상의 조직이 당사자와 직접적인 관계를 맺으며 사건의 진행방향에 대해 조언하거나, 개입하는 경우는 드물다. 그로 인해 현실적으로는 사건당사자들이 조직과 일차적인 관계를 형성하는가도 중요한 의미를 갖는 것으로 보인다.

한편, 이와 같은 여성단체 등의 사건에 대한 관심과 지원은 노동조합이 성차별적 행위에 방관하지 못하게 하는 계기가 되기도 하는 것으로 나타난다. R전기사건이 여성단체 등의 적극적인 문제제기로 '여성문제'로 사회화되자 R전기 노조의 상급단체인 전국금속노동조합연맹은 R전기 노조위원장에게 공문을 보내 이 사건에 '여성단체도 관심을 갖는다'며 노동조합이 '순리적으로 풀어야 할 사안'이라고 지적했다.

> 회사측 주장대로 경영상의 긴박한 이유로 인한 정리해고라 하더라도 귀 노동조합이 해고에 동의함으로서 노동조합 설립목적 중 하나인 조합원 고용보장의무를 다하지 못한 부분에 대해 깊은 유감을 표명하지 않을 수 없습니다. <중략> R전기 해고문제는 이미 중앙 매스콤을 통해 보도되었고 여성단체에서도 깊은 관심을 갖는 등 사회적 이슈로 등장한 사안인 만큼 이는 노·사간에 참여와 협력을 통하여 순리적으로 풀어 내야할 사안입니다. (수신 : R전기 노동조합위원장. 전국금속노동조합연맹 "부당해고 철회를 위한 업무지시". 2004.3.16)

다음에서는 사건당사자들에 대한 사업장 외부 지원조직의 활동이 어떤 방식으로 전개되는지 살펴보고자 한다.

2) 언론을 통한 사회적 이슈화

사업장 외부의 조직에서 소송을 지원하는 방법은 다양하지만 그중에
서도 가장 주요한 작업은 '개인적인 사건'을 사회적인 문제로 이슈화
시키는 것이다. K협의회사건의 담당변호사는 1심에서 패소하자 이 사
건을 '이슈화할 필요가 있겠다'고 판단해 당사자에게 여성단체를 찾아
가보라고 조언을 했다고 한다. 변호사가 자신이 담당하고 있는 사건을
사회적으로 이슈화하는 것은 '기자들이 받지도 않으며', '법원에서 안
좋게' 보지만, 여성단체가 사회적인 문제로 제기하는 것은 다른 맥락이
라는 것이다.

> 그냥 묻힐 가능성이 있어서 간접차별 건에 대해서 한 번 이슈화를
> 할 필요가 있겠다. 근데 변호사 개인은 이슈화하기가 어려워요. 내가
> 무슨 사건했다 이렇게 내가 보도자료 내고 이러면 기자들이 받지도 않
> 아요. 그리고 변호사는 보도자료를 내고 이런 게 소송중인 사건을 그런
> 식으로 본인이 여론화를 하는 게 법원에서 굉장히 안 좋게 본다구요.
> 판결에…법정에서 이야기를 해야지 이걸 왜 밖에 나가서 이야기를 하
> 냐 또 그러면 안 되죠, 변호사가… (K협의회사건 1심 담당변호사)

이러한 방법에 대해 '개인적으로 법적인 문제를 언론플레이 하는 것
을 좋아하지 않지만' D제분사건을 경험한 이후에는 성차별과 관련하여
의미있는 사건이 '여론화'되지 못하면서 묻히는 것에 대해 생각을 많
이 하게 되었기 때문이라고 밝힌다.

> D제분사건을 하고 나면서 그런 생각을 하게 된 거죠. 변호사로서 원
> 래 그러면 안 된다고 생각을 해요. 저는 지금도 변호사는 법정에서 다

튀야지 변호사가 그걸 막 언론을 여론을 일으켜서 사건에 영향력을 행
사하고 하는 거는 운동단체가 할 일이지 변호사가 할 일은 아니라고
생각을 해요. 지금도 지금도 그렇게 하고 싶지는 않은데 그때 D제분사
건을 겪으면서 여론화되지 못하면서 당사자의 사건이 묻히는 것들에
대한 생각을 많이 했기 때문에 정○○씨(K협의회사건)의 경우는 간접차
별사건으로 여성단체에서 여론화를 시켜준다면 사건의 결과가 어찌되
든 간에 상당히 사회적으로 간접차별 문제로 이슈화하는데 도움이 될
수 있을 것 같다고 생각을 한 거죠 (D제분사건 담당변호사)

사건을 사회적으로 이슈화하는 효과적인 방법의 하나는 언론을 적극
이용하는 것이다. 그러나 개인 근로자들은 어떤 방식으로 사회적으로
사건을 이슈화해야 하는지, 언론을 통해 어떻게 사건의 부당성을 알릴
수 있는지 그 방법을 모르는 경우가 대부분이다. 그에 반해 단체들은
지속적인 사회운동의 과정에서 사건을 사회적으로 이슈화시키는 하나
의 방법으로 '언론플레이'를 하는 방법을 알고 있고, 이러한 방법을 소
송관련 사건에 있어서도 활용하게 된다. 여성단체의 활동의 일환으로
대표적인 성차별사건에 대한 언론보도를 요청하거나, 언론계에서 성차
별사건에 대한 소개를 부탁할 때 적극적으로 임하게 된다. 그리고 이
러한 여성단체의 '소개'는 해당 사건이 언론을 통해 사회적으로 알려
지는데 결정적인 계기가 된다. 예를 들어, 언론을 통해 '여성문제'로
많이 알려졌던 R전기사건의 경우 여성단체에서 3·8 여성대회를 앞두
고 언론사에 보도자료를 배포하자, 해당 보도자료를 본 언론사에서 취
재를 요청하기 시작했고, 그것을 계기로 문제가 방송에서 소개되자 다
른 언론사에서도 '연결이 되서' 인터뷰 요청이 이어졌다고 한다.

(피디수첩 등 언론은 어떻게 나가게 된 건가요?) 언론도 우리가 38보
도를 내면서 우리가 38행사를 할 때 한여노협에서 전체적으로 굵직한

사건들을 같이 묶어서 발표를 하거든요. 그때 R전기사건이 사례로 보도 자료로 나가면서 제일 먼저 피디수첩에서 왔던가 했는데. 그게 하나가 나가고 나니까 계속 일요스페셜에도 나오고, EBS 톨레랑스에도 나오고, 연결 연결이 됐는데 그 시점이 우리나라에서 저출산 몇 프로 해가지고…. <노동위원회의> 1차 심문회의 열리는 그 시점에 방송이 많이 나왔어요. (R전기사건 소송지원활동가)

이렇게 언론 등의 인터뷰 요청이 있을 경우 대부분의 사건당사자들은 적극적으로 나섰는데 그 이유는 '좋은 기회(A생명사건)'이며 '많이 알려지는 거 자체가 우리 싸움이 더 유리해진다는 생각(R전기사건)' 등을 가지고 있었기 때문이다.

2심 때는 이러면 안 되겠다 생각을 해서 더 열심히 하고 뭐든지 지푸라기라도 있으면 잡아야 할 심정 그거에 매달렸어요 (그래서 비디오 찍자고 할 때도) 우리는 그냥 했어요. 좋은 기회다 이렇게 해준다는 게 우리는 고마웠지. 열린채널에 나갔었어요 (A생명사건 당사자2)

(언론에 많이 나온 것 같던데요?) 당시에 저출산 관련해서 일하는 여성들의 아이문제에 관심이 많이 모아지던 시기였고, 여성단체연합이나 이런 데를 통해서 그런 사례를 알아보는 언론사의 요청이 있는데 그런 단체에서 우리를 소개시켜 주는 경로로 언론을 많이 타게 되었어요 저도 2580에 나왔어요 (언론에 드러나는 거에 대해서는) 그렇게 많이 알려지는 거 자체가 우리 싸움이 더 유리해진다는 생각이 있었기 때문에 저희들은 좋았죠 언론사에서 취재를 오면. (R전기사건 당사자2)

언론보도는 때로 해당 사건이 '법적으로' 성차별이 큰 문제가 되지 않는 경우라도 '사회적으로'는 성차별이 강조되도록 하는 역할을 하기도 한다. 실제로 R전기사건의 경우 법적으로는 정리해고사건에 해당하기 때문에 정리해고의 요건을 갖추었는가가 쟁점이 되는데, 이 사건에 대한 언론보도에서는 '여성들이 출산이나 육아휴직으로 인해 불이익을 받았다'는 점이 부각되면서 사회적으로는 육아휴직을 사용한 여성들에게 불이익을 준 대표적인 '여성문제'로 재정의되었다.

> 최종적으로 이 사건이 언론보도를 통해서는 출산이나 육아휴직으로 나왔기 때문에 이게 정리해고사건이라기보다는 출산이나 육아문제로 여성을 해고한 것처럼 그렇게 이미지가 많이. (R전기사건 소송지원활동가)

> 제목 : 출산파업 – 여성들은 왜 아이를 낳지 않는가
> 육아휴직은 해고 사유 1순위 – "엄마 뱃속에서 안 나온 사람 있습니까?"
> 광주 R전기에서 지난 1월 10일 생산직 여성 8명이 해고를 당했다. 이 중 5명이 육아휴직을 쓴 여성. 복직투쟁을 벌이고 있는 현장을 찾아가 당사자들과 가족들을 만났다. 그동안 생산직 노동자들은 임신, 출산으로 인해 인사고과 등에서 많은 불이익을 받아왔고 지금도 현실은 똑같았다. 경제활동에서 소외 받는 여성들. 여성들이 경제활동을 지속할 수 있도록 뒷받침하지 못하는 한국사회의 현실을 보여준다. (KBS특별기획 "한국사회를 말한다". 2004.3.20. 방송)

> R전기는 지난달 10일 여성노동자 8명을 인사고과 평점이 낮다는 이유로 해고했다. 이들 가운데 5명은 출산휴가와 육아휴직 경험이 있다. 2002년 휴직한 ㅇ·ㄱ씨는 전체 평균이 70점인 인사고과에서 턱없이 낮은 점수인 46점을 받아 해고당했다. 2003년 육아휴직했던 ㅂ씨는 회사에 복귀하면서 노사협의회에 여성대표참여를 주장했다가 취업규칙을 위반했다는 이유로 한 달만에 쫓겨났다. (한겨레, 2004.02.16)

한편, I신문사사건의 여성해고자들은 정리해고통보를 받은 직후 여기자협회, 한국여성민우회 등에 상담을 하였고, 이들 단체와 함께 해고된 후 곧바로 국가인권위원회에 진정서를 제출했다. 이 사건에 여성단체가 '관여'하고 있다는 것을 언론을 통해 적극적으로 알리면서 이 사건이 '여성에 대한 부당한 해고'에 해당함을 강조한 것이다.

지난 16일 회사쪽으로부터 해고통보를 받은 I신문사 여기자 6명 전원이 한국여기자협회, 한국여성민우회 등과 함께 23일 국가인권위원회에 진정서를 제출했습니다. (레이버투데이. "I신문사 여기자들 국가인권위 진정". 2005.6.27)

이처럼 성차별사건에 대한 사회적 이슈화는 이를 사회에 널리 알림으로서 사회적으로 성차별에 대한 인식을 바꾸게 하는 방법이 되기도 하지만 한편으로는 이 사건에 대해 여성단체 등에서 주목하고 있다는 메시지를 법원에 전달하는 방법이 되기도 한다.

<사건을> 언론에서도 전혀 모르고, 여성단체도 전혀 모른다. 그러면 법원에서는 별 부담이 없는 거죠 (D제분사건 담당변호사)

(사회적인 부분이 법적인 영향을 미친다고 생각을 한 건가요?) 네 <단호하게>. 쉽게…무마시키고 그냥 넘길 수 없는 그런 부담감을 안겨 줄 수 있죠 (R전기사건 당사자2)

실제로 R전기사건의 당사자들은 사회적으로 자신들의 사건이 사회적으로 이슈화된 것이 법적 판결에 결정적인 영향을 미쳤다고 생각하고 있었다. '전국 방송을 타니까' 노동청에서 관심을 갖고, 회사를 압박하였으며, '그래서 지노위에서 이겼다'고 생각하는 것이다. 사실 지방노동위원회의 결정문을 보면 이러한 당사자들의 해석이 전혀 근거없는 것은 아니다. 정리해고의 요건 4가지 중에서 긴박한 경영상의 사정, 해고회피노력, 노조와의 성실한 협의라는 3가지 조건을 충족했다고 하면서도 해고대상자를 선정하는데 문제가 있어 부당해고에 해당한다는 결정을 내렸기 때문이다. 결정문에 따르면 해고대상자 선정기준도 그 자체는 부당하지 않으나 단지 적용에 있어서 문제가 있었다고 지적하

는데, 이는 사실상 회사측의 주장을 거의 다 인정했으나, 결론만 여성
노동자가 '승소'한 형국이기 때문이다[19].

> 그냥 법적인 문제로만 제기가 되었다면 절대 못 이겼죠 <확신에 찬
> 목소리로> 이겼더라도 절대 복직이 안 됐을 거구요 (법 외의 다른 방
> 식이 영향을) 그게 가장 그래요 실제로는 법적인 문제로 해서는 이겼
> 을 거라고 생각 안 해요 이거<노동위원회 결정문> 받고는 성질나서
> 울었어요 (이겼는데도요?) 이기긴 했는데 요건 자체가 우리가 주장한
> 것은 하나도 되지 않았고 결국은 사회적인 물의만 안 일으키려고 한
> 가지만…요건 중에 하나만 안 맞아도 부당해고잖아요 그러니까 그냥
> 어쩔 수 없이 해준 것이 딱 태가 나더라구요 <중략> 사회적으로 자꾸
> 크게 문제되는 게 심적으로 많이 부담스러웠죠 가장 큰 힘이 된 게 고
> 용상담센타에 전화가 왔데요 아마 KBS에서 전화가 와서 우리가 거기
> 취재 한번 해보고 싶다…여성문제로 취재하고 싶은데 할 만한데 없냐
> 고 해서 우리를 추천해 주셨어요 그래서 그게 전국 방송 타니까…너무
> 나 우스운 게 그렇게 되니까 바로 노동청에서…전화가 온 거에요 그
> 문제가 전국방송에 탔던데 어떻게 되었냐 빨리 알아보고 해결해라, 여
> 기 노동청에서도 심적인 부담을 안고 계속 회사를 압력하고 그래서 지
> 노위에서 이겼어요 (R전기사건 당사자1)

이에 대해 R전기사건의 담당노무사는 "툭 까놓고 이야기하면 일반
적인 정리해고라면 (이기기) 어려웠을 것"이라고 밝힌다. 즉, 이 사건이
'여성문제'로 이슈화되자 공익위원(법해석자)들이 '남녀차별주의자'라는
사회적인 낙인을 피하기 위해 '결정에 부담'을 느꼈을 것이고, 그것이
결정에 영향을 미친 것 같다는 것이다.

> 남녀차별문제로 지역에서 커지니까 여론을 많이 의식하게 된 거죠

---

19) 이후 R전기는 2007년 또다시 정리해고를 실시했고, 여기에는 2004년 노동위원회로
　　부터 부당해고 판정을 받아 복직한 근로자 3명이 포함되어 있다(매일노동뉴스
　　2007.9.12).

집회를 하면 토요일날 200명 이상 참석을 하고 했으니 회사입장에서
겁날 수도 있었고 언론에서 남녀차별문제로 부각되는 것이 많이 영향
을 미친 것 같아요. 툭 까놓고 이야기하자면 일반적인 정리해고라면 어
려웠을 거예요. 그래서 남녀차별로 강조하고 아무래도 위원들도 남녀
차별로 받아들여지니까 부담을 느껴서 영향을 많이 미친 것 같아요. 위
원들이 아무리 보수적이어도 남녀차별주의자라고 하면 좀 그런 것 같
아요. (R전기사건 담당노무사)

3) 지역적 조직기반의 중요성

사건당사자들은 대부분 지원단체의 도움을 받아 사회적 투쟁을 전개
한 것으로 나타나는데 단순히 소송만 제기해서는 언론도, 법원도 관심
을 갖지 않고, 당사자들이 '떠들어야' 비로소 사회에서도, 법원에서도
관심을 가져주기 때문이다. 사회적 투쟁은 회사와의 교섭창구마련 등
판결 이전 협상을 통한 해결, 회사측에 대한 사회적인 압박, 법원이 '제
대로' 판결을 내려줄 것을 요구하는 등의 다양한 목적에서 진행된다.

우리가 W은행 앞에서 집회도 하고 그랬기 때문에 집회신고하면 자연
스럽게 언론들이 알고 그러다보니까 언론에 여기저기 소개가 되고 그랬
었죠. 저희가 2004년 4월 한 달 동안은 매일매일 집회를 했거든요. 거의
8월까지 계속 집회를 했었어요. 매일하지는 않고 횟수를 줄여가면서 일
주일에 세 번 두 번 이런 식으로 교육도 계속 받고 그랬었거든요. 그래
서 많이 알려져서. 언론은 그렇게 알려진 것 같아요. (W은행사건 당사자)

그러나 때로는 집회와 같은 사회적 투쟁은 사업주가 동원한 '법에
의해' 사실상 제한되기도 한다. H호텔사건의 경우가 그러하다. H호텔
사건의 당사자들이 호텔 앞에서 집회 등을 하자 호텔측은 이들이 고객
출입방해, 유인물 배포, 호텔 진입 등의 방법으로 영업방해를 한다며

영업방해 금지 가처분신청을 했고, 법원은 이와 관련해 벌금형을 부과했다. 집회시 일정 데시벨 이상의 소음을 내지 말라는 등의 법원의 결정에도 불구하고 이를 어겼다며 한 번 어길 때마다 1인당 벌금 50만원씩을 내라고 한 것이다[20]. 이러한 행위는 사건당사자들이 적극적으로 집회 등 사회적 투쟁을 전개하는 것을 위축시키는 효과가 있다. H호텔 사건의 한 당사자는 '한 번 할 때마다 1인당 50만원'이라는 벌금이 '겁이 난다'며 헌법에서 노동3권을 보장해놓고 단체행동을 하는 것에 대해서 벌금을 부과한다면 무슨 의미가 있냐고 되묻는다.

호텔에서 근로자들이 집회를 자꾸 여니까 집회금지가처분인가 신청을 했어요. 여기서 인정된 범위가 뭐냐면 피신청인들은 65데시벨 이상의 소음을 내지 마라는 것하고 악덕자본가라든가 이런 흉한 표현을 쓰지 마라 이렇게 나왔어요. 그런데 호텔 앞에서 연합집회 같은 거 하잖아요. 소음이 좀 난 모양이에요. 65데시벨 넘었다 이것을 근거로 해가지고 가처분명령을 어겼기 때문에 앞으로도 계속 어길 우려가 있다, 그래서 한 번 어길 때마다 1인당 50만원씩 이행하라는 간접강제문을 받았어요. 근데 이것도 사실은 문제가 좀 있는 것이 거기가 상당히 시끄러운 곳이에요. 차도 많이 다니고 근데 65데시벨을 어떻게 측정했는지 잘 모르겠어요. 그리고 그게 민노총 집회였다고 하는데 여기 조합원들한테 전부 뒤집어씌우는 게 좀…그게 딱 한 번이었어요. 한 번이었는데 이걸 침소봉대해서 늘상 소란을 떠는 것처럼 서면에 잔뜩 썼더라구요. (H호텔사건 담당변호사)

이렇게 무서운 건지 처음 알았어요. 우리가 <집회>한 번할 때마다 1인당 50만원씩. 겁이 나는 거야. 솔직히 겁이 나요. 겁이 안 난다면 인간도 아니에요. 돈도 못 버는데 한 번에 50만원씩 낸다면 진짜…억울한 거는 헌법에 노동3권이 있고 노동3권에 준해서 단결권 행동권이 있는데 거기에 대해서 벌금을 때린다면 헌법에 뭐 하러 집어넣었냐구요. 노

---

20) "호텔에서 업무방해 혐의로 민사·형사 소송을 걸었다. 큰 집회 시 1인당 벌금 50만원 나왔다. 현재까지 벌금만 1850만원이다. 낼 돈이 없다".(오마이뉴스 2007.6.18).

동법에 집어넣고 현장에서는 하지 못한다면 싸우지 말라는 거와 뭐가 다르냐구요. 너무나 기가 막히잖아요. 판결이 났기 때문에 어쩔 수 없다는 거야. (H호텔사건 당사자)

위와 같은 사회적 투쟁은 주로 사건 초기에, 또는 어느 정도 사건해결의 '희망이 있을 때'는 적극적으로 이루어지는 것으로 나타난다. 특히, 사건당사자들이 직접 나서는 경우는 더욱 그렇다. N중앙회사건의 당사자들은 소송을 진행하는 과정에서 소송지원을 했던 여성단체에서 자원활동까지 하면서 자신들의 사건을 사회적으로 이슈화하는 일에 적극적으로 나선 바 있다. 또한 A생명사건의 당사자들도 1심에서 패소한 후 '변호사만 믿고 있을 것이 아니라는 사실'을 깨닫고 보다 여성단체를 찾아가서 상담을 하는 등 보다 적극적으로 승소를 위해 노력했다.

(중간에 그만두겠다거나 하는 생각은) 그때는 안 했던 것 같아. 3심 갈 때까지 그만두겠다는 얘기를 심각하게 한 적은 없었던 것 같고…그런 적은 한 번도 없으신데 어떻게 하면 의지나 동력이 끊기지 않게 할 것인가 본인들도 노력하시고, 민우회 중간에 근무도 하시고, 나와서 일을 하셨었어. 일주일에 2-3번 김○○씨가 나오셔서 일도 하시, 자원활동 식으로 이 사건 자체를 본인이 뛰어야 한다. 그래서 어쨌든 주체적으로 움직이는 거에 대한 이야기를 많이 했고 본인도 그런 게 많았고 그래서 이거 관련해서 여러 가지 행사나 지원그룹 형성이나 이런 것들을 논의하고 어떻게 만들어 갈까 김○○씨가 많이 고민을 했고… <사건당사자들이> 다른 노총이라든가 단체라든가 찾아다니면서 사건에 대해 설명하고 지원이나 지지를 바란다고 하고 어떤 집회가 있으면 거기 나와서 발언도 하고 (N중앙회사건 소송지원활동가)

그러나 소송이 장기화되고, 특히 '패소'한 경우 사건당사자들은 판결에 불복하여 법적으로 항소하기는 하지만 내심으로는 승소가능성이 매우 적다고 생각하는 순간부터는 대체로 소송과 거리두기를 시작하는 것으로 나타난다. 자신의 사건임에도 불구하고 적극적으로 '본인이 개입하지 않고' 변호사 또는 여성단체에 '맡겨 버리는' 현상이 발생하는 것이다.

(A생명사건은 '83인의 인질'을 찍었는데 N중앙회사건의 당사자들이 안 하겠다고 해서 찍은 거라고 하던데요?) 그게…아마…N중앙회사건 당사자들이 1심 지고부터인지 2심 지고부터인지 2심 앞뒤로부터인지 다운이 확 되가지고 이 사건 자체에 대해서 본인이 개입하지 않는…본인 사건임에도 불구하고…그런 게 시작된 시기가 있거든… (민우회에 나와서 자원활동도 하고 그랬다면서요?) 초기 1심 전이거나 바로 후거나 희망이 있을 때. 1심은 뒤집어질 수 있다. 이길 수 있다. 희망이 있을 때 열심히 하셨고, 좀 희망이 안 보인다 이랬을 때 지치고 본인들도 이때부터 나서기 싫어하고 (N중앙회사건 소송지원활동가)

연구사례들을 통해 볼 때 사회적 투쟁은 주로 법원이나 회사 근처에서 진행되었는데 그 방법으로는 집회, 1인 시위, 소복시위, 삼보일배 등이 주로 이용되었다. 여성노동자들이 집회, 농성, 시위 등과 같은 힘들고 어려운 사회적인 투쟁을 지속하는 것은 R전기사건의 한 당사자의 표현처럼 '선택할 수 있는 다른 방법, 세련되고 멋있고 우아한' 그런 다른 방법이 없기 때문인지도 모른다.

지난 6일 오전 11시 30분 회현동 W은행 본점 앞에서는 'W은행 사무행원 부당해고 규탄집회'가 처음으로 열렸다. 해고 사무행원 17명과 한국노총 등 17명이 참석한 참으로 조촐한 집회였다. 이날 집회는 자동으로 계약갱신이 이루어졌던 사무행원 여성노동자 57명 전원에게 W은행 측이 3월 31일자로 일방적 해고통보를 한 것에 대한 항의집회였다. (『참세상』, 2004.4.13)

민우회와 연대하여 일주일에 3번씩 점심시간에 학교 정문을 향해서

1인 피켓시위를 시작한 것이다. 비록 점심시간에 한해서 하루에 30분으로 한정한 시위지만 내가 첫날에 느낀 기분은 잊을 수가 없다. 그날 생전 처음으로 사람들 앞에서 피켓을 들고 나선 나는 한 번에 쏟아지는 수십 개의 눈동자에 표현할 길 없는 당혹감에 휩싸였지만 짧은 시간동안 의연해지려고 마음을 다잡았다. <중략> 다음 시위에서 나는 첫날 당당하게 임했다는 자부에도 불구하고 다시 의기소침한 마음으로 유인물을 나눠주고 있었고 나도 모르게 지나가는 아는 얼굴을 피하여 골목에 서있기도 하였다. <중략> 1인 피켓시위 외에도 우리는 근2주간 학교측에 동문이름으로 보낼 의견서에 이름을 올려줄 동문들을 조직하고 있다. 이것은 결코 쉬운 일은 아니다.[21] (S대학사건 당사자)

H호텔에서 18년 동안 호텔 룸메이드로 근무해온 17명의 여성노동자들이 지난 12월 31일부로 해고를 당해, 현재 호텔, 국회, 청화대 앞에서 1인 시위를 벌이며 원직복직을 촉구하고 있다. (레이버투데이. 2006.1.18).

본 연구사례 중에서 위와 같은 사회적 투쟁이 가장 적었던 사례는 D제분사건이라고 볼 수 있다. 이 사건에서 노동조합은 회사를 대변했고, 사건당사자가 1명이라는 것 이외에도 문제가 된 사업장과 여성노동자는 지역에 있는 반면, 그 지역에서는 당시 이 사건을 적극적으로 지원해줄 적절한 여성단체 등이 없었다. 이 사건은 당사자가 서울에 있는 여성단체에 전화를 해 사건을 상담하고, 이후 그 단체의 소송지원을 받았다. 당시 상담을 했던 활동가는 그 당시에는 '그 지역에 마땅히 소개시켜 줄 여성단체'가 없어서 직접 사건지원에 나섰다고 밝힌다. 그러나 '지역이라는 한계점 때문에' 서울에 기반한 단체에서 지원할 수 있는 사회적 투쟁은 제한적이었다고 한다. 이 사건을 지원한 단체의 한 활동가는 "만약 D제분이 서울에 있었다면 정말 저희가 투입되어서 만나기도 하고 노조를 만나 설득도 하고 좀 더 적극적으로 했을

---

21) S대학사건 당사자가 쓴 글, "내 인생의 스페셜", 한국여성민우회, 『함께 가는 여성』, 2006.11 · 12.

텐데”라는 아쉬움을 갖고 있었다.

> (전화상담? 어떻게 여협을?) 개인이 여성단체를 찾은 거죠. 저희한테
> 연락을 했는데 저희가 그쪽에 연결해줄 단체가 없었어요. (지역이라?)
> 네. <중략> 노조랑 연관이 되어 있으면 대규모로 캠페인도 하고 그럴
> 텐데 이분은 그럴 수 있는 상황이 아니었고 노조도움도 못 받는 상황
> 이었고…피케팅 정도 한 번. D제분 서울본사 앞에서 피케팅 정도 한
> 번 하고 <중략> 이 사건은 상당히 척박한 사건이었어요 (어떤 면에
> 서) 지역이라는 한계점 때문에 해줄 수 있는 부분이…만약 D제분이 서
> 울에 있었다면 정말 저희가 투입돼서 만나기도 하고 노조를 만나 설득
> 도 하고 좀 더 적극적으로 했을텐데 정말 자원이 부족했던 사건이었고
> (D제분사건 소송지원활동가)

반면, R전기사건의 경우 해고가 되자마자 법적 투쟁을 전개하는 동
시에 콘테이너 철야농성, 출퇴근 선전전 등 강도 높은 사회적인 투쟁
을 시작했다. 이렇게 당사자들이 즉각적으로 사회적 투쟁을 진행할 수
있었던 배경에는 다수의 당사자가 존재했고, 그들 중에는 10년 이상 R
전기에서 일하면서 현장에 뿌리내린 ‘학생운동’ 출신의 몇몇 여성노동
자들도 있었기 때문이다. 이들은 평소에도 사업장 내 노조민주화를 위
한 모임을 지속해오던 중 자신들이 속한 8급 생산직이 정리해고의 대
상자로 거론된다는 사실을 알고 ‘여직원모임’을 주도했고, 결국 자신들
도 ‘정리해고 대상자’에 포함됨에 따라 곧바로 ‘여성해고자모임’을 만
들어 조직적으로 움직였다.

> (콘테이너 철야농성이라든가 이런 건 해고되자마자 즉각적으로 하기
> 힘든데) 무척 힘들었어요 겨울이고 저희가 1월 8일 해고당하고 첫 번
> 째 집회를 1월말에 했던가 집회하는 날 설치를 했거든요 그 전부터 저
> 희가 12월말…정리해고가 가시화되면서부터 누가 해고가 되든 간에 해

고싸움을 시작을 할 건데 첫판부터 기세있게 나가야 한다. 어물쩡해서
는 말들어줄 놈들도 아니고 그런 내부적인 게 있었어요 처음에 기세를
틀어쥐고 빵빵하게 보여야 한다 해고되면 컨테이너 치자, 삭발을 하자
말들이 많았는데 컨테이너를 설치하는 것에 대해서는 아주 자연스럽게.
(원래 학생운동을 하시던 분들이었어요?) 학생운동 했던 사람도 있어요
(그런 경험이 이런 아이디어를) 어떻게 보면…사실 다른 방법이 없어요
우리가 선택할 수 있는 다른 방법 세련되고 멋있고 우아한 그런 게 별
로 없어요 (R전기사건 당사자2)

그러나 이 사건이 노동위원회에서 승소해 여성노동자들이 복직까지
하게 된 것은 단지 당사자들만의 적극적인 활동만으로 설명할 수는 없
다. D제분사건과 마찬가지로 지역에서 발생한 사건이고, 노조가 여성
해고에 대해 적극적으로 회사에 동조했다는 점은 유사하지만, R전기사
건의 경우 지역에 기반해 활발한 활동을 하고 있었던 여성단체, 시민
단체 등의 적극적인 지원이 존재했다는 점에서는 큰 차이가 있다. 즉,
R전기사건은 당사자들의 요청에 대해 지역여성단체와 노동단체 등이
적극적으로 지원을 했기에 '여성문제'로 사회적으로 주목받고 법정 밖
의 투쟁을 활발하게 진행하는 것이 가능했다. 당시 이 사건이 발생한
광주지역에서 활동하는 여성단체, 노동단체 등 관련 단체들은 이 사건
을 해결하기 위해 지역공동대책위원회를 만들어 함께 집회 등을 개최
하는 등 활발한 사회적 투쟁을 진행했다. 또한 지역의 여성단체들은
'D제분 여성노동자 성차별적 부당해고에 대한 광주지역 여성단체의 입
장', 'D제분 성차별적 부당해고를 바라보는 전국 14개 민간단체 고용
평등상담실 의견서' 등을 통해 지역은 물론 전국의 여성단체에서 이
사건에 대한 지방노동위원회의 처리결과를 주시하고 있음을 밝히는 등
다양한 역할을 했다.

민중운동을 하는 진영들은 무슨 사안이 생기면 같이 연대해서 문제제기를 하고 이런 게 광주 같은 경우는 잘 되어있는 편이잖아요 정치사안이든 노동사안이든 이슈가 되는 사안이라고 하면 우루루 연대를 만들어서 싸움을 하고 그런 게 일상적으로 이루어지잖아요 처음에 R전기사건이 발생됐을 때 지역공대위를 만든 것도 그런 구도였어요 (R전기사건 소송지원단체 활동가)

(제가 보기에 언론플레이도 잘 하고 여성문제로 부각을 잘 시킨 것 같은데 그냥 정리해고문제가 아니라 여성에 대한 노동권침해문제로 이슈화를 한 것 같은데 그런 전략은?) 그것을 여기서 짜줬어요 여성노동자회하고 고용평등상담센타에서 그렇게 해줬어요 여성노동자회 부설 고용상담실 거기서 상담실장 하○○ 실장님하고 황○○ 회장님하고 두 분이서 굉장히 열성적으로 이 문제를 달라들어서 해주셨어요 (여성단체에서 지원을 많이 한 거네요) 여기 여성노동자회가 나름대로 역사도 깊고 다른 여성단체가 시민단체의 성격이 강하다면 여기는 정말 노동의 문제, 일하는 여성 빈곤여성의 문제를 굉장히 적극적으로 고민하고 사업하고 있는 분들이어서 여기서 실은 적극적으로 해줘서 언론문제 등도 가능했던 것 같아요 전략도 여기서 많이 지원을 받고 <중략> 광주여성노동자회에서는 법적 싸움이라는 게 법적 싸움 한 가지 가지고는 정말 어려운 문제가 많고, 실제로는 너무나 정당한 싸움도 그게 법안에서 묻혀 버리면 정당하지 않은 것이 되어 버리고 우리의 의견이 제대로 전달도 되지 않고 그래서 일단 같이 여성문제로 바라보고 함께 해줄 수 있는 곳을 찾아보자고 이야기를 해주셨고… (R전기사건 당사자1)

이러한 사실은 사건을 사회적으로 알리고, 법적 투쟁을 직간접적으로 지원하기 위한 사회적 투쟁이 효과를 발휘하기 위해서는 사건당사자들과 밀접한 관련을 맺는 것이 중요한데, 이를 위해 갖추어야 할 중요한 요건의 하나가 지역적 기반이라는 사실을 알려준다.

4) 전문가 집단의 지원

여성단체 등에서 소송지원을 하는 또 하나의 방법은 사건에 대한 전문적인 토론회를 개최해 그 사건이 갖는 사회적인 의미를 밝히고, 관련 전문가들과 함께 해당 사건이 왜 성차별적 문제에 해당하는가를 분석해 사회적으로 알리는 작업을 하는 것이다.

> (당사자들이 상담을 하고 소송을 하겠다고 할 때 지원 방식은?) K협의 회사건이 대표적이라고 보시면 될 것 같아요. 저희들이 사람들한테 알리는 방식으로 하고 기관에 이 부분이 잘못된 것이라는 것을 알리는 방식. 전문가들을 초빙해서 그 내용들을 보내주거나 언론화시키는 것. 얼마나 여론이 이것을 잘못된 것으로 인정하느냐 그런 것을 보여주는 걸로 보낸다거나 많이 알리는 게 중요한 것 같아요. 회사로서도 부담이 되거든요 자기 회사가 많이 노출되고 잘못된 관행들을 유지시키는 곳으로 이슈화가 되면 안 좋잖아요. 그게 또 하나의 회사를 압박하는 수단이 되는 거 같고 토론회도 있을 수 있고, 집회도 있을 수 있고, 1인시위도 있을 수 있고 토론회 의견서 이런 것을 회사를 압박하겠다는 생각으로 사용하고 있지만 향후에는 좀 더 방안들을 고민을 많이 해야 할 것 같아요 <중략> 결과적으로 승소가 되고 이런 것도 의미가 있지만 그 과정에서 문제를 드러내는 방식. 저희들이 언론보도가 굉장히 중요하게 생각하는 부분이 많은 사람들이 이것이 잘못됐다는 걸 예를 들어 토론회에서 이것이 차별이라고 하잖아요. 그것이 언론보도가 되면 이런 부분이 차별이라는 걸 사람들이 한 번 더 인식하게 되고 (S대학사건 소송지원활동가)

이런 토론회는 사건을 사회적으로 알리고 의식을 높이는 효과를 갖으면서 동시에 사건당사자와 관련 전문가, 언론 등이 만나는 계기도 되지만, 무엇보다 전문가들이 작성한 토론회 자료는 법원에 근로자측의 주장을 입증하는 하나의 증거자료로 제출되기도 한다.

　　(1심 후 민우회 도움은?) 도움을 많이 주셨어요. 저희도 민우회에 다
니고 자주는 못 가도 가서 어떤 모임도 가고 포럼도 가고 이런 쪽으로
있으면 교수님도 만나게 해주시고 그런 쪽으로 저희한테 많이 길을 열
어주셨어요. (A생명사건 당사자1)

　　제가 민우회에서 토론회 열리면서 그 문제가 기자들에게…. 이런 것
들이 제기가 되고 공개가 되고 그러면서 그런 자료들이 올라갔어요. 그
게 영향을 많이 미쳤을 거라는 생각을 많이 해요. (K협의회사건 당사자)

　여성단체 등에서 소송을 지원한다고 해서 모두 승소한 것은 아니지
만, 1심에서 패소한 후 여성단체를 찾아 소송지원을 받은 후인 2심부
터 사건이 승소한 경험을 한 당사자들은 자신들의 승소에 여성단체 등
의 역할이 '결정적'이었다고 이해하고 있었다. 무엇보다 여성단체 등을
통해 관련 분야 전문가를 만날 수 있었고, 해당 전문가를 통해 사건의
부당성을 밝히는 논리적 자원을 얻을 수 있었던 점을 지적했다. 예를
들어, A생명사건의 당사자들은 자신들이 승소한 것은 결정적으로 여성
단체의 지원 효과에서 비롯된 것이라고 생각하고 있었다. 만약 1심처
럼 '서류만 갔으면 100% 졌다'고 생각하는데, 여성단체를 통해 '우리
심정 120% 이해해주는 변호사', 교수 등 관련 전문가를 소개받을 수
있었고, 단체에서 자신들보다 더 열정적으로 사건에 신경을 써주었기
때문에 이길 수 있었다는 것이다. K협의회사건의 당사자도 개인적으로
할 수 없는 일들을 여성단체를 통해 많이 도움 받았다고 밝힌다. 특히,
토론회를 통해 자신의 주장에 대한 새로운 근거자료와 논리들이 만들
어진 것이 승소에도 큰 영향을 미쳤다고 생각하고 있었다. 전문가 집
단의 지원이 큰 도움이 되었다는 것이다.

　　저희가 2심에 이긴 게 저희 때문에 이긴 게 아니라 물론 내가 생각

할 때는 그냥 1심처럼 그냥 서류만 갔으면 100% 졌다고 생각을 해요 너무나 우리가 운이 좋았던 사람이라고 지금도 생각해. 우리는 너무나 변호사, 우리 심정 120% 이해 해주는 변호사님 만났고 우리보다 더 열성적으로 우리를 이겨야 한다고 생각해서 일을 하셨고 그분이 그리고 민우회에서도 N중앙회사건이랑 우리거랑 N중앙회사건이 중간에 잘못 되면서 우리꺼 더 많이 신경써서 더 많이 애착가지고 해주신 거 교수님도 그렇고 그런 분들이 도와줬던 게 굉장히 큰 일이죠 그 분들 아니 었으면 이겼을 거라고 생각을 안 해. (A생명사건 당사자2)

(민우회가 도움을 좀 드렸나요?) 그럼요 개인으로서는 할 수 없는 일들, 공론화나 언론 보도, 그런 부분에서 많은 도움을 받았어요 기억에 남는 것은 협조요청을 한 뒤에 민우회가 처음으로 연 토론회인데, 토론회 개최 후에 이 사건을 보는 여러 시각들이 언론에 발표되고 그랬어요 저 혼자서는 내놓을 수 있는 근거자료에 한계가 있잖아요 새로운 자료가 없으니까 첫 판례를 뒤엎기도 힘들었던 거고 그런데 이 문제가 공론화되면서 나오는 의견들이 제 주장에 대한 새로운 근거자료가 되어 준 거예요 승소 판결에 그 영향이 컸다고 봐요[22] (K협의회사건 당사자)

소송이라는 법적 분쟁에서 중요한 것의 하나는 법원을 설득할 수 있는 논리적 자원을 획득하는 것이다. 이것은 필연적으로 관련 전문가 집단의 지원을 요구한다. 연구사례를 통해 볼 때 사건당사자들이 전문가 집단을 만날 수 있었던 것은 대부분 여성단체 등을 통해서 가능했다. 일반 여성노동자들은 대부분 누가 자신의 사건과 관련한 '전문가' 인가를 아는 경우가 드물고, 설사 알더라도 직접 사건에 대한 지원을 부탁하기는 어려운 것이 현실이다. 이런 현실에서 여성단체 등은 사건당사자가 전문가 집단의 지원을 받을 수 있도록 '가교로서의 역할'을 하는 것으로 나타난다.

---

22) "평등다지기상 정○○ 회원(K협의회사건 당사자)과의 인터뷰". 한국여성민우회, 『함께 가는 여성』 177호, 2007.1.2.

제6장 앞으로 해야 할 일들

한국에서 성차별을 금지하는 법이 실효성을 갖기 위해서는 법적, 사회적 조건이 어떻게 변화되어야 할까. 다음에서는 이와 관련한 몇 가지 제안을 하고자 한다.

1. '현실 속에서 살아있는 법' 만들기

1) 고용형태를 이용한 성차별규제

성차별을 금지하는 법이 제정되었지만 실제 노동시장에서의 여성의 지위가 크게 변한 것 같지 않은 가장 큰 이유는 여성들이 비정규직, 외주용역 등과 같은 고용형태로 전환되는 방식으로 성차별이 이루어지고 있지만 법적으로 이를 규제하기 어렵기 때문이다. 이와 관련해 본 연구에서는 최근 증가하고 있는 고용형태를 이용한 성차별사건의 경우

‘사회적으로’는 성차별을 주장하지만 ‘법적으로’는 성차별을 주장하지 못한다는 사실을 밝혔다. 대부분 ‘직무’를 이유로 내세우는 고용형태를 이용한 성차별은 계약직으로 여성을 고용하는 것부터 외주용역으로 전환하는 것에 이르기까지 그 외연을 넓혀가고 있지만 이에 대해 여성노동자들이 ‘법적으로’ 성차별을 문제시하기는 어려운 것이다. 특히, 근로자에 대한 모든 법적인 책임을 면할 수 있는 간접고용방식의 성차별은 사업주에게 매우 ‘매력적인’ 방법으로 여겨지고 있다. 이처럼 점점 진화하고 있는 성차별을 규제하기 위해서는 법적 책임을 지는 사업주의 범위를 확대할 필요가 있다.

현재 한국의 노동관계법률들은 대부분 전통적인 직접고용을 전제로 한 ‘사업주’와 ‘근로자’ 개념을 사용하고 있어 간접고용관계에 적용하기 어렵다. 고용상의 성차별을 규율하는 대표적인 법률로 인용되는 남녀고용평등법도 마찬가지이다. 남녀고용평등법에서는 ‘사업주’ 개념을 명시적으로 정의하고 있지 않지만, ‘근로자’에 대해서는 사업주에게 고용된 자와 취업할 의사를 가진 자라고 정의(동법 제2조 제4호)하고 있다. 이에 따르면 근로자는 ‘사업주에게 고용된 자’를 의미하는데, 이는 직접고용을 통칭하는 것으로 해석된다. 따라서 외주용역으로 간접고용된 여성노동자가 성차별적 ‘의도’에서 비롯된 여성에 대한 위장도급을 성차별로 문제시하고자 할 경우에는 우선 1) 위장도급에 해당하며, 그 결과 사용사업주가 직접고용을 해야 한다는 결정을 받은 후 2) 해당 사업장 내에 동일하거나 유사한 업무를 하는 남성근로자와 비교해 여성에 대한 차별이 있었는지를 판단해야 하는 2단계의 작업이 필요하다. 결국 위장도급 판단을 먼저 받아야 성차별을 문제시할 수 있는데, 위장도급의 판단과정에서는 성차별의 문제는 전혀 고려되지 않고 논의되지 않는다. 또한 위장도급이 아니라고 결정이 될 경우에는 성차별

여부 자체를 다툴 조건을 상실하게 되어 버리는 한계가 있다. 즉, 적법한 파견 또는 적법한 도급의 경우는 사업주가 법적으로 다르기 때문에 수급업체 여성직원과 도급업체 남성직원이 동일한 업무를 하더라도 남녀고용평등법상의 성차별로 문제제기하기가 어려운 것이다.

그러면 고용형태를 이용한 성차별을 비정규직에 대한 차별을 금지한 '기간제 및 단시간근로자 보호 등에 관한 법률'에 의해서 규제하는 것은 가능한가. 2007년 7월부터 시행되고 있는 위 법률에 근거해서도 성별직무분리, 고용형태별 직무분리, 외주외탁 등을 이용해 성차별을 행하는 것은 규제되기 어려워 보인다. 이 법에 따르면 계약직 근로자의 경우 '당해 사업 또는 사업장에서 동종 또는 유사한 업무에 종사하는 기간의 정함이 없는 근로자', 단시간 근로자는 '당해 사업 또는 사업장에서 동종 또는 유사한 업무에 종사하는 통상근로자'가 비교가능한 근로자이다[1]. 따라서 당해 사업 또는 사업장 내에 비교가능한 근로자가 없는 경우, 즉 동종 또는 유사한 업무를 수행하는 정규직 근로자가 없는 경우에는 사실상 차별문제를 제기하기 어렵다. 결국 사용자는 정규직 남성과 비정규직 여성의 직무분리를 통해 비정규직 차별, 성차별문제를 피해갈 수 있다. W은행사건이나 S대학사건처럼 특정 직무를 분리해 대다수를 여성 비정규직으로 채용하는 경우가 이에 해당한다. 또한 특정 직무를 외주용역으로 전환하는 방법으로도 고용차별문제를 피해갈 수 있다. 비교대상이 되는 근로자는 '당해 사업 또는 사업장'에서 일하는 근로자이기 때문이다. 이런 법조항에 근거해 사업주는 여성다

---

1) 기간제 및 단시간근로자 보호 등에 관한 법률 제8조(차별적 처우의 금지)
　① 사용자는 기간제근로자임을 이유로 당해 사업 또는 사업장에서 동종 또는 유사한 업무에 종사하는 기간의 정함이 없는 근로계약을 체결한 근로자에 비하여 차별적 처우를 하여서는 아니 된다.
　② 사용자는 단시간근로자임을 이유로 당해 사업 또는 사업장의 동종 또는 유사한 업무에 종사하는 통상근로자에 비하여 차별적 처우를 하여서는 아니 된다.

수직무를 직접고용 계약직에서 외주용역으로 전환하는 것을 통해 성차별, 비정규직 차별문제를 피해갈 수 있고, 실제로 2007년 7월 이른바 '비정규직법' 시행을 전후해 많은 기업들이 위와 같은 법조항을 충분히 활용해 '법적으로 문제없게' 고용형태를 바꿔가고 있는 것으로 보인다. 결국 고용형태를 이용한 성차별을 금지하기 위해서는 성별직무분리, 고용형태별 직무분리가 심각한 현실에서 위 두 가지 문제를 법적으로 어떻게 해결하느냐에 달려 있다고 생각된다.

이런 현실에서 국가인권위원회는 최근 전향적 판결을 내린 바 있다. 국가인권위원회법은 '고용과 관련하여 특정한 사람을 우대·배제·구별하거나 불리하게 하는 행위'를 평등권 침해의 차별행위의 하나로 정의하고 있다(동법 제2조 제4호). 이때 '고용과 관련하여'라는 국가인권위원회법의 법조항을 어떻게 해석할 것인가가 간접고용까지 포괄할 수 있는가를 결정하는데 사실상 중요한 기준이 된다. 이에 대해 국가인권위원회는 이 법상 차별행위자는 차별피해자와의 고용관계에서 반드시 사용자와 피용자의 관계에 있어야 하는 것은 아니며, '고용과 관련하여' 실질적인 영향력을 행사하는 지위에 있으면서 차별의 결과를 발생시킨 자를 의미하는 것이라고 해석하였다[2]. 이는 인권위법상의 차별행위의 주체가 직접고용관계에 국한되지 않음을 명확히 한 것이다. 또한 최근 하급심 판결에서도 하청업체(수급인)의 근로자들에 대해 실질적인 영향력을 행사하는 원청업체(도급인)를 실질적인 사용자로 보아 단체교섭의 상대방성을 인정한 경우가 있다[3]. 이러한 사실을 볼 때 법원 또한 간

---

2) 국가인권위원회 06진차116, 06진차136 병합. 이른바 'KTX여승무원' 사건에서 국가인권위원회는 한국철도공사와 여승무원의 관계가 불법파견 관계이든 또는 위장근로계약 관계이든 여부를 막론하고 한국철도공사가 실질적인 결정권한을 행사한 주체로 확인되므로 실질적인 차별행위자로서의 책임을 진다고 밝힌 것이다.

3) 전주지법 군산지원의 판결에 따르면 "신청인이 하청업체 소속 근로자 등에 대해 인사 발령한 사실, 하청업체 소속 근로자들에 대한 교육훈련을 직접 실시한 점, 하

접고용관계에 있어서 실질적인 영향력을 행사하는 사업주가 법적 책임을 질 필요성이 있음을 인식하고 있다는 것을 알 수 있다.

더 나아가 국가인권위원회가 2006년 7월 국무총리에게 권고한 '차별금지법안'에서는 기존의 노동법상의 사용자 개념을 보다 확대해 '근로계약의 체결 여부와 상관없이 당해 근로자의 근로조건 등의 결정에 대하여 사실상 지휘·감독권이 있는 자'를 포함함으로서 간접고용근로자에 대한 차별행위 또한 이 법의 규제대상이 될 수 있도록 법적 근거를 명확히 했다[4]. 이와 같은 '차별금지법안'은 완전히 새로운 입법이라기보다는 기존의 국가인권위원회에서 법해석을 통해 규율하던 간접고용

청업체 소속 근로자들은 하청업체별로 나뉘지 않고 각 부서별로 혼재돼 조장의 지시에 따라 작업을 수행해온 점, 또 자동차 시트의 생산에 필요한 이 사건 ○○공장 내 부지, 기계, 설비 등 장비가 신청인이 제공하는 것으로 보이는 점 등을 종합해 보면 신청인은 업무도급의 형식으로 사용종속관계에 있는 하청업체 소속 근로자들을 직접 지휘, 감독하면서 실질적인 영향력을 행사하는 실질적인 사용자로서 단체교섭의 상대방이 된다고 할 것이다(전주지법 군산지원, 2006. 4. 12. 2005카합411)"라고 하였다.

4) 차별금지법안 제4조(정의) 11. "근로자"라 함은 다음 각 목의 1에 해당하는 자를 말한다.
    가. 직업의 종류를 불문하고 사업 또는 사업장에 임금을 목적으로 근로를 제공하는 자
    나. 근로계약을 체결하지 않은 자라도 특정 사용자의 사업에 편입되거나 상시적 업무를 위하여 노무를 제공하고 그 사용자 또는 노무수령자로부터 대가를 얻어 생활하는 자
    다. 동일 사업장에서 특정 사업자가 다른 사업자들을 사실상 지휘·감독하는 경우, 일방 사업자가 특정 사업자의 사업과 관련이 없는 업무를 수행하는 것임을 입증하지 아니하는 한 그 사업자의 근로자는 특정 사업자의 근로자로 본다.

차별금지법안 제4조(정의) 12. "사용자"라 함은 다음 각 목의 1에 해당하는 자를 말한다. "사용자"라 함은 다음 각 목의 1에 해당하는 자를 말한다.
    가. 사업주 또는 사업경영담당자 기타 근로자에 관한 사항에 대하여 사업주를 위하여 행위하는 자를 말한다.
    나. 근로계약의 체결 여부와 상관없이 당해 근로자의 근로조건 등의 결정에 대하여 사실상 지휘·감독권이 있는 자도 사용자로 본다.

근로자에 대한 차별규제를 입법을 통해 보다 분명히 하고자 한 것이라고 볼 수 있다.

물론 경영계의 지적대로 위와 같은 근로자 개념과 사용자 개념은 기존의 노동관계법률상의 개념과 다르다[5]. 그러나 근로기준법 등 기존의 노동관계법률과 다르기 때문에 '문제'이며, 따라서 기존의 법률에 근거해서 근로자 개념 및 사용자 개념이 유지되거나, 축소되어야 하는 것은 아니다. 지금의 노동현실은 기존의 노동관계법률이 전통적인 근로자 및 사용자 개념을 사용하고 있어 현실에서 광범위하게 확대되고 있는 사실상의 근로자집단(간접고용, 특수고용 근로자)의 노동권을 보호하고 있지 못하다는 문제인식이 팽배하다. 특히, 성차별을 금지하는 법이 규제의 대상으로 하고 있는 차별주체의 현실적합성은 매우 낮아지고 있다. 따라서 '차별금지법안' 등이 근로자 및 사용자 개념을 확대하기 때문에 '법적 안정성을 훼손한다'고 보기보다는 '법적 안정성을 위해' 다른 노동관계법률에서의 근로자 및 사용자 개념에 대한 적극적인 재검토가 필요한 시점이라고 보여진다. 법은 고정불변한 것이 아니라 시대적인 상황에 맞게 변화할 때 실질적인 사회규범으로서의 제기능을 다 할 수 있기 때문이다. 이런 관점에서 볼 때 성차별을 금지하는 다양한 법이 제정되었음에도 불구하고 현실의 성차별이 잘 규제되지 않는 것은 법이 시대의 변화에 맞게 변화하지 않고 있기 때문이라고도 볼 수 있다. 현재의 한국의 노동시장의 현실을 볼 때 입법을 통해 성차별에 대한 법적 책임을 지는 사업주의 범위를 확대한다면 최근 증가하는 고용형태를 이용한 성차별을 규제하는데 의미있는 효과를 거둘 수 있다고 생각된다. 성차별에 대한 규제는 단지 '성차별금지'라는 명시적인

---

5) 경총(2006.7.25), "국가인권위 '차별금지법안'에 대한 경영계 입장" ; 이형준(한국경영자총협회 법제팀장), "차별금지법안 제정에 대하여", 「차별금지법안」 공청회 토론문(2006.3.28), 국가인권위원회.

법에 의해서만 가능한 것은 아니다. 결과적으로 성차별을 금지하는 효과를 가져오는 관련 법률에 대한 보다 적극적인 개입이 필요하다.

2) 다양한 입증방법의 수용

소송에서 입증은 매우 중요하다. 국회는 남녀고용평등법과 관련한 분쟁에 있어서 입증자원의 불균형을 인식하고 입증책임은 사업주가 부담한다고 법에 명시했다. 그러나 이러한 입증책임전환 규정은 실제 성차별사건에서는 거의 실현되지 않고 있다. 즉, 법규범과 달리 실제 소송에서는 원고인 근로자측의 주장과 입증이 일단 전제되고, 그 후에 사용자가 자신의 행위의 정당성을 주장하고 입증하는 형식으로 진행된다[6]. 그리고 대부분의 사건에서 법원은 근로자가 '명백한 차별증거'를 제시하지 않으면 차별을 인정하지 않고 있다. 성차별소송에서 누가 입증책임을 지는가도 중요하지만 현실적으로 그보다 더 중요한 것은 법원이 차별사건에서 무엇을 '증거'로 받아들이는가 하는 입증방법의 문제이다. 실제 소송에서 결론은 법해석에 의한 것보다 '법원이 인정한 증거'에 근거한 사실관계에 좌우되는 경우가 많기 때문이다(이시윤, 2006 : 405). 그렇다면 성차별사건에서 당사자가 자신의 주장을 입증하는 방법으로서 어떤 것이 '증거'로 받아들여져야 하는가. 다음에서는 성차별사건의 유형에 따라 현실적으로 가능한 입증책임과 입증방법을 제안하고자 한다.

우선, 성차별의 의도가 명확한 사건의 경우 근로자는 사업주의 '의도'를 입증할 책임이 없다. 예를 들어, 임신한 여성만을 해고한다고 할

---

6) 이에 최윤희(2006)는 차별소송에서 사업주에게 전적으로 입증책임을 지게 하는 '비현실적' 방식이 아니라 구체적인 입증단계별로 입증책임의 전환 또는 경감 규정을 두는 보다 현실적인 방법으로의 전환이 필요하다고 주장한다.

때 성차별의 '의도'는 입증할 필요없이 명확하기 때문이다. 이런 사건에서는 사업주가 '임신한 여성만을 해고'하는 것이 진정직업자격에 해당함을 입증해야 한다[7]. 이에 대해 근로자는 사업주의 진정직업자격 주장이 '핑계'에 불과함을 입증할 수 있다.

다음으로 성차별의 '의도'가 은폐된 사건이 있다. 이런 사건이 차별 사건으로 분류되기 위해서는 현실적으로 근로자의 차별주장과 입증이 선행되어야 한다. 그런 다음 입증책임은 사업주에게 전가된다. 사업주는 자신의 행동이 차별과 무관한 것이었음을 입증해야 한다. 즉, 진정직업자격에 해당함을 입증해야 하는 것이다. 그 후 근로자는 사업주의 주장이 '핑계'에 불과함을 입증할 수 있다. 그렇다면 근로자는 사업주의 은폐된 차별 '의도'를 어떻게 입증할 수 있는가.

우선, 근로자가 직접증거direct evidence를 통해 사업주의 의도를 입증하는 방법이 있다. 예를 들어, 관리직 승진에서 탈락한 여성노동자가 그것이 성차별적 의도에 기인한 것이라는 직접증거를 제시하면 그것만으로도 차별은 충분히 입증된다. 그렇다면 무엇이 직접증거에 해당하는가. 일반적으로 직접증거란 주로 사건과 관련된 문서나 구두로 행해진 진술을 의미한다. 예를 들어, 국내에서 동일가치노동 동일임금을 인정한 최초의 판결로 인용되는 대법원 판결[8]을 보면 "공소 외 회사는 1996.4.1. 제정된 취업규칙 제53조에서 '종업원에 대한 임금은 성별, 학

---

7) 이때 사업주의 입증책임의 성격에 대해 미국의 판례와 학설은 설득책임(burden of persuasion)이 아닌 단순한 증거제출책임(burden of production)이라는 것에 의견이 일치하고 있다(Deborah E. Moore, 1990 : 967, 최윤희, 2005에서 재인용). 이때 "설득책임이란 그러한 책임을 지는 당사자가 그 입증을 다하지 아니 하면 무조건 패소판결을 받을 수밖에 없는 입증책임으로 본래의 의미의 입증책임이라고 할 수 있다. 한편 증거제출책임이란 그러한 책임을 진 당사자가 자신의 주장을 입증할 증거를 제출하면 그 책임을 다하는 것으로 반드시 설득책임과 같은 강한 정도의 입증을 하여야 할 책임이라고는 볼 수 없다"(최윤희, 1995 : 49).

8) 대법원 2003.3.14. 선고 2002도3883 판결.

력, 연령, 경력, 기술 정도에 따라 결정한다'고 규정하고 있어 성별을 임금 결정의 중요한 기준으로 삼아왔고…"라며 취업규칙에 명시된 성차별적 문구를 사실을 인정하는 여러 가지 증거의 하나로 받아들였다. 취업규칙과 같은 '문서'가 성차별을 인정하는 하나의 '직접증거'에 해당하는 것이다. 그러나 사업주가 성차별을 했다는 사실을 문서를 통해 근로자가 입증할 수 있는 경우는 극히 예외적이다. 일반적으로 사업주는 근로자가 입수할 수 있는 '명백한 증거'를 남겨 놓지 않기 때문이다. 오히려 문서와 같은 직접증거는 사업주가 '성차별하지 않았음'을 입증하는 자료로 제시되기 쉽다. 고용과 관련한 문서라는 것은 대부분 사업주가 일방적으로 만드는 것이기 때문에 얼마든지 자의적으로, 사후적으로 만드는 것도 가능하기 때문이다. 따라서 사업주가 차별하지 않았음을 입증하기 위해 제시한 기업 내부 문서의 증거력을 인정하는 것에 대해 법원은 매우 신중해야 함에도 소송에서 사업주가 제시한 문서는 대체로 '믿을만한 증거'로서 인용된다.

　문서가 아닌 사건과 관련된 사람들의 증언도 직접적인 증거가 될 수 있다. 그러나 소송과정에서 근로자가 자신의 주장을 대변해줄 증인을 찾는 것은 쉬운 일은 아니다. 사건과 관련해 증언할 수 있는 사람들은 대부분 '바로 그 사업장에 고용되어 있는' 경우가 많기 때문이다. 설사 이미 퇴사하여 조금 자유로운 위치에 있다고 해도 '송사에 휘말리지 말라'는 문화적 금기가 강한 현실에서 선뜻 증인으로 나서는 경우가 거의 없다. 간혹 어렵게 근로자가 관련자들의 증언을 법원에 증거로 제출하더라도 법원에 의해 믿을만한 증거로 인정받는 것은 쉬운 일이 아니다. 심지어 사업주가 근로자에게 유리한 증언을 해준 증인을 찾아가 이전의 증언을 부정하는 증언을 받아 법원에 제출한 증언이 증거로 채택되기도 하기 때문이다.

그게 참 문제인데 가장 더티한 소송중의 하나거든요 뭐 <근로자측에서> 진술서 받아오면 우루루 <회사측에서 진술서를 써준 사람에게 찾아> 가서 <내용을> 바꿔가지고 <받아서> 더 많이 내고 아주 안 좋은 수법인데. 그걸 쓰는데 받아들여져요 사실은 그렇게 되면 형사절차에서는 누가 증인으로 나와서 검찰측에 불리한 증언, 무죄를 나을 수 있는 증언을 하면은 이 증인을 위증이라고 해서 <검찰에서> 불러다 조사를 한단 말이죠 그런 경우에는 법원이 이걸 배척하는 경향이 있어요 <검찰에서> 협박하려고 부른 거 아니냐 그런 판결도 좀 있는데. 형사가 아닌 민사나 행정에서 검사가 아니라 회사가 그런 일을 하는데 그게 다 먹혀요 엄격하게 형사절차에 따지면 그런 건 다 배척해야 맞는데 정황상 우리의 상식에도 안 맞는 건데 단지 증거의 개수를 봐가지고 이게 더 많으니까 더 신빙성이 있다 형식적인 판단이죠 (S대학사건 담당변호사)

역시 사업주가 현재 고용하고 있는 근로자이거나 또는 사업주가 이해관계에서 우월적 지위에 있는 관련자들의 증언을 직접증거로 제출할 경우 법원은 이에 대한 증거력을 인정하는데 매우 신중해야 한다. 아니 원칙적으로는 증거력을 인정하지 않아야 한다. 군이 사업주가 우월적인 지위를 행사해 요구하지 않더라도 그에 따라 이해관계가 좌우되는 사람들이 '자발적으로' 회사측에 유리한 증언을 할 거라는 사실은 자명하기 때문이다.

위와 같은 사실을 통해서 알 수 있듯이 성차별의 의도가 은폐된 사건에서 근로자가 직접증거를 통해 사업주의 차별의도를 입증할 수 있는 경우는 흔치 않다. 따라서 근로자는 차별의 직접증거를 제시할 의무가 없다고 봐야 한다[9]. 따라서 법원은 근로자에게 직접증거를 통해 차별을 입증하라고 요구하거나, 기대해서는 안 된다. 법원이 직접증거만을 증거

---

9) 미국 EEOC(1992) 또한 관련 가이드라인에서 '원고는 불평등 대우의 직접증거를 제시할 의무가 없다'고 밝히고 있다.

로 받아들일 경우 근로자측이 절대적으로 불리하기 때문이다.

　이런 경우 근로자는 정황증거circumstantial evidence를 통해 차별의도를 입증하는 것이 가능하다. 아니 의도가 은폐된 대부분의 사건에서 근로자의 차별주장은 정황증거를 통해 입증될 수밖에 없다. 미국 대법원은 사업주의 차별의도를 '직접증거'를 통해 증명하는 것이 거의 불가능한 차별사건에서 차별의 의도는 정황증거에 의해 입증될 수 있다는 것을 이미 오래전에 받아들였다(EEOC, 1992). 그 하나의 방법이 '추론을 통한 입증'이다. 미국 대법원이 맥도널 더글라스 사건10)에서 받아들이기 시작한 '추론을 통한 입증' 방법은 다음과 같다. 첫째, 원고는 민권법 제7편의 보호를 받는 피보호집단에 속한다. 둘째, 고용주가 특정한 직무를 수행할 지원자를 모집할 때 원고가 지원했으며 충분한 자격을 갖추고 있었다. 셋째, 자격이 충분함에도 불구하고 원고의 채용이 거부되었다. 넷째, 이후 그 직무가 충원되지 않은 채로 남아 있으며, 고용주는 원고와 동일한 자격을 가진 사람들 중에서 계속 지원자를 찾고 있다. 만약 근로자가 위 네 가지 요소에 근거해 차별을 입증한다면prima facie case 사업주가 차별동기를 가지고 행동했다는 추론이 가능하다. 이와 같이 정황증거를 통해서 차별의도가 입증됐다고 보는 것에 대해서 미국 법원의 "Stevens 재판관은 Washington v. Davis 판결11)에 대한 동의의견에서 '차별의 피해자라고 주장하는 사람에게 결정권자의 실제적인 주관적 의도를 밝혀내라고 요구하는 것은 비현실적'이라는 이유로 지지했다"(구미영, 2003 : 13). 그러나 우리 법원의 경우 차별사건에서 위와 같은 정황증거를 '증거'로 인정한 경우는 거의 없다. 위와 같은 '추론'이 입증의 한 '방법'이 될 수 있다는 사실을 거의 인식하지 못하고 있는 듯하다.

---

10) McDonnell Douglas Corp. v. Green(411 U.S. 792(1973)).

11) 426 U.S. 229, 253(1976).

또한 우리 법원은 통계증거도 거의 받아들이지 않고 있다. 특히, 간접차별사건에서 통계는 매우 중요한 '입증방법'이다. 사업주의 차별의도를 불문하는 간접차별사건에서 근로자가 차별이 있었음을 주장할 수 있는 다른 입증방법이 무엇인가. 만약 직접증거가 존재한다면 그것은 이미 간접차별보다는 직접차별의 범주에 속한 사건일 것이다. 미국 등 차별과 관련한 법리가 발달한 외국의 경우 통계증거는 그것이 '입증방법'이 되느냐 하는 것보다는 '어떤 통계적 방법을 이용하는 것이 신뢰할 수 있는가'하는 기술적 방법을 둘러싼 논쟁이 치열하다는 사실에 주목해야 한다. 또한 통계증거를 인정하는 나라에서 '통계에 얽매이지 않는다'는 것은 통계를 증거로 받아들이지 않는 것과 전혀 다른 문제이다[12]. 그러나 우리나라 법원은 차별을 주장하는 사건에서 통계적 사실을 증거로 받아들인 경우가 거의 없다[13]. 사업주의 의도를 불문하는

---

12) 예를 들어, 사례의 수가 너무 적어 통계적으로 의미있는 사실을 밝히기 어려운 경우가 있다. 또한 기업이 보관하고 있는 관련 자료가 부실해서 통계적 방법을 사용하거나 신뢰하기 어려운 경우가 있다. 이런 경우 '통계에 얽매이지 않고' 일반적 지식이나 역사적 사실 등에 의해 차별을 인정하는 것도 가능하다는 것이다. 예를 들어, 영국의 경우 "여성은 자녀에 대한 일차적인 양육책임을 부담하는 경향이 있고 따라서 아이를 학교나 유치원에 데려가거나 데려오기 때문에 풀타임 근무요건이 여성에 대해 불균등영향(disproportionate impact)을 미친다는 점을 통계적 입증 없이도 인정하려는 경향을 보이고 있다(이승욱, 2005 : 77)".

13) 국가인권위원회의 경우 통계적 사실을 증거로 받아들이고 있다. 예를 들어, ○○ 자동차에서 근무하는 여성들이 5급 남자직원이 4급으로 승진하는데 평균 7년이 소요되는 반면, 여자직원은 평균 12년이 소요되는 것은 성차별에 해당한다며 인권위에 진정한 사건이 있다. 인권위는 이 사건에 대한 조사결과 "여성의 경우 5급에서 4급으로의 승진에 평균 11년이 소요되는 반면(아직까지 5급으로 있는 56%의 여성들을 감안하면 승진소요연한은 더욱 길어진다), 남자 직원들의 같은 직급으로의 승진소요연한은 6.5년이었다. 또한 남자 직원들은 모두 대리 이상으로 승진하였으나 여자 직원의 59%에 이르는 23명은 입사한 지 10년에서 15년이 경과하였음에도 여전히 최하위직에 머물러 있다. 성별 간 격차는 상위직급으로 갈수록 더욱 커져 '과장승진'의 경우 여성은 승진 대상자에 오를 사람조차 없게 되었고, 전체 직원 중 대리 이상의 여성 직원은 5%도 되지 않아 대리급 이상은 남성, 평직원은 여성이라는 직급별 성별 불균형을 낳게 되었으며, 각 지점의 경우 과장이나 대리는 남성, 평사원은 여성

간접차별사건에서 근로자가 통계증거를 통해 결과적 차별을 입증하면 이제 입증책임은 사업주에게 전환되어야 한다. 사업주가 성차별로 문제가 된 중립적 기준이나 관행의 '직무관련성job-related'이나 '사업상 필요성business necessity'을 입증해야 하는 것이다. 사업주가 성공적으로 '직무관련성'이나 '사업상 필요성'을 입증하더라도 근로자가 차별적이지 않은 대안적 방법이 있음에도 사업주가 이런 방법을 받아들이지 않았다는 것을 입증하면 근로자가 승소할 수 있다.

이와 같이 차별사건에서 추론을 통한 입증, 통계를 통한 입증 등 정황증거를 통한 입증은 현실적으로 가능한 차별에 대한 입증방법이다. 그러나 아직까지 우리 법원에서 증거란 사실상 '직접증거'와 동일한 개념으로 사용되고 있다. 그리고 대부분의 사건에서는 근로자가 직접 증거를 제시하지 않으면 '근로자의 주장을 입증할 만한 증거가 없다'고 판단하고 있다. 이처럼 법원이 '입증방법'을 직접증거를 통한 입증만으로 협소하게 이해할 경우 차별사건에서 근로자가 승소하기는 매우 어렵게 되고, 이는 실제로 법의 실효성을 약화시키는 효과가 있다. 따라서 성차별사건이 '차별사건'으로 간주되고, 법의 실효성을 확보하기 위해서는 무엇보다 입증방법에 대한 법원의 전향적 태도가 요구된다. 근로자가 차별을 주장하는 사건에서 법원은 추론을 통한 입증, 통계를 통한 입증 등 다양한 방법의 입증을 적극적으로 받아들여야 한다.

서구의 경우 사회학자, 심리학자 등이 소송에 참여하고, 법원은 이들에 의해 제시된 사회과학적 '증거'들도 적극적으로 받아들이고 있다. 역사적으로 볼 때 미국 등의 법원에서 사회과학적 변론이 받아들여지기 시작한 사건들이 차별관련 사건이라는 점은 우리에게 시사하는 바

이라는 지점 내 인적 구성의 변화까지 초래하였다"고 밝혔다. 인권위는 이러한 통계상의 극심한 남녀 불균형은 승진에서의 성차별이 오랜 기간 심각하게 진행되었다는 것을 보여주는 직접적이고 명백한 증거라고 판단했다(인권위 06.11.6. 06진차42).

가 크다[14]. 그렇지 않고서는 '입증이 불가능해' 성차별을 금지하는 법 규범이 구체적인 사건에서 실현되기는 매우 어려울 것이기 때문이다.

3) 법조인의 '강한 전문성' 확보

모든 법은 판결을 통해 현실화된다. 따라서 법원은 성차별이 발생한 근본적인 원인을 파악하고, 그것이 법에 의해 규제될 수 있도록 노력해야 한다. 연구사례에서 볼 수 있듯이 성차별적 해고사건에서 결과로서의 해고만을 1차적 판단대상으로 할 경우 사업주는 계약기간만료, 퇴직강요, 외주용역의 방법으로 얼마든지 '법을 피해' 성차별을 하는 것이 가능하다. 이 부분을 해결하기 위해서는 근로관계가 종료된 방식이 법적으로 계약기간만료이든, 퇴직이든, 해고든 상관없이 그 원인이

14) 미국의 Muller V. Oregon 사건은 헌법판단에 있어 사회과학적 변론의 계기를 마련한 최초의 사건이다. 이 사건에서 오래건주를 대리한 변호사는 "이 변론에서 장시간 노동이 여성들의 건강을 해친다는 것을 입증할 과학적·경험적인 증거를 수집하여 제시하였고, 이를 위해 다양한 의학적·사회학적 자료들을 구했다. 또한 여성의 노동시간에 관한 전문지식을 가진 근로감독관, 의사, 노조 관계자, 경제학자, 사회복지사 등에 의해 저술되거나 연구된 자료들을 수집하였다. 이렇게 하여 브렌다이스는 90여 개가 넘는 각종 위원회 보고서, 통계자료, 정부감독관의 보고서, 학자들의 논문 등을 인용해서 여성의 노동시간을 제한해야 하는 필요성을 제시했다. 미국뿐 아니라 영국, 프랑스, 독일 등에서 30여 년 동안 축적된 자료들도 제시하였다"(양현아, 2006 : 258). 이러한 변론의 방법은 "엄밀한 과학적 분석과 평가의 과정을 거친 것이라기보다는 오히려 일정한 학문영역의 전문가들이 의견서의 형태로 제시한 것이 대부분이라는 점에서 완전히 사회과학적 접근법을 취한 것은 아니"었지만, "그 변론이나 심사에서 문제의 설정 및 해결방법을 추구하는 과정이 사회과학적 경향 속에서 이루어졌다는 점에서 의의가 있다"(한상희, 2001 : 83). 보다 본격적으로 사회과학적 접근법을 이용한 변론이 이루어진 것은 Brown 사건이다. '분리하되 평등separate but equal'이라는 원칙의 인종차별여부를 다툰 이 사건에서 Marshall 변호사는 법적 쟁점을 '인종분리정책이 흑인들의 심성에 어떠한 영향을 미치는가' 하는 사회심리적인 문제로 전환시켰고, "이를 입증하기 위하여 수많은 소규모 세미나와 집회를 개최하고 인류학자나 사회학자, 심리학자들로 하여금 그에 상응하는 연구결과물들을 산출하도록 유도하였다"(한상희, 2001 : 83-84).

되는 행위의 위법성을 판단해야 한다. 그렇게 되면 법을 회피하기 위해 여성에게 행해지는 계약직, 외주용역, 퇴직강요 등이 많이 줄어들 것이다. 한편, 근로자의 귀책사유 없이 경영상의 이유에 의해 결국 누군가가 해고되어야 하는 정리해고시 발생하는 성차별을 규제하기 위해서는 '노동권'에 대한 인식을 전환해야 한다. 그렇지 않을 경우 여성은 항상 '생계부양자'가 아니라는 이유로 노동권을 침해당하고, 법에 의해 이것은 정당화될 것이다. 이를 위해 법원은 해고의 정당성을 판단하는 데 있어서 개인노동권과 가족복지의 문제를 구분해야 한다. 개인의 노동권 침해를 통해서 가족 또는 국가의 복지문제를 해결하려고 하는 것은 결국 항상 여성의 노동권 침해를 법으로 정당화하는 결과를 가져올 수밖에 없기 때문이다. 또한 법원은 성차별사건에서 '습관적으로' 노사 간의 합의에 법적 정당성을 부여하는 태도를 버려야 한다. 노동조합은 근로자를 보호할 것이라고 간주되지만, 소송에 이른 성차별사건에서 공통적으로 나타나는 사실의 하나는 노동조합이 여성을 보호하는 역할을 전혀 하지 못했다는 점이다. 이미 많은 연구들에서 노동조합의 가부장성을 지적했는데, 그러한 가부장적인 행위가 법에 의해 정당한 것으로 인정받고 있다는 점에서 그 폐해는 더욱 심각하다. 본 연구사례에서도 나타나듯이 법원은 성차별적 제도, 기준, 관행에 대해 '노조도 인정했다면 문제가 없는 것 아니냐'는 태도를 견지하고 있기 때문이다. 그러나 정확한 사실을 조합원(여성)에게 알려주지 않은 상태에서 이루어진 '노사 간의 성차별적 합의'에 법적 정당성을 부여해서는 안 된다.

이를 위해 필요한 것은 법조인의 전문성이다. 법조인들은 누구보다도 먼저 성차별여부를 판단하는데 있어서 차별개념을 확대한 입법취지를 이해하고 기계적인 법적용에서 벗어나 현실에 실제 적용할 수 있는 가능성을 찾기 위해 노력해야 한다. 그러나 사회적으로, 그리고 입법적으로는 간접차별에 이르기까지 차별개념이 확대되고 있지만 오히려 법조인들은 이러한 개념을 매우 '낯설어' 하는 듯하다.

(간접차별 개념을 공익위원들이 잘 몰랐던 거 아니에요?) 그렇죠 모를뿐더러 간접차별까지 고민할 것도 없고…노조에서 이의제기 했냐? 이런 식이야. 노조에서 아무런 문제제기 없이 잘 해오지 않았냐. <마음속으로> 안 되는구나. 그랬지. (최종적으로는 대법원에서 승소했어요) 나도 그것 보고 깜짝 놀랐어요. 이게 됐구나…(사실관계가 별로 바뀐 게 없어요) 나도 결정서 보고서도…아 이게 지노위에서 한 거랑 뭐가 다른 거야 진짜…내가 보기에는 시기별의 특성이 아닌가. 2002년과 요즘의 분위기가. <중략> 간접차별은 사실 노동법을 하시는 분들도 여성노동 관련해서 하시는 분들 아니면 잘 모를 때잖아요, 2002년도면. 그러다보니까 위원구성에 있어서도 제대로 파악하고 할 수 있는 분들도 거의 없었어요. (K협의회사건 담당노무사)

(N중앙회사건 등이 소장에서는 차별을 강조하는데 실제 판결에서는 거의 인용이 안 되잖아요?) 어쨌든 법원에서 <차별을> 되게 낯설어 하는 거 같아요. 단적인 예로 K협의회사건을 하면서 간접차별 개념을 이야기하니까 다들 잘 이해가 안 되고 그래서 결국 교수님을 불러다가 증인신청을 해서 얘기를 들었어요. 그런 과정이 필요할 정도로 그런 입법경과나 이런 거에 대해서 낯설게 보는 거죠 (N중앙회사건, K협의회사건 담당변호사)

실제로 K협의회사건을 담당한 고등법원은 근로자측에서 신청한 전문가증인을 받아들이는 등 차별개념을 이해하고, 적용하고자 노력했던 것으로 보인다. 그러나 K협의회사건에서 법원이 전문가에게 질문한 아래와 같은 내용은 사실 너무나 기초적이어서 법원이 과연 차별을 판단할 수 있는 최소한의 '법적 전문성'을 가지고 있는가에 의문을 갖지 않을 수 없다.

2. 남녀고용평등법상 간접차별 개념에 관하여 몇 가지 묻겠습니다.
1) 남녀고용평등법 제2조 제1항 후단의 '간접차별' 개념이 우리 법
체계로 들어온 입법 경위는 어떠하며, 어떠한 필요성 때문이었는
가요?
2) 종래의 차별 개념, 그러니까 '직접차별'과, 새로 도입된 '간접차
별' 개념은 어떻게 다른지, 간단하게 설명해 주시기 바랍니다.
3) 그동안 이 개념을 발전시키고 적용해온 외국의 입법례로는 어
떠한 것이 있으며, 주요한 사례는 어떤 것들이 있습니까?
4) 우리나라에서 고용상 간접차별 개념과 관련된 논의는 어느 정
도까지 진행 중이고, 관련된 사례로는 어떠한 것이 있었나요?

<중략>

4. 남녀고용평등법에서의 입증책임 법리에 관하여 몇 가지 묻겠습니다.
1) 남녀고용평등법 제30조에는 "이 법과 관련된 분쟁해결에서의
입증책임은 사업주가 부담한다"는 규정을 두고 있는데, 이러한 조항
이 제정된 배경이나 그 의미에 관하여 간단하게 설명해 주십시오.
2) 외국의 입법례나 분쟁해결 절차에서도 이와 같이 입증책임을
전환하는 규정이나 관련된 법리가 있습니까?
3) 통계적인 자료나 객관적 결과만으로 차별의 혐의가 있을 때
문제되는 '간접차별'의 경우, 차별 혐의를 벗기 위해 사업주는 어
떠한 점들을 입증해야 하는 것인가요?
4) 이러한 입증책임의 법리를 이 사건에 대입한다면, 협회 측에
서는 어떠한 점들을 입증해야 하는가요?[15]

결국 K협의회사건의 경우 소송과정에서 사실관계가 달라지거나 새
롭게 드러난 사실이 거의 없었음에도 지방노동위원회, 중앙노동위원회,
행정법원에서는 근로자가 패소했으나, 고등법원, 대법원에서는 승소했
다. 이에 대해 변호인들은 '운이 좋게' 고등법원에서 '좋은 판사'를 만
난 것을 승소의 주요한 이유의 하나로 제시했다. 여기서 '좋은 판사'란
최소한 차별개념을 이해하고, 적용하려 노력한 판사를 의미하는 것으

---

15) 김진(2007), "여성노동의 현안 : 비정규직화를 중심으로", 한국젠더법학회 제5회 세
미나 발제문.

로 보인다.

> (K협의회사건은 행법이랑 고법이랑 사실관계가 달라지거나 새롭게 드러난 것은 없는 것 같은데 판결결과는 다르게 나왔어요) 네. (판사의 문젠가요?) 더 진지하게 많이 생각했던 것 같아요. 되게 운이 좋았어요. 재판부 부장도 좋았고 주심도 좋았고 (K협의회사건 2심, 3심 담당변호사)

> 그 사건(K)은 2심에서 주심판사가 굉장히 의지를 가지고 한 사건이라고 하더라구요. 주심판사가 열심히 생각하고 그 사건에 대해서 변호인 주장하는 거에 대해서 이런 말도 안 되는 주장이라고 생각하지 않고, 옛날 판례 가지고 기계적으로 끝내는 게 아니라 이걸 실제 적용할 수 있는 가능성에 대해서는 본인이 굉장히 노력을 많이 해서 판결을 쓴 것 같은… (그럼 판사의 개인적인) 판사의 시각인 거죠. 판사의 시각이 중요했었던 거 같아요. 물론 김○○ 변호사가 저보다 잘했겠지만. (K협의회사건 1심 담당변호사)

이러한 현실은 '누가 판단을 하느냐'에 따라 사건의 결론이 완전히 달라질 수 있다는 것을 암시한다. 물론 모든 사건은 최종적으로 사건에 대한 판단권한을 부여받는 판사에 의해 결론이 좌우되므로 '누가 판단하느냐'가 중요하다는 사실은 새로운 것은 아니다. 그러나 다른 분야 사건의 경우 오랜 법적용과정을 거쳐 나름대로 판단준거가 마련되어 있고 그것은 '선례'의 이름으로 영향력을 발휘에 어느 정도의 결과에 대한 예측가능성이 존재한다. 그러나 성차별사건은 이른바 '선례'로서 영향을 미칠 정도로 판결문이 축적되지도 않았고, 성차별을 다룬 소수의 판결문에서도 '판사의 믿음' 외에는 판단기준을 거의 제시하지 않아 결과의 예측불확실성은 매우 심각한 상황이다. 이런 현재의 상황에서 성차별을 법적으로 문제제기하는 것은 거의 '도박'과 같은 행위이다. N중앙회사건, A생명사건에서와 같이 동일한 상황을 두고도 '권

유'로 보는 판사를 만나느냐, '강요'로 보는 판사를 만나느냐에 따라
결론이 달라질 수 있기 때문이다. 이러한 현실은 법적 안정성을 심각
하게 훼손하는 것으로 성차별사건이 발생해도 당사자들이 법적 문제제
기를 하기 어렵게 하는 주요한 이유가 된다.

> 고등법원이 A생명사건은 전체 고등법원에서 제일 좋은 부장님이 걸렸
> 고 제일 감수성도 좋고, 공평정대한 사람이 걸렸고 우리(N중앙회사건)도
> <고등법원> 재판부가 원래 잘 걸려서 그때 증인을 7명인가 쫙 받아주
> 고 하루를 특별기일 잡아서 우리 사건만 했거든요. 특별한 취급이었는데
> 그 재판부가 바뀌었죠. 정기인사이동 때 그래서 전혀 증거판단을 안 했
> 던 재판부가 새로 와서 결론만 쓴 거예요. (N중앙회사건 담당변호사)

> (W은행사건은 지노위, 중노위는 근로자가 이겼는데 행정법원에서는
> 졌어요. 법원이 잘 안 되나요?) 그게 중노위에서도 사람을 누구 만나냐가
> 중요하듯이 법원에서도 누구를 만나느냐가 중요한 것 같고 지노위에서
> 는 <공익위원으로> 이○○, 중노위에서는 박○○을 만났어요. 공익위원
> 을, 그러니까 두 번 다 잘 만난 거죠. 공익위원을. (W은행사건 담당변호사)

이런 현실이 야기된 근본적인 원인은 법조인을 양성, 배치하는 과정
에서 찾을 수 있다. 현재 한국 사회의 법조인양성과정은 한마디로 '평
생 근로기준법 한 번 안 읽어보고도 판검사 변호사를 할 수 있는 제도
(S대학사건 담당변호사)'이기 때문이다. 이런 현실에서 최근에 확대되고
있는 남녀고용평등법 등 차별금지 관련법을 '한 번도 안 읽어 본' 법조
인을 찾는 것은 더욱 어려운 일이 아닐 것이다. 이러한 법조인 양성시
스템의 변화 없이 '몇몇 괜찮은 생각을 가진 개인(L호텔사건 담당변호
사)'이 들어간다고 해서 해결될 수 있는 문제는 아니라고 생각된다. 즉,
법조인을 양성, 배치하는 시스템의 변화를 추구하지 않고 개인적으로
'좋은 공익위원이나 판사'를 만나기를 '기도'만 할 수는 없는 노릇이다.

　　평생 근로기준법 한 번 안 읽어보고도 판검사, 변호사 할 수 있는
제도이기 때문에 나중에 혹시 사건을 맡으면 그때서야 좀 보게 되는
거니까. 지식의 부족도 큰 문제죠 지식이 부족하니까 그런 사건에 대
한 개념이 없고 (S대학사건 담당변호사)

　　법조인이 바뀐다고 해서 바뀔 수 있는 건 아닌 것 같아요 최근에
여성법조인이 많이 생긴다 그러는데 아무리 많이 생겨서 90%가 여성법
조인이 되더라도 해결될 수 있는 문제는 전혀 아니고 구조적이고 법에
내재해 있는 한계라고 해야 하나. (법을 해석하는 사람들이 많은 파워
를 가지고 있는데 왜 사람이 바뀌어도) 사람이 바뀌었을 때 변화가능성
이 있다는 것은 개인이 시스템을 바꿀 수 있다는 가능성을 염두에 두
는 건데 저는 지금 법조인을 길러내는 시스템이나 법이 새로 만들어지
는 시스템이 너무 공고해서 몇 명으로 괜찮은 생각을 가진 개인이 들
어간다고 해서 바뀔 것 같지는 않고 그 괜찮은 개인도…제가 연수원을
나와 보고 생각을 하는 건데…그 똑같은 법조인을 만드는 몇 십 년 동
안 내려오는 그 틀에서 이미 교육을 시킨 괜찮은 사람이라는 거…근본
적인 변화를 개인들한테 기대를 하는 거는…기대를 해서도 안 되는 거
구요. 사실 별로 가능성도 없을 것 같고 (L호텔사건 담당변호사)

　　따라서 법조인의 전문성확보를 위해서 이들을 교육하고 양성하는 제
도에 변화가 있어야 한다. 법조인이 판결례를 통해 성차별적 통념을
재생산시키는 것은 단지 '보수적'인 관점의 문제가 아니라 성차별에
대한 '무지'에서 비롯된 것이기 때문이다. 최근 시행되고 있는 법학전
문대학원(로스쿨) 제도는 지금까지 일원화되었던 법조인 양성과정에 큰
변화를 가져올 것으로 기대되는데, 이를 통해 성차별을 금지하는 법을
이해하는 보다 전문화된 법조인이 양성되도록 하는 교육훈련프로그램
이 만들어져야 할 것이다.

　　그러나 단지 '법'만을 이해하려고 하는 것 또는 '법적 마인드(legal
mind)'만으로 성차별사건을 판단하려 하는 것은 '약한 전문성'을 확보한

것에 불과하다. 법원이 성차별사건을 판단함에 있어 이른바 '법리'를 기계적으로 적용하는 것에서 벗어나 성차별이 발생하는 현실적 맥락을 이해하고 그에 기반한 판결을 내리기 위해서는 보다 '강한 전문성'이 요구된다. 성차별적 현실을 이해하려는 겸손한 자세와 성차별에 대한 '예민한' 인식(높은 차별감수성)이 전제되어야 '강한 전문성'을 확보하는 것이 가능하다. 이를 위해 법조인들은 '관점의 부분성'을 인식하고 (Minow, 1987), '겸손한 자세'를 가져야 한다. '법을 아는 내가 모든 것을 안다'고 생각해서는 안 된다. 내가 아는 '법리'라는 것이 성차별이 발생하는 노동시장현실과 괴리가 있을 수 있으며, 현실은 항상 법이 전제하는 것처럼 작동하지 않는다는 것을 인식해야 한다. 또한 성차별을 금지하는 법의 도입취지를 이해하기 위해 노력해야 한다. 예를 들어, 왜 남녀고용평등법에서는 고의를 필요로 하지 않는 간접차별을 법적 규제의 대상으로 포함시켰는지, 왜 성차별사건에 대한 입증책임을 사업주가 지도록 했는지 그 입법적 배경을 이해하고 법을 현실화시키기 위해 노력해야 한다. 법원이 성차별이 발생하는 현실적 맥락을 이해한다면 근로자에게 '명백한 증거'를 통해 차별을 입증하라고 요구하지 않고, 오히려 남녀고용평등법의 입증책임전환 조항을 어떻게 현실화시킬 것인지 고민하게 될 것이다.

일반적으로 법해석의 문제를 논할 때 대표적으로 '법조인'의 문제를 지적하는데 현실적으로 고용사건의 경우 노동부의 근로감독관, 공익위원 등에 의해 1차적으로 법이 해석되는 경우가 많다. 이들의 일차적인 판단은 근로자들의 이후 법적 분쟁지속여부 및 법해석에 사실상 영향을 미친다는 점에서 매우 중요하다. 따라서 법조인 뿐 아니라 근로감독관, 공익위원 등의 양성·배치제도까지 보다 적극적으로 고민할 필요가 있다.

4) 징벌적 손해배상제도 도입

성차별을 금지하는 법을 위반할 경우 형사처벌을 하도록 하는 것은
규정을 두는 것은 법의 실효성을 확보하기 위한 기본적인 방법으로 인
식된다. 그러나 본 연구결과에서도 나타나듯이 실제 사업주가 형사처
벌을 받는 경우는 거의 없다. 따라서 '징벌적 손해배상punitive damages'
등과 같은 다른 방식의 처벌방법에 대한 고민이 필요하다.

징벌적 손해배상은 가해자의 악의적인 불법행위에 대해 가해자를 처
벌하고, 장래에 그 자나 다른 자가 그와 유사한 행위를 못하게 억제하
기 위한 것이다(오문완, 2002 ; 422). 징벌적 손해배상 제도는 도입한 국가
들마다 그 적용범위나 배상범위가 다르고, 제도의 정당성에 관해서는
학계와 판례에서 여전히 논쟁중이지만, 가해자에 대한 처벌 또는 억제
를 목적으로 하는 제도라는 점에는 이견이 없다16). 특히, "징벌적 손해
배상의 억제기능은 문제가 된 행위가 다양한 이유로 형벌에 의해 기소
되지 않는 상황에서 그 진가를 발휘하는데, 예를 들면 Kink v. Combs
사건에서 미국법원은 '개인에게 억압과 고통을 주는 것이 항상 검사에
의해 징벌되지 않는 유형의 행위에 응징을 가하게 된다'고 판시하여,
징벌적 손해배상이 형벌과 마찬가지로 사회적 이익을 충족시킬 수 있
음을 분명히 하였다(김성천, 2003 : 15)". 이와 같은 징벌적 손해배상 제도
는 영국에서 시작되었으나 현재 가장 광범위하고, 적극적으로 받아들
이고 있는 나라는 미국이다(윤정환, 1999). 특히, 미국은 1991년 민권법

---

16) 미국의 징벌적 손해배상 모델법(Model Punitive Damages Act : MPDA)에 따르면 징벌
  적 손해배상이란 단지 처벌 또는 억제하기 위해서 원고에게 주어지는 금전적 배상
  을 의미한다(제1조).

제7편을 개정하여 제102조에 '고의의 차별사건에 대한 손해배상'을 명시했는데[17], 이때 징벌적 손해배상의 대상이 되는 것은 '악의 또는 부주의한 무관심malice or reckless indifference'에 의한 피고의 차별행위이다[18]. "징벌적 손해배상이 인정되기 위해서는 가해자의 '악의 또는 부주의한 무관심'을 입증하여야 하는데, 터무니없는 차별이라는 것을 사용자의 내면의 자세와 별도로 입증할 필요는 없고 인식 가능성이 있으면 충분하다고 이해한다. 그리고 그 입증을 위한 도구로 맥도널 더글라스 공식을 활용한다"(오문완, 2002 ; 432-433).

한편, 미국 EEOC에서는 징벌적 손해배상과 관련한 별도의 가이드라인을 만들어 '악의 또는 부주의한 무관심'에 대한 판단을 함에 있어서 고려해야 할 기준들을 다음과 같이 제시하고 있다[19]. 첫째, 피고가 한 행동의 본질nature과 터무니없음egregiousness의 정도를 고려해야 한다. 예를 들어, 피고는 어떤 피고용인의 추천을 받아 타주 거주자인 원고에게 고용제의를 했다. 원고는 승낙했고, 회사 게시판에 붙은 신입사원 명단에는 그의 이름이 포함되었다. 피고는 원고가 업무를 보고하러 왔

---

17) 제102조는 시민권법 제7편이 아니라 Section 1977(42 U.S.C. 1981)에 포함되어 있다. ∮1977A의 (a) 구제의 권리에 따르면 시민권법에 의해 금지된 불법적인 고의차별(불평등 효과에 해당하는 고용행위는 여기에 해당하지 않음)에 대해 원고는 보상적, 처벌적 손해배상을 피고로부터 받을 수 있다고 되어 있다. 다만, 미래의 금전적 손실, 정신적 피해, 고통, 불편함, 정신적 고뇌, 생활의 즐거움 상실, 기타 비금전적 손실에 대한 보상적 손해배상과 징벌적 손해배상의 최고액을 근로자수에 따라 제한하고 있다. 피고용인 15-100명의 경우 50,000달러, 101-200명의 경우 100,000달러, 201-500명의 경우 200,000달러, 501명 이상은 300,000달러(Section 1977(42 U.S.C. 1981) ∮1977A. (b)).

18) 1991년 제정 시민권법이 차별당한 직원에게 회사를 상대로 징벌적 및 보상적 손해배상 소송을 청구할 수 있도록 허용한 후 미국에서 성차별과 관련한 집단소송이 활발해졌다고 한다(한겨레, 2004.9.19).

19) 이하 EEOC의 기준은 Compensatory and Punitive Damages Available under Section 102 of the Civil Rights Act of 1991(*EEOC Enforcement Guidance*, July 1992)을 참고한 것임.

을 때 그를 처음 만났다. 그리고 원고가 흑인임을 알고 놀랐으며, 흑인을 고용하지 않는 것이 회사방침이라고 말했다. 원고는 며칠 동안 일한 후에 해고되었다. 피고는 한동안 결원을 보충하고 있지 않다가 원고의 자리에 두 명의 백인남자를 채용했다. 이에 대해 미국 법원은 피고의 행위가 징벌적 손해배상의 대상이 된다고 판결했다. 둘째, 원고가 받은 피해의 성격, 범위, 심각성을 고려해야만 한다. 셋째, 차별행위의 지속기간도 중요하다. 예를 들어, 오랫동안 차별행위가 지속되었다는 것은 부도덕한 상관의 행동을 인정하는 공식적 차별정책이 있었음을 암시한다. 또한 피고가 오랜 시간에 걸쳐 차별행위를 묵인하거나 용서하는 것은 악의 또는 부주의한 무관심에 해당한다. 넷째, 피고가 그러한 차별행위를 과거에도 한 적이 있는가, 있다면 얼마나 자주 했는가? 예를 들어, 피고가 똑같은 행위를 반복하고 있다면, 이 또한 악의나 부주의한 무관심에 해당한다. 다섯째, 피고가 차별행위를 은폐 또는 왜곡시키려고 계획하거나 시도했는가? 여섯째, 고용주employer가 차별행위가 있음을 안 다음에 어떻게 했는가? 차별을 인지하고도 아무런 교정조치도 취하지 않은 고용주는 징벌적 손해배상의 대상이 된다. 일곱째, 경영자management에게 하소연하거나 제소를 한 원고에게 위협을 가하거나 고의적으로 보복하는 행위는 악의에 의한 것으로 간주된다.

그러나 징벌적 손해배상 제도가 영미법 체계 국가에서 발달한 제도이기 때문에 대륙법 체계인 우리나라의 법체계상 적합하지 않다는 지적이 있다. 이에 대해 한 시민단체에서는 사회적 약자의 복지를 국가가 책임지는 독일이나 프랑스와는 달리 사회적 약자들의 권리가 방치되고 있는 우리나라의 경우 고의적이고 악의적인 불법행위의 예방이라는 목표를 실현하는 것은 곧 사회정의를 실현하는 것과 같은 맥락으로 볼 수 있으므로 무엇보다 이 제도의 도입이 필요하다고 주장한다. 또한 과도한 배상액 산정으로 인해 기업 등이 파산할 것에 대한 우려에 대해서는 위법행위로 인해 결과적으로 사회전체가 지불해야 하는 비용이 더 크다는 것을 고려한다면 징벌적 손해배상 제도의 도입을 미룰 이유가 되지 못한다고 주장한다[20]. 더 나아가 오문완(2002)은 이는 법체계의 문제가 아니라 입법정책의 문제이며, 이를 형사문제가 아니라 민사문제로 보면서 잠정적으로 이미 형벌이 부과되었을 때는 징벌적 손해배상을 가하지 않는 호주—뉴질랜드 방식을 참고한다면 이중처벌논란을 어느 정도 해결할 수 있다고 제시하고 있다. 2003년 사법개혁위원회에서도 징벌적 손해배상 제도의 도입과 관련한 논의를 한 결과 "불법행위 중에서 상대방에게 해악을 끼칠 적극적인 의사를 가지고 결과 발생을 용인하거나 의도적으로 그 행위를 저지른 때 등 일정한 경우에 행위자에게 징벌적 손해배상을 명하는 제도를 도입할지 여부를 검토할 필요가 있다"는 취지의 건의문이 채택되었다(사법개혁위원회, 2005).

2. '여성문제'로서의 통합적 지원

1) 노동법 교육 제도화

본 연구를 통해 밝혀진 사실의 하나는 여성들이 성차별을 금지하는 법의 존재와 구체적인 내용에 대해 잘 모르며, 그것은 여성들이 성차별을 당하고도 법적 문제제기를 하지 못하게 하거나, 법적 문제제기를 하더라도 승소하기 어렵게 하는 근거가 된다는 것이다.

---

20) 참여연대 공익법센터 의견서(2004), "집단소송법 및 징벌적 손해배상제 도입을 촉구하며".

법이 실효성을 갖기 위해서는 기본적으로 법규범의 내용과 취지가 법의 수령자addressee에게 전달되어야 한다(양건, 2000 : 312). 법규범 내용이 법의 수령자에게 전달되지 않으면 규범내용이 준수될 수 없다는 것은 당연하다. 이를 위해서는 사회구성원들이 법의 내용을 이해할 수 있도록 법에 대한 교육을 실시하는 것이 필요하다. 특히, 근로자와 사용자 간의 법지식에 대한 불균형을 해소하기 위해서는 성차별을 금지하는 법을 비롯한 전반적인 노동법에 대한 교육이 무엇보다 중요하다. 법에 대한 지식의 불균형이 성차별을 금지하는 법의 실효성을 반감시키고 있기 때문이다. 또한 연구사례를 통해 볼 때 많은 경우 법교육의 부재로 인해 성차별사건에서 여성노동자가 '법적으로' 불리한 위치에 서게 됨을 알 수 있었다. 여성노동자들이 처한 현실, 그리고 법에 대한 '상식'은 실제 사건이 발생했을 때 판단의 근거가 되는 이른바 '법리'라는 것과 차이가 있기 때문이다. 법은 근로자가 부당함을 호소하고 피해구제를 받을 수 있는 사실상 유일한 수단이라고 볼 때, 최소한 근로자들이 법을 몰라서 불이익을 당하는 일은 없어야 할 것이다.

그러나 근로자들이 자신의 생존권과 밀접한 관련이 있는 노동법에 대한 기본교육에 접근할 기회는 많지 않다[21]. 2006년 '노동인권실현을 위한 노무사모임'에서 실시한 설문조사에 의하면 설문에 참여한 실업계 고등학교 3학년 학생의 약 98%가 학교교육과정에서 노동법·노동인권교육을 받은 경험이 없다고 응답했으며, 약 99.9%는 학교교육과정 이외에서 노동인권교육을 받은 경험이 없다고 응답했다[22]. 그러나 노

---

21) 법무부의 법교육은 주로 청소년을 대상으로 한 학교폭력, 성매매, 사이버범죄 등에 집중되어 있다.

22) "노동인권 실현을 위한 노무사모임에 따르면 "현장실습 파견 전에 반드시 안전교육과 근로기준법 등을 교육"하도록 정하고 있는 <직업교육훈련촉진법 제7조>의 '실업계 고등학교 현장실습 세부지침'이 있지만 "교원의 전문지식 부족과 학교예산 및 전문인력부족으로 이를 적절히 수행하지 못하는" 것이 현실이라고 한다."(일

동법교육에 대한 당사자들의 요구는 매우 높게 나타난다. 위 노무사모임은 2006년 국가인권위원회에서 지원을 받아 실시한 노동인권교육은 '예상외로' 참가신청이 쇄도하였다고 밝힌다. 당시 '일차적으로 취업을 앞두고 있는 실업계 고등학교의 3학년 학생을 중심으로 상반기 교육일정을 편성하고, 예산을 고려하여 하반기에는 직업전문학교나 기타 전문대학 등 직업훈련원생, 대학생'을 대상으로 교육을 할 계획이었으나 참가신청을 한 학교가 너무 많아 결국 서울·경인지역의 실업계 고등학교 3학년 학생만을 대상으로 총 86회, 총 6,696명에게 강의를 실시하였다는 것이다. 예산을 초과한 신청학교의 상당수는 자부담으로 강의를 하다가 결국 사업을 중단할 수밖에 없었다고 한다[23]. 이런 사실을 볼 때 노동법에 대한 교육요구는 충분하다고 생각된다. 따라서 국민대다수의 일상생활과 밀접한 관련이 있는 노동법에 대한 교육은 보다 광범위하게 실시될 필요가 있다. 국민의 세금을 받는 국가는 물론 조합원의 조합비를 받는 노동조합도 이러한 책임에서 자유로울 수 없다. 노동조합은 조합원들에 대한 노동법교육을 통해 자신들이 '법적으로' 어떤 상황에 놓여 있는지 정확하게 인식하고 행동할 수 있도록 있도록 제대로 된 정보를 제공할 책임이 있다.

2) 사회적인 관심과 문제제기

본 연구결과를 통해 볼 때 성차별을 금지하는 법이 실효성을 갖기 위해서는 사업장에서 발생하는 성차별 현실에 대한 사회적인 관심과 '제3자'로서의 적극적 문제제기가 중요하다는 것을 알 수 있었다. 이는

다 박희정 기자, 2006.07.26.)

23) 노동인권실현을위한노무사모임, 내부자료.

크게 두 가지의 사실에서 기인한다. 첫째, 성차별이 사회적 문제로 공
론화되고, 차별피해자들이 보다 적극적인 법적 문제제기에 나설 수 있
는 계기를 만들어줄 수 있다는 것이다. 둘째, 성차별적 해고를 연구대
상으로 한 본 연구에서 눈에 띄는 사실의 하나는 성차별적 해고가 단
지 근로관계종료 시점에 '발생'하는 것이 아니라 이미 모집채용과정에
서부터 시작되었다는 것인데 모집채용에서의 성차별은 특히 차별피해
자들의 자발적인 문제제기를 기대하기 어렵기 때문이다.

　예를 들어, 특정 직무를 분리해 계약직으로 '여성'만 채용하고 '계약
기간만료'를 이유로 해고하는 경우 법적으로 성차별을 주장하기 어렵
다. 또한 특정 직무를 여성으로 채용하고 추후 성차별적 '의도'에서 그
직무를 외주용역으로 전환하더라도 그것은 항상 단순한 직무이기 때문
에, 핵심 업무가 아니기 때문에 등 '직무의 이름으로' 행해지기 때문에
역시 성차별은 주장하기 어렵다. 더 나아가 외주용역이 사실상 '위장도
급'에 해당하거나, 위장도급이 아니라도 용역회사교체를 이유로 여성노
동자를 해고한 경우에도 성차별은 문제시되지 않는다. 설사 성차별을
주장하더라도 '동일한 사업장'에서 '동일한 직무'를 하는 '비교남성'이
없기 때문에 성차별을 인정받기는 어렵게 된다. 성별에 따라 직무를
분리해 채용함으로서 해고에 있어서의 성차별을 금지하는 법조항을
'간단히' 회피할 수 있는 구조인 것이다. 경우에 따라서는 성별에 따라
직무만 분리하는 것이 아니라 직급도 분리해 채용하는 것으로 나타난
다. 성별에 따라 다른 직무를 수행하기 때문에 다른 직급으로 채용한
다는 것이 그 이유다. 이런 경우 여성은 항상 낮은 직급으로 채용된다.
성별직무분리에 기인한 성별직급분리 채용 또한 성차별적 해고를 하면
서도 성차별을 금지하는 법을 빠져 나가기 쉬운 방법이다. 여성을 특
정 직급으로 채용한 후 제도적으로 또는 실질적으로 승진을 제한해 계

속 여성들을 특정 직급으로 묶어 둘 경우 성차별적 해고는 어렵지 않
다. 예를 들어, R전기사건의 경우처럼 여성을 해고하고자 하는 '의도'
라 할지라도 표면적으로는 '(여성만으로 구성된) 특정 직급은 인력이
남는다'는 것을 이유로 내세울 수 있기 때문이다. 또한 K협의회사건의
경우처럼 직급정년제를 만들어 놓고 '낮은' 직급으로 분리채용한 여성
들만 사실상 조기퇴직의 대상이 되게 할 수 있기 때문이다. 이러한 연
구결과는 성차별적 해고를 금지하는 법이 실효성을 갖기 위해서는 단
지 '해고시점'에 대한 규제가 아니라 채용에서부터 승진, 그리고 해고
에 이르기까지의 고용의 전 과정에서 발생하는 성차별에 대한 강력한
규제가 중요하다는 사실을 알려준다.

특히, 노동시장에서의 성차별을 규제하기 위해서는 성차별이 시작되
는 '모집채용'에 대한 규제가 무엇보다 중요하다. 남녀고용평등법 등은
모집채용에서의 성차별을 금지하고 있고, 노동부 등에서는 성차별적
모집채용에 대해서 모니터링하고, 법을 위반한 사업체에 대해서는 처
벌을 한다고 하지만 법집행은 매우 형식적이고, 그 효과는 매우 미비
하다. W은행사건의 경우처럼 아직도 '버젓이' 성별을 채용요건으로 제
시하거나, 사실상 특정 성별만을 채용하거나 채용하지 않는 일이 광범
위하게 벌어지고 있음에도 법적으로 문제되는 경우는 매우 적다. 이러
한 모집채용시의 성차별은 차별피해자들이 직접 문제제기하기 어려우
며, 이후의 고용관계에서의 다양한 성차별로 이어진다는 점에서 더욱
심각하다. 이런 점에서 다른 유형의 성차별에 비해 근로감독 및 제3자
에 의한 감시와 문제제기가 중요하다. 외국의 경우 성차별과 관련한
많은 법적 사건들이 모집채용과 관련한 사건이다. 즉, 모집채용시 특정
성별을 자격요건으로 제시하는 것이 그 직무를 수행하는 데 있어서 필
수적인가 하는 진정직업자격 여부를 다투는 것이었다. 그러나 우리나

라의 경우 모집채용과 관련해서 '법적 문제'로 제기된 사건은 매우 드물다. 모집채용에서의 성차별이 단지 거기에서 끝나는 것이 아니라 고용 전 과정에서의 성차별을 야기하고, 합리화시킨다는 것을 인식하고 이에 대한 적극적인 문제제기가 필요하다.

본 연구에서는 그 하나의 방법으로 사회적 관심과 여성단체 등의 적극적인 문제제기를 제안하고자 한다. 차별피해자가 '고용되고자 하는' 그 사업주를 상대로 법적 문제제기를 하기 어렵다는 현실을 감안한 것이다. 절차적으로는 노동부에 고발하거나 국가인권위원회에 진정하는 것이 가능하다. 국가인권위원회의 경우 성차별이라고 결정하더라도 피진정인이 권고를 따르지 않을 경우 이를 강제할 방법이 없고, EEOC와 같이 원고가 되어 피진정인을 상대로 소송을 진행할 수도 없는 한계가 있지만 제3자의 진정이 가능하다는 점에서 전략적으로 활용할 수 있다. 성차별과 관련하여 비교적 활발한 법정투쟁이 이루어지고 있는 미국의 경우는 집단소송이 가능하여 "피해당사자 뿐만 아니라 공익목적을 지닌 시민사회단체도 '대표당사자 소송'의 주체로 나설 수 있고, 고용차별의 경우는 독립적인 국가기구인 EEOC가 원고가 되어 소송(조순경, 2001)"을 진행할 수 있다. 궁극적으로는 우리나라도 차별사건에 대한 집단소송 등이 가능하도록 제도적인 보완이 필요하다고 생각된다.

3) 여성노동자 조직화와 여성의식 고양

아무리 훌륭한 법적 권리를 확보하여도 구체적인 피해자가 차별에 대해 문제제기를 하기를 '포기'한다면 실효성이 있다고 보기 힘들다. 성차별사건은 성차별이라는 구조적인 원인이 개인에 대한 구체적인 불이익으로 나타나기 때문이다. 즉, 고용에서의 성차별은 대부분 그 원인이 성차별적 관행, 제도, 기준에서 비롯되기 때문에 다수의 여성이 차별의 피해자가 된다. 성차별사건 중에서 법적 투쟁을 통해서까지 적극적으로 권리구제를 받기 위해 노력한 사례들은 대부분 피해자가 개별화되어 있지 않았을 경우로 나타난다. 또한 여성노동자들이 성차별문제를 '개인'의 문제가 아닌 '여성문제'로 인식한 경우 보다 적극적인 문제제기에 나선 것을 알 수 있었다. 여기서 우리는 여성노동자에 대한 조직화와 여성의식 고양의 중요성을 알 수 있다. 흔히 사업장 내의 노동조합이 노동자를 대변하는 조직이고, 당연히 여성도 노동조합에 의해 조직되고 보호받을 수 있을 것이라고 생각된다. 그러나 대다수의 여성들은 사업장 내 노동조합의 조직화 대상이 되지 않거나, 대상이 되더라도 노동조합의 가부장성으로 인해 전혀 보호받지 못하고 있었다. 특히, 성차별적 해고로 소송이 제기된 사례에서는 이러한 경향이 더욱 뚜렷하게 나타난다. 본 연구사례를 통해 볼 때 노동조합으로부터도 보호받지 못한 여성노동자들이 자신들의 권리회복을 주장할 수 있었던 배경에는 여성단체, 여성노조 등 여성의식에 기반한 사업장 외부 지원조직의 역할이 컸다.

이러한 연구결과를 통해 볼 때 법의 실효성을 확보하기 위한 중요한 방법의 하나가 여성단체 등에서 여성노동자들을 조직화하고, 여성의식을 확산시키는 것이라고 생각된다. 이것은 법의 실효성과 무관한 것처럼 보이지만 실제로는 매우 중요하다. 법의 실효성은 법적 구조에 의해서만 아니라 그 법이 사회적으로 실현되도록 하는 사회적 조건의 영향을 받는다. 그 기본적인 것이 구체적인 성차별행위가 발생했을 때 피해자들이 권리구제를 '포기'하지 않고 법적 문제로 제기하게 하는 것이다. 법이 구체적인 사건에 적용되지 않는다면 그것은 아무 의미가 없기 때문이다. 여성노동자의 조직화와 여성의식 고양은 법이 구체적인 사건에 적용되게 하는 기본적인 동력이라고 볼 수 있다.

한편, 여성단체들은 관련 다른 시민단체들과도 조직적으로 협력할 필요가 있다. 이미 오래 전부터 여성단체 등에서는 단체의 주요한 활동의 일환으로 성차별과 관련한 상담사업을 실시해왔다. 이러한 상담 과정에서 의미있는 사례를 발굴하고, 여성운동의 전략으로서 법을 동원하여, 사회적인 인식 변화를 유도할 수 있다. 또한 사건이 발생했을 때 소송 등을 지원하는 것도 중요하지만 평상시 여성노동자들에 대한 조직화 노력은 문제를 사전에 예방하는 기능을 할 수도 있다. 그러나 아직도 많은 여성노동자들은 도움을 받을 수 있는 여성단체의 존재자체를 모르거나, 차별피해자들이 딱 자신들의 문제와 관련된 활동을 하고 있는 단체를 잘 알거나 찾아가지 못한다. 이럴 경우 여성노동자들은 가장 접근가능한 곳을 찾아가 상담하게 되는데, 이때 상담을 받은 기관이 적절한 곳을 연계해줄 수 있는 연대관계형성이 중요하다.

> 민중연대에 찾아가 이렇게 해고되었는데 어떻게 해야 되냐고 물었더니 여성노동자회하고 광주실업센타하고 여기 두 군데 꼭 찾아가서 이야기를 해라 하시더라구요 (R전기사건 당사자1)

특히, 여성노동자의 조직화와 관련해서 지역적 기반을 갖추는 것은 매우 중요하다. 본 연구사례 중에서 R전기사건과 D제분사건의 사회적 투쟁과정은 지역에 기반한 여성단체의 존재 등에 따라 사건의 해결과정이 달라질 수 있음을 보여주었다. 지역에서 어떤 사건이 발생했을 때 서울에 기반을 둔 여성단체에서 지원을 하는 것은 아무래도 한계가 있을 수밖에 없다. 여성노동자들이 있는 '바로 그곳에서' 그들이 조직화되어야 하며, 그들을 대변할 수 있는 조직이 존재해야 한다.

4) 사회적 소송지원 네트워크 구축

노동시장에서의 여성의 차별적인 지위를 개선하기 위해서는 성차별 사건에 대한 법적 분쟁을 공익소송으로 보아 전문적, 조직적으로 지원할 수 있는 사회적 조건을 만드는 것이 필요하다. 여성단체 등은 지금까지 해왔던 '가교'로서의 역할을 보다 전문화할 필요가 있다. 이를 위해서는 여성운동가와 관련 전문가들의 상시적인 네트워킹 구조를 만드는 것이 필요하다. 성차별이 점점 교묘해지는 현실에서 특정한 사건을 '성차별사건'으로 개념화하고 의미를 부여하기 위해서는 전문가들의 역할이 중요하기 때문이다. 즉, 간접차별 등 '언뜻 보기에' 성차별이라고 주장하기 어려운 사건이 성차별문제로 '정의'되기 위해서는 전문가들의 지속적인 관심과 의미부여, 법에서 금지하는 성차별이란 무엇인가에 대한 사회적인 교육 등 다양한 작업이 필요하다.

한편, 법의 적극적인 활용을 위해서는 개인에게 모든 경제적 비용을 책임지게 하는 방식도 변화되어야 한다. 이를 위해서는 의미있는 성차별사건을 지원할 수 있는 소송지원펀드를 조성하는 것도 하나의 방법이다. 또한 관련 전문가들은 전문성을 '기부'하고, 공익소송으로 지원한 사건이 승소하면 그에 대한 보상을 일정 부분 사회에 환원하여 다음 사건을 지원하는데 사용하는 순환적인 지원구조를 만들어 가면 좋을 것이다.

■ 참고문헌

강이수(2001), "변화하는 노동시장과 여성노동자", 한국산업사회연구회(편), 『경제와 사회』, 제51호, 10-37쪽.

강희원(2004), 『노동법 기초이론』, 동림사.

구미영(2003), 「고용상의 간접차별 규제－미국 사례를 중심으로」, 서울대학교 석사학위논문.

국가인권위원회법 해설집 발간위원회(2005), 『국가인권위원회법 해설집』.

국미애·최성애·조순경(2006), 『젠더노동과 간접차별』, 푸른사상.

금재호(2002), 『여성노동시장의 현상과 과제』, 한국노동연구원.

금재호(2004), "노동시장 이중구조와 성차별", 한국응용경제학회(편), 『응용경제』, 제6권 제3호, 259-289쪽.

김성수(2002), "담당 변호사 의견서", 한국여성민우회, 민주사회를위한변호사모임 주최 사내부부해고 항소심 판결 평석회 자료집 발표문.

김성천(2003), 『징벌적 손해배상제도와 소비자피해구제』, 한국소비자보호원.

김양지영(2005), 「여성노동 비정규직화 기제의 성차별적 성격에 관한 연구」, 이화여자대학교 석사학위논문.

김엘림(1995), 「남녀평등실현을 위한 여성노동관계법의 정비에 관한 연구」, 이화여자대학교 박사학위논문.

김엘림(1999), 『남녀고용평등법 시행 10년의 성과와 과제』, 한국여성개발원.

김엘림(2005), "남녀고용평등촉진을 위한 입법과제", 한국노동연구원 주최 여성고용촉진 및 차별시정에 관한 정책토론회 발표문.

김엘림·박현미(1993), 『성차별 고용분쟁의 처리제도에 관한 연구』, 한국여성개발원.

김유선(2006), “비정규직 규모와 실태—통계청 경제활동인구조사 부가조사(2006.8)
　　　결과”, 한국노동사회연구소(편),『노동사회』, Vol.115, 11-43쪽.

김재국(1995), “영미법상 징벌적 손해배상의 도입에 관한 소고”, 한국비교사법
　　　학회(편),『비교사법』제2권 1호, 507-534쪽.

김재인·주재선(2002),『2002년 여성통계연보』, 한국여성개발원.

김재중(2006), “대체 형벌로서의 징벌적 손해배상 제도”, 한국형사법학회(편),『형
　　　사법연구』, 제26호, 675-696쪽.

김정오(1994), “미국 비판법학의 흐름과 동향”, 법과사회이론학회(편),『법과 사
　　　회』, 제10호, 239-263쪽.

김진(2006), “사내부부 중 아내 직원에 대한 사직권고와 그 효력”, 민주사회를
　　　위한변호사모임 여성복지위원회,『사법정의와 여성』, 32-59쪽.

김진(2007), “여성노동의 현안 : 비정규직화를 중심으로”, 한국젠더법학회 제5회
　　　세미나 발제문.

김진·정형옥·김태선(2005),『진정직업자격 등 고용차별 판단기준에 관한 외국
　　　판례실태조사』, 국가인권위원회.

김태환(1999), “미국에서의 남녀차별—연방대법원 판례를 중심으로”, 국제헌법
　　　학회·한국학회(편),『세계헌법연구』, 제6호, 341-413쪽.

김형배(1984), “정리해고에 관한 소고”, 서울대학교 법학연구소(편),『서울대학교
　　　法學』제25권 2·3호, 111-132쪽.

남재량·김태기(2001), “비정규직, 가교(bridge)인가 함정(trap)인가?”, 한국노동경
　　　제학회(편),『노동경제논집』Vol.23. No.2., 81-106쪽.

노동부(2003),『여성과 취업』.

노동부(2006),『여성과 취업』.

노동부(2007),『고용평등지표 설명자료』.

노동부(2008),『여성과 취업』.

디에터 그림(2001), 송석윤(역), “헌법과 사회변동—헌법해석 방법론에 대한 몇
　　　가지 생각”, 서울대학교 법학연구소(편),『서울대학교 法學』, 제42권
　　　제3호, 202-217쪽.

로렌스 M. 프리드만(1977),『법과 사회』, 법문사.

로저 코터렐(1984), 『법사회학 입문』, 터.

로즈마리 통(2000), 이소영(역), 『페미니즘 사상』, 한신문화사.

린다 번햄·미리암 루이(1985), "불가능한 결혼", 김혜경·김애령 엮음, 『여성해
　　　　방이론의 쟁점』, 태암.

마틴 샤피로(2000), 임지봉(역), "미국 법원의 헌법·법률에 대한 해석과 사회과학",
　　　　서울대학교 법학연구소(편), 『서울대학교 *法學*』 제41권 제3호, 8-14쪽.

만프레드 레빈더(1977), 이영희·최종고(역), 『법사회학』, 법문사.

박상훈(1991), "근로계약의 합의해약 : 사직서 제출과 관련하여", 대법원 법원행
　　　　정처(편), 『사법논집』 제22집, 599-636쪽.

박선영·김은경·이주희(2004), 『차별시정기구의 국제비교 및 정책적 함의』, 한
　　　　국여성개발원.

박영혜(1999), "한국통신 전화교환원 차별정년사건", 한국여성단체협의회 창립
　　　　40주년 기념 심포지엄 자료집―차별의 벽을 넘어 새천년의 주체로!.

박은정(1996), "양성평등의 법철학적 접근", 조형 엮음, 『양성평등과 한국 법체
　　　　계』, 이화여자대학교 출판부.

박은정(2005), "지구화와 여성주의 법이론", 『지구화시대 여성주의 대안가치』,
　　　　푸른사상, 57-109쪽.

박주영(2006), 「"성별에 근거한 차별" 개념의 재고찰―고용상 직접차별과 간접
　　　　차별을 중심으로」, 서울대학교 석사학위논문.

백진아(2006), "1990년대 여성노동정책의 형성과 담론 : 남녀고용평등법과 모성
　　　　보호관련법을 중심으로", 『한국젠더정치와 여성정책』, 나남출판.

버지니아 헬드(1998), "권리", 앨리슨 M. 재거·아이리스 마리온 영(편), 한국여
　　　　성철학회 옮김, 『여성주의 철학2』, 서광사.

베로니카 비치(1978), "여성과 생산 : 여성노동에 관한 사회학 이론들의 비판적
　　　　분석", 여성평우회(편), 『제3세계 여성노동』, 창작과비평사.

변종필(1997), "법의 효력과 근본규범", 안암법학회(편), 『안암법학』, 1-26쪽.

변혜정·김지혜·장현정·김지선(2003), "법조인의 성별의식과 양성평등교육 실
　　　　태 및 대안모색", 한국성폭력상담소 토론회 발표문.

변화순·주재선·김성익(2003), 「2003여성통계연보」, 『한국여성개발』, 2쪽.

브라우 & 퍼버(1994), 문숙재·김순미·정순희(역), 『여성과 남성 그리고 노동의

경제학』, 학지사.

사법개혁위원회(2005),『국민과 함께 하는 사법개혁 : 사법개혁위원회 백서』.

사법연수원(2000),『해고와 임금』.

서장권(2002),『정리해고의 정당성판단과 법제개선방향』, 한국노총 중앙연구원.

소콜로프, 나탈리 J(1980), 이효재(역),『여성노동시장이론』, 이화여대 출판부.

수센 에스트리치, 이영란(역),『진짜 강간』, 교육과학사.

심상완(1999), "비정규 고용의 확대와 노동복지", 한국산업노동학회(편),『산업노
　　　　동연구』, 제5권 제2호, 149-184쪽.

심재진(2002), "남녀고용평등법의 실효성문제에 대한 고찰", 민주주의법학연구
　　　　회(편),『민주법학』제22호, 115-148쪽.

심현섭(1980), "법의 효력에 관한 연구", 서울대학교 법학연구소(편),『서울대학
　　　　교 *法學*』, 제21권 1호, 141-173쪽.

아타나 알렌(1998), "프라이버시", 앨리슨 M. 재거 · 아이리스 마리온 영(편), 한
　　　　국여성철학회(역),『여성주의 철학2』, 서광사.

앨리슨 M. 재거(1984), "페미니스트 이론과 인간생물학 : 성적평등에 관한 재고
　　　　찰", 캐롤 C. 굴드(편),『지배로부터의 자유 : 여성철학의 새로운 시각』,
　　　　한국여성개발원.

양건(2000),『법사회학』, 아르케.

양현아(2006), "사회학적 사고와 법해석의 교감(交感)을 위해", 서울대학교 법학
　　　　연구소(편),『서울대학교 *法學*』, 제47권 제3호, 254-283쪽.

엄현택(2005), "노사관계법 · 제도 선진화방안 쟁점(3)",『월간 노동』.

여성노동법 개정 연대회의(2000), 여성노동법개정을 위한 토론회 자료집.

오문완(2002), "징벌적 손해배상제도의 도입 : 노동법에서의 논의를 시작하며",
　　　　서울대노동법연구회(편),『노동법연구』, 제13호, 415-441쪽.

오정진(2003),『여성노동현안에 관한 국내외 판례의 동향과 과제』, 한국여성개
　　　　발원.

윤덕경 · 장영아(2003),『남녀차별처리기구의 운영현황과 효율성 제고방안 : 고용
　　　　상 성차별분쟁을 중심으로』, 한국여성개발원.

윤정향(2003), "비정규직 노동자의 사회적 보호 배제의 원인에 관한 시론적 고
　　　　찰", 한국사회보장학회(편),『사회보장연구』, 제19권 제1호, 59-83쪽.

윤정환(1999), "징벌적 손해배상에 관한 연구", 한국민사법학회(편), 『민사법학』 제17호, 58-88쪽.

윤진호(2001), "구조조정과 노동조합의 대응전략에 관한 연구", 인하대학교 산업경제연구소(편), 『경상논집』 제15권 제1호, 65-95쪽.

윤후정·신인령(2001), 『법여성학』, 이화여대 출판부.

이동희(2000), "법의 효력", 단국대학교 법학연구소(편), 『법학논총』, 407-441쪽.

이병훈·유범상(2001), "노동법의 형성과 집행에 관한 노동정치 연구 : 정리해고제의 사례를 중심으로", 한국사회학회(편), 『한국사회학』, 제35집 2호, 177-204쪽.

이승욱(2003), "고용차별규제법리의 가능성과 한계—간접차별을 중심으로", 2003년도 노동법학회 하계학술발표회 발표문.

이승욱(2005), "고용에서의 차별판단기준", 『여성고용에서의 차별판단지침 마련』, 노동부.

이승욱·김엘림(2005), 『여성고용에서의 차별판단지침 마련』, 노동부.

이시윤(2007), 『신민사소송법』, 박영사.

이원희(2002), "남녀차별 금지 및 구제 제도의 현황과 발전방향", 여성부 주최 남녀차별금지법 시행3주년 기념세미나 발표문.

이은영(2004), "한국 여성관련법의 변천과 법여성학의 전개", 양현아(편), 『가지 않은 길, 법여성학을 향하여』, 사람생각.

임중호·장재옥·이인호·윤태영(2002), 『직장내 성차별 관련 권리구제절차의 문제점 및 개선방안에 관한 연구』, 노동부.

장하진(2000), "산업구조조정과 여성노동시장의 변화 : 금융산업을 중심으로", 한국여성학회(편), 『한국여성학』, Vol. 16. No.2, 35-74쪽.

재니스 물톤·프랜신 래이논(1984), "여성의 일과 성역할", 캐롤 C. 굴드(편), 『지배로부터의 자유 : 여성철학의 새로운 시각』, 한국여성개발원.

정강자(1996), "결혼퇴직제와 비정규직 고용", 한국여성단체연합(미간행).

정강자(1998), 『열린 희망—한국여성단체연합 10년사』, 동덕여자대학교 한국여성연구소.

정금나(1999), 「고용에서의 성차별판단기준에 관한 비판적 연구」, 이화여자대학교 석사학위논문.

정무장관(제2)실[편](1995), 『한국여성발전 50년』.

정양희(1996), "남녀고용평등법 개정운동의 현황과 방향", 한국노동사회연구소(편), 『노동사회연구』 9집, 13-22쪽.

정해상(2004), "손해배상의 법리와 징벌적 손해배상의 관계", 중앙법학회(편), 『중앙법학』 제6집 제4호, 241-254쪽.

정형옥(2003), "고용상의 성차별 분쟁 처리 절차의 문제점", 『페미니즘 연구』 제3호, 동녘, 45-84쪽.

정형옥(2004), "비정규직 고용의 특성과 성별 차이", 한국여성개발원(편), 『여성연구』 제2호, 121-158쪽.

정형옥(2006), "근로시간과 보상제도의 성별효과 : 근로기준법을 중심으로", 한국여성연구원(편), 『여성학논집』 제23집 2호, 39-76쪽.

제임스 해거티 지음(2006), 최준혁·신태식·유영석·우정권(역), 『여론의 법정에서―소송PR의 활용』, 커뮤니케이션북스.

조성재(2006), "공공부문의 간접고용 실태와 외주화에 대한 정책방향", 『노동리뷰』, 한국노동연구원.

조순경(1998), "성차별적 '구조조정'과 여성고용, 구조조정 과정에서 여성고용 악화, 어떻게 대응할 것인가?", (사)한국여성단체연합 주최 남녀고용평등의 달 기념 토론회 발표문.

조순경(1999), 『여성해고의 실태와 정책과제』, 대통령직속 여성특별위원회.

조순경(2001), 「한국여성단체연합 법원과 권리구제절차」, 얼마나 양성평등한가! 토론회 토론문.

조순경·김선욱·정경아·정형옥·한승희(2002), 『간접차별 판단 기준을 위한 연구』, 노동부.

조임영(2001), "위장도급과 법적 규제", 민주주의법학연구회(편), 『민주법학』 제19호, 55-82쪽.

조준모(1998), 「(사)한국여성단체연합 주최 구조조정 과정에서 여성고용 악화, 어떻게 대응할 것인가?」, 남녀고용평등의달 기념 토론회 토론문.

주재선·김성익(2005), 『2005년 여성통계연보』, 한국여성개발원.

중앙노동위원회(2006), 『2005년도 주요업무 추진실적』.

차별연구모임(2002)[편], 『국가인권위원회법의 차별판단을 위한 지침』.

최윤선(2000), 「사무직 여성노동자 승진차별에 대한 연구」, 이화여자대학교 석
　　　사학위논문.
최윤희(1991), "근로에 있어서의 남녀평등—남녀고용평등법을 중심으로 한 고
　　　찰", 서울대학교 노동법연구회(편), 『노동법연구』, 제1호, 319-342쪽.
최윤희(1995), 「고용차별규제에 관한 법리 : 고용차별소송에서의 입증책임을 중
　　　심으로」, 서울대학교 박사학위논문.
최윤희(2006), "미국에서의 결과적 차별행위(Disparate Impact)이론에 대한 고찰",
　　　서울대학교 노동법연구회(편), 『노동법연구』, 제20호, 1-34쪽.
최종고(2002), 『법철학』, 박영사.
최창곤(2003), "성차별이 여성들의 취업 및 이직확률에 미치는 효과", 한국계량
　　　경제학회(편), 『계량경제학보』, 제14권 제2호, 57-77쪽.
최홍엽(2004), "위장도급에 대한 노동관계법의 적용", 민주주의법학연구회(편),
　　　『민주법학』, 제25호, 336-370쪽.
하이디 하트만(1976), "자본주의, 가부장제, 성별분업", 여성평우회(편), 『제3세계
　　　여성노동』, 창작과비평사.
한상희(2000), "헌법재판에서의 사회과학적 변론—Brown 사건과 생계보호기준사
　　　건의 비교를 중심으로", 서울대학교 법학연구소(편), 『서울대학교 法
　　　學』, Vol.41. No.3, 77-111쪽.
한스 켈젠(2003), 신현섭(역), "법의 효력과 실효성", 서울대학교 법학연구소(편),
　　　『서울대학교 法學』, 제44권 제4호, 364-385쪽.
한승희(2000), 「고용상 간접차별 판단기준에 관한 연구」, 이화여자대학교 석사
　　　학위논문.
한정자(2002), 「직장내 성차별 문화와 여성정책 효과에 관한 연구」, 이화여자대
　　　학교 박사학위논문.
한준·장지연(2000), "정규/비정규 전환을 중심으로 본 취업력과 생애과정", 한
　　　국노동경제학회(편), 『노동경제논집』, 제23권(S), 33-53쪽.
한지영(2004), 「남녀차별금지및구제에관한법률 상의 간접차별 판단기준에 관한
　　　연구」, 이화여자대학교 석사학위논문.
황승흠(2005), 『분쟁과 질서의 법사회학』, 성신여자대학교 출판부.
황정미(2004), "'성차별'과 한국의 여성정책 : 법 담론과 위원회 활동 분석", 『페

미니즘 연구』, 제4호, 동녘.

Baer, Judith A.(1992), "How is Law Male ? A Feminist Perspective on Constitutional Interpretation" in *Feminist Jurisprudence*, ed. by Leslie Friedman Goldstein, Rowman & Littlefield Publishers, Inc. pp.147-171.

Barnett, Hiaire(1998), *Introduction to Feminist Jurisprudence*, Cavendish Publishing Limited.

Bartlett, Katharine T. and Kennedy, Rosanne(eds.)(1991), *Feminist Legal Theory*, Westview press.

Bartlett, Katharine T., Angela P. Harris, Deborah L. Rhode(2002), *Gender and Law : Theory*, Aspen Law & Business A Divison Publishers, Inc.

Becker, G. S.(1971), *The Economics of Discrimination*, The University of Chicago Press.

Becker, Mary(1988), "Prince Charming : Abstract Equality", in *Feminist Legal Theory : Foundations*, ed. by Weisberg, D. Kelly (ed.)(1993), Philadelphia : Temple University Press, pp.221-236.

Becker, Mary, Cynthia G. Bowman and Morrison Torrey(2001), *Cases and Materials on Feminist Jurisprudence Taking Women Seriously*, 2nd Ed. St. Paul, Minn. : West group.

Beller, Andrea H.(1979), "The Impact of Equal Employment Opportunity Laws on the Male-Female Earnings Differential", in *Women in the Labor Market*, eds. by Lloyd, Cynthia B, Andrews, Emily S., and Gillroy, Curtis L., Columbia University Press. pp.304-330.

Burstein, Paul & Kathleen Monaghan(1986), "Equal Employment Opportunity and the Mobilization of Law", *Law & Society Review*, Vol.20, No.3. pp.355-388.

Burstein, Paul(1989), "Attacking Sex Discrimination in the Labor Market : A Study in Law and Politics", *Social Forces Volume* 67 : 3, pp.641-665.

Burstein, Paul(1991), "Legal Mobilization as a Social Movement Tactic : The Struggle for Equal Employment Opportunity", *AJS Volume 96 Number 5(March 1991)*, pp.1201-1225.

Chamallas, Martha(2003), *Introduction to Feminist Legal Theory*, 2nd Ed. New York : Aspen Publishers.

Conaghan, Joanne(1986), "The Invisibility of Women in Labour Law : Gender-neutrality in Model-building", *International Journal of the Sociology of Law*, 14. pp.377-392.

EEOC(1992), "Recent Developments in Disparate Treatment Theory"(EEOC Revised Enforcement Guideance, July 1992).

Finely, Lucinda M.(1986), "Transcending Equality Theory : A Way Out of the Maternity and the Workplace Debate", in *Feminist Legal Theory : Foundations*, ed. by Weisberg, D. Kelly (ed.)(1993), Philadelphia : Temple University Press, pp.190-207.

Finley, Lucinda(1989), "Breaking Women's Silence in Law : The Dilemma of the Gendered Nature of Legal Reasoning", in *Feminist Legal Theory : Foundations*, Weisberg, D. Kelly(ed.)(1993), Philadelphia : Temple University Press, pp.571-581.

Gambitta et al.(1981), *Governing through Courts*, Becerly Hills : Sage.

Garycar, Regina(1994), "Legal Categories and Women's Work : Explorations For A Cross-Doctrinal Feminist Jurisprudence", *CJWL/RFD*, Vol.7. pp.34-58.

Giele, Janet Zollinger and Stebbins, Leslie F.(2003), *Women and Equality in the Workplace : a reference handbook*, Santa Babara, Calif. : ABC-CLIO.

Hakim, C(1997), "A Socialogical Perspective on Part-time Work" in *Between Equalization and Marginalization*, eds. by Blossfeld, H.-P and HaKim, C., Oxford University Press.

Harris(1990), "Race and Essentialism in Feminist Legal Theory", in *Feminist Legal Theories*, ed. by Maschke, Karen J.(1997), New York & London : Garland Publishing, Inc. pp.73-108.

Hunter, Rosemary(1992), *Indirect Discrimination in the Workplace*, The Federation press.

Kahn, P(1999), "Gender and Employment Restructuring in British National Health Service Manual Work", *Gender, Work and Organization*, Vol. 6, No. 4. pp.202-212.

Kay, Herma Hill(1985), "Equality and Difference : the Case of Pregnancy", in *Berkeley Woman's Law Journal*, Vol. 1, No.1(Fall), reprinted in *Feminist Legal Theory* I, ed. by Olsen, Frances, New York : New York University Press. pp.1-38.

Kessler, Mark(1990), "Legal Mobilization for Social Reform : Power and the Politics of Agenda Setting", *Law & Society Review*, Vol.24, No.1. pp.121-143.

Kidd, Michaed P. and Meng, Xin(1997), "Trends in the Australian Gender Wage Differential over the 1980s : Some Evidence on the Effectiveness of Legislative Reform", *The Australian Economic Review*, vol. 30, no.1, pp.31-44.

Krieger, Linda and Patricia N. Cooney(1983), "The Miller-Wohl Controversy : Equal Treatment, Positive Action and the Meaning of Women's Equality", in *Feminist Legal Theory : Foundations*, ed. by Weisberg, D. Kelly (ed.)(1993), Philadelphia : Temple University Press, pp.156-179.

Lacey, Nicola(2004), "Feminist Legal Theory and the Rights of Women", in *Gender and Human Rights*, ed. by Knop, Karen, Oxford university press. pp.13-55.

Lewis, Jr., Harold S. & Norman, Elizabeth J. (2004), *Employment Discrimination Law and Practice*, Thomson.

Lindgren, J. Ralph et al.(2005), *The Law of Sex Discrimination*, Thompson Wadsworth.

Littleton, Christine A.(1987), "Reconstructing Sexual Equality", in *Feminist Legal Theory : Foundations*, ed. by Weisberg, D. Kelly (ed.)(1993), Philadelphia : Temple University Press, pp.248-263.

Macfredi, Christopher P.(2004), *Feminist Activism in the Supreme Court : Legal Mobilization and the Women's Legal Education and Action Fund*, UBC Press.

MacKinnon, Catharine A.(1983), "Feminism, Marxism, Method, and the State : Toward Feminist Jurisprudence", in *Feminist Legal Theory : Foundations*, ed. by Weisberg, D. Kelly (ed.)(1993), Philadelphia : Temple University Press, pp.427-436.

Mackinnon, Catherine A.(1989), *Toward a Feminist Theory of the State*, Harvard University Press.

Maschke(1989), *Litigation, Courts, and Women Workers*, Praeger.

Matsuda, Mari J. (1986), "Liberal Jurisprudence and Abstracted Visions of Human Nature : A Feminist Critique of Rawls' Theory of Justice", in *Feminist Legal Theory : Foundations*, ed. by Weisberg, D. Kelly (ed.)(1993), Philadelphia : Temple University Press, pp.476-484.

McCann, Michael W.(1994), *Rights at Work : Pay Equity Reform and the Politics of Legal Mobilization*, The University of Chicago Press.

Minow, Martha(1987), "The Supreme Court 1986 Term, Forward : Justice Engendered", in *Feminist Legal   Theory : Foundations*, ed. by Weisberg, D. Kelly (ed.)(1993), Philadelphia : Temple University Press,   pp.301-319.

Nadine Taub and Elizabeth Schneider(1982), "Women's Subordination and the Role of Law", in *Feminist Legal   Theory : Foundations*, ed. by Weisberg, D. Kelly (ed.)(1993), Philadelphia : Temple University Press,   pp.9-21.

Neumark, David and Stock, Wendy A.(2006), "The Labor Market Effects of Sex and Race Discrimination Laws", *Economic Inquiry* ; Jul 2006 ; 44,3, pp.385-419.

O'Connor, Karen(1980), *Women's Organizations' Use of the Courts*, LexingtonBooks.

O'Donovan, Katherine(1996), "Labour Law's Subject : A Hidden Agender?", in *The Sex of Labour Law in Europe*, Yota Kravaritou(ed.), Kluwer Law International. pp.121-137.

Olsen, Frances(1983), "The Family and the Market : A Study of Ideology and Legal Reform", *Harvard Law Review*, 96, pp.1497-1528.

Olsen, Frances(1984) "Statutory Rape : A Feminist Critique of Right Analysis",   in *Feminist Legal   Theory : Foundations*, ed. by Weisberg, D. Kelly (ed.)(1993), Philadelphia : Temple University Press, pp.485-495.

Olsen, Frances(1990), "Feminism and Critical Legal Theory : An American Perspective", *International Journal of the Sociology of Law*, 18 pp.199-215.

Petersen, Hanne(1996), "Informal Norms and Gendered Labour Law", in *The Sex of Labour Law in Europe*, Yota Kravaritou(ed.), Kluwer Law International. pp.177-194.

Player, Mack A. (1995), *Employment Discrimination Law*, West Publishing Co.

Polan, Diane(1982), "Toward a Theory of Law and Patriarchy", in *Feminist Legal   Theor y : Foundations*, ed. by Weisberg, D. Kelly (ed.)(1993), Philadelphia : Temple University Press,   pp.419-426.

Rhode, Deborah L.(1989), *Sex discrimination and the law*, Boston : Harvard University Press.

Rhode, Deborah L.(1990), "Feminist Critical Theories", *Stanford Law Review*, Vol. 42 February, pp.617-638.

Rifkin, Janet(1980), "Toward a Theory of Law and Patriarchy", in *Feminist Legal   Theor y : Foundations*, ed. by Weisberg, D. Kelly (ed.)(1993), Philadelphia : Temple

University Press, pp.412-418.

Rubery, Jill(1988), *Women and Recession*, Routledge & Kegan Paul.

Scales, Ann C.(1986), "The Emergence of Feminist Jurisprudence : An Essay", in *Feminist Legal Theory : Foundations*, ed. by Weisberg, D. Kelly (ed.)(1993), Philadelphia : Temple University Press, pp.40-57.

Scheiwe, Kirsten(1996), "The Gender Dimension in German Labour Law : Time Revisited", *The Sex of Labour Law in Europe*, Kravaritou, Y.(ed.), Kluwer Law International, 1996. pp.53-87.

Schneider, Elizabeth M.(1986), "The Dialectic of Rights and Politics : Perspectives from the Women's Movement", in *Feminist Legal Theory : Foundations*, ed. by Weisberg, D. Kelly (ed.)(1993), Philadelphia : Temple University Press, pp.507-526.

Scott, Joan W.(1988), "Deconstructing equality-versus-difference : or, the uses of post-structuralist theory for feminism", *Feminist Studies*, vol. 15, no. 2, pp.237-254.

Smart, Carol(1989), *Feminism and the Power of law*, Routledge.

Smith, M., Fagan, C. and Rubery, J. (1998), "Where and why part-time work growing in Europe?", in *Part-Time Prospects* eds. by Fagan, C. and O'Reilly, J., Routledge.

Weigberg, D. Kelly(1993), *Feminist Legal Theory : Foundations*, Temple University Press.

West, Robin(1988), "Jurisprudence and Gender", in *Feminist Legal Theory : Foundations*, ed. by Weisberg, D. Kelly (ed.)(1993), Philadelphia : Temple University Press, pp.476-484.

Williams, Patricia J.(1987), "Alchemicla Notes : Reconstructing Ideals from Deconstructed Rights", *22 Harv. C.R.-C.L.L. Rev. 401*.

Williams, Wendy W.(1982), "The Equality Crisis : Some Reflections on culture, Courts and Feminism", *Women's rights Law Reporter 175*.

Williams, Wendy W.(1984), "Equality's Riddle : Pregnancy and the Equal Treatment/ Special Treatment Debate", in *Feminist Legal Theory : Foundations*, ed. by Weisberg, D. Kelly (ed.)(1993), Philadelphia : Temple University Press, pp.128-155.

Zabalza, A and Tzannatos, Z.(1985), "The Effect of Britain's Anti-Discriminatory Legislation on Relative Pay and Employment", *The Economic Journal*, 95(September 1985), pp.679-699.

부록

성차별적 해고금지 관련 주요 법조항(2009. 7. 현재)

헌법

제11조 ① 모든 국민은 법 앞에 평등하다. 누구든지 성별·종교 또는 사회적 신분에 의하여 정치적·경제적·사회적·문화적 생활의 모든 영역에 있어서 차별을 받지 아니한다.

제32조 ① 모든 국민은 근로의 권리를 가진다. 국가는 사회적·경제적 방법으로 근로자의 고용의 증진과 적정임금의 보장에 노력하여야 하며, 법률이 정하는 바에 의하여 최저임금제를 시행하여야 한다.

② 모든 국민은 근로의 의무를 진다. 국가는 근로의 의무의 내용과 조건을 민주주의원칙에 따라 법률로 정한다.

③ 근로조건의 기준은 인간의 존엄성을 보장하도록 법률로 정한다.

④ 여자의 근로는 특별한 보호를 받으며, 고용·임금 및 근로조건에 있어서 부당한 차별을 받지 아니한다.

근로기준법

제6조 (균등한 처우) 사용자는 근로자에 대하여 남녀의 성(性)을 이유로 차별적 대우를 하지 못하고, 국적·신앙 또는 사회적 신분을 이유로 근로조건에 대한 차별적 처우를 하지 못한다.

제23조 (해고 등의 제한) ① 사용자는 근로자에게 정당한 이유 없이 해고, 휴직, 정직, 전직, 감봉, 그 밖의 징벌(懲罰)(이하 "부당해고 등"이라 한다)을 하지 못한다.

② 사용자는 근로자가 업무상 부상 또는 질병의 요양을 위하여 휴업한 기간과 그 후 30일 동안 또는 산전(産前)·산후(産後)의 여성이 이 법에 따라 휴업한 기간과 그 후 30일 동안은 해고하지 못한다. 다만, 사용자가 제84조에 따라 일시보상을 하였을 경우 또는 사업을 계속할 수 없게 된 경우에는 그러하지 아니하다.

제24조 (경영상 이유에 의한 해고의 제한) ① 사용자가 경영상 이유에 의하여 근로자를 해고하려면 긴박한 경영상의 필요가 있어야 한다. 이 경우 경영 악화를 방지하기 위한 사업의 양도·인수·합병은 긴박한 경영상의 필요가 있는 것으로 본다.

② 제1항의 경우에 사용자는 해고를 피하기 위한 노력을 다하여야 하며, 합리적이고 공정한 해고의 기준을 정하고 이에 따라 그 대상자를 선정하여야 한다. 이 경우 남녀의 성을 이유로 차별하여서는 아니 된다.

③ 사용자는 제2항에 따른 해고를 피하기 위한 방법과 해고의 기준 등에 관하여 그 사업 또는 사업장에 근로자의 과반수로 조직된 노동조합이 있는 경우에는 그 노동조합(근로자의 과반수로 조직된 노동조합이 없

는 경우에는 근로자의 과반수를 대표하는 자를 말한다. 이하 "근로자대표"라 한다)에 해고를 하려는 날의 50일 전까지 통보하고 성실하게 협의하여야 한다.

④ 사용자는 제1항에 따라 대통령령으로 정하는 일정한 규모 이상의 인원을 해고하려면 대통령령으로 정하는 바에 따라 노동부장관에게 신고하여야 한다.

⑤ 사용자가 제1항부터 제3항까지의 규정에 따른 요건을 갖추어 근로자를 해고한 경우에는 제23조 제1항에 따른 정당한 이유가 있는 해고를 한 것으로 본다.

남녀고용평등과 일·가정 양립 지원에 관한 법률

제2조 (정의) 이 법에서 사용하는 용어의 뜻은 다음과 같다.

1. "차별"이란 사업주가 근로자에게 성별, 혼인, 가족 안에서의 지위, 임신 또는 출산 등의 사유로 합리적인 이유 없이 채용 또는 근로의 조건을 다르게 하거나 그 밖의 불리한 조치를 하는 경우[사업주가 채용조건이나 근로조건은 동일하게 적용하더라도 그 조건을 충족할 수 있는 남성 또는 여성이 다른 한 성(성)에 비하여 현저히 적고 그에 따라 특정 성에게 불리한 결과를 초래하며 그 조건이 정당한 것임을 증명할 수 없는 경우를 포함한다]를 말한다. 다만, 다음 각 목의 어느 하나에 해당하는 경우는 제외한다.

가. 직무의 성격에 비추어 특정 성이 불가피하게 요구되는 경우

나. 여성 근로자의 임신·출산·수유 등 모성보호를 위한 조치를 하는 경우

다. 그 밖에 이 법 또는 다른 법률에 따라 적극적 고용개선조치를 하

는 경우

제7조 (모집과 채용) ① 사업주는 근로자를 모집하거나 채용할 때 남녀를 차별하여서는 아니 된다.

② 사업주는 여성 근로자를 모집·채용할 때 그 직무의 수행에 필요하지 아니한 용모·키·체중 등의 신체적 조건, 미혼 조건, 그 밖에 노동부령으로 정하는 조건을 제시하거나 요구하여서는 아니 된다.

제11조 (정년·퇴직 및 해고) ① 사업주는 근로자의 정년·퇴직 및 해고에서 남녀를 차별하여서는 아니 된다.

② 사업주는 여성 근로자의 혼인, 임신 또는 출산을 퇴직 사유로 예정하는 근로계약을 체결하여서는 아니 된다.

제30조 (입증책임) 이 법과 관련한 분쟁해결에서 입증책임은 사업주가 부담한다.

국가인권위원회법

제2조 (정의) 이 법에서 사용하는 용어의 정의는 다음과 같다. <개정 2005.7.29, 2005.8.4, 2007.5.17, 2009.2.3>

4. "평등권침해의 차별행위"라 함은 합리적인 이유 없이 성별, 종교, 장애, 나이, 사회적 신분, 출신지역(출생지, 등록기준지, 성년이 되기 전의 주된 거주지역 등을 말한다), 출신국가, 출신민족, 용모 등 신체조건, 기혼·미혼·별거·이혼·사별·재혼·사실혼 등 혼인 여부, 임신 또는 출

산, 가족형태 또는 가족상황, 인종, 피부색, 사상 또는 정치적 의견, 형의
효력이 실효된 전과, 성적(성적) 지향, 학력, 병력(병력) 등을 이유로 한
다음 각 목의 어느 하나에 해당하는 행위를 말한다. 다만, 현존하는 차별
을 해소하기 위하여 특정한 사람(특정한 사람들의 집단을 포함한다. 이하
같다)을 잠정적으로 우대하는 행위와 이를 내용으로 하는 법령의 제·개
정 및 정책의 수립·집행은 평등권침해의 차별행위(이하 "차별행위"라
한다)로 보지 아니한다.

　가. 고용(모집, 채용, 교육, 배치, 승진, 임금 및 임금 외의 금품 지급,
자금의 융자, 정년, 퇴직, 해고 등을 포함한다)과 관련하여 특정한 사람을
우대·배제·구별하거나 불리하게 대우하는 행위

　나. 재화·용역·교통수단·상업시설·토지·주거시설의 공급이나 이
용과 관련하여 특정한 사람을 우대·배제·구별하거나 불리하게 대우하
는 행위

　다. 교육시설이나 직업훈련기관에서의 교육·훈련이나 그 이용과 관련
하여 특정한 사람을 우대·배제·구별하거나 불리하게 대우하는 행위

　라. 성희롱 행위

연구사례 유형별 개요

1. 결혼퇴직 사례

가. D제분사건(1998)

(1) 소송제기의 배경

D제분은 1953년 창립 이래 약 46년간 결혼사실이 밝혀진 후 근무한 여성노동자가 한 명도 없었고, 이 사건 중앙노동위원회 재심판정 당시 (1999년)에도 정식 여성노동자 56명 전원이 미혼이었다. 이 사건당사자도 1998년 결혼을 앞두고 위와 같은 관행에 따라 사직서를 제출하였고, 이후 실업급여를 받기 위해 노동사무소를 방문했다가 "결혼을 이유로 여성노동자를 퇴직시키는 것은 남녀고용평등법에 위반된다"는 사실을 알게 되었다. 이에 사건당사자는 회사측에 "적절한 조치를 취하여 줄 것"을 요구했으나 아무런 조치가 취해지지 않았다[1]. 이에 사건당사자는 서울에 위치한 여성단체의 상담과 지원을 받으며 법적 투쟁을 시작하게 되었다.

---

1) 서울행법 2000.2.15 선고 99구18615 판결.

(2) 법적 쟁점

　D제분사건은 사회적으로 '결혼퇴직'사건으로 알려졌으며, 법적으로는 결혼으로 인한 사직서 제출이 '관행에 의한 것'으로 무효인가 아니면 자발적인 의사에 의한 것으로 유효한가 하는 것이었다. 약 7년 동안 법적 투쟁이 진행되었던 이 사건은 '결혼퇴직관행'과 관련한 서로 배치되는 주장을 두고 법원이 어느 쪽의 증거를 믿었는가에 따라 사실관계인정 및 결론이 달라졌다. 근로자측에서는 D제분에 결혼퇴직관행이 존재했으며, 그로 인해 퇴직의 의사가 없음에도 결혼과 함께 사직서를 제출하게 된 것으로 이는 무효라고 주장했다. 이에 대해 지방노동위원회-중앙노동위원회-행정법원은 D제분에 결혼퇴직관행이 존재했음을 인정해 여성노동자가 승소할 수 있었으나, 고등법원-대법원은 결혼퇴직관행이 있었음을 인정할 만한 증거가 없다며 근로자패소 판결을 내렸다. 최초로 패소한 고등법원의 경우 근로자가 소송비용의 부담 등으로 변호사를 선임하지 않고 소송을 진행했다는 특징이 있다. 고등법원 패소 후 1심 변호인은 이 사건이 '여직원의 결혼퇴직관행이 부당해고에 해당하는지'와 관련한 중요한 선례라고 생각하고, 당사자에게 상고할 것을 권하였고, 당사자의 경제적인 부담을 덜어주기 위해 여성단체와 대한변협에 요청하여 소송비용을 지원받았다. 그러나 결과는 역시 패소 변호인은 대법원 판결에 승복하지 않고 근로자를 설득하여 또다시 '의원면직처분무효확인의 소'을 제기했다. 그러나 근로자패소라는 결과는 바뀌지 않았다. 이러한 민사소송과 별개로 이 사건은 사업주가 근로기준법, 남녀고용평등법 등을 위반한 것을 이유로 노동부에 사건이 접수되었다. 그러나 노동부-검찰은 성차별적 채용과 관련해서는 '결혼퇴직을 조건으로 채용한 것은 남녀고용평등법 위반죄에 해당하나 공소시효가 완성되었다'는 이유로, 해고와 관련해서는 '고의가 아니므로 혐의가 없다'고 결정했다.

(3) 판결요지

"회사 창립 이후 결혼 후에도 계속 근무하였던 여직원은 없었고, 정규
사무직 여직원 56명 전원이 미혼여성이며, 사무직 고졸 여성은 6급 사원
으로 채용(사무직 고졸 남성은 5급 사원으로 채용)하나 일반적으로 승진
의 기회를 부여하지 아니하고 인사고과도 실시하지 아니한 사실만으로는
원고회사에 여직원이 결혼을 하면 퇴직하는 관행이 있음을 추단하기 부
족하며, 이를 전제로 참가인의 사직서 제출이 비진의의사표시에 해당하
여 무효로서 회사가 사직서를 수리한 것은 부당해고에 해당한다는 피고
및 참가인의 주장은 더 나아가 살펴볼 필요 없이 이유 없다"(대법원
2000.12.27 선고, 2000두7797 판결).

(4) 노동조합의 역할

D제분 노동조합은 생산직 (남성)노동자만을 조직대상으로 하였기 때문
에 결혼퇴직의 대상이 되었던 사무직 여성노동자들은 가입대상이 아니었
다. 그럼에도 이 사건이 발생하자 노조위원장은 노동위원회, 법원에 증인
으로 출석하여 회사를 적극적으로 대변했다. 이러한 노동조합의 태도 또
한 여성노동자가 법적 투쟁을 통해 노동권을 회복하는데 장애가 되었다.

(5) 사업장외부조직의 소송지원

이 사건이 발생한 곳은 강원도의 한 지역이었으나 당시 그 지역에는
여성노동자의 법적 투쟁을 지원해줄 만한 적절한 시민단체가 존재하지
않았다. 이 사건을 상담·지원한 여성단체의 활동가는 지역적 기반을 갖
춘 여성단체의 부재로 인해 서울에 위치한 자신들의 단체에서 직접 이
사건을 지원하게 되었으나, 지역적 한계로 인해 이 사건에 대한 사회적

투쟁을 활발하게 전개하기 어려웠다고 밝힌다. 한편, 이 사건의 변호인은 대법원(1차 소송)의 판결이유를 납득할 수 없다고 생각해 2차 소송을 주도적으로 이끌었으나 소송 후반으로 갈수록 관련 여성단체의 적극적인 지원을 받기 어려웠다고 밝힌다.

<부표1> D제분사건 주요 사실관계

시기	주요 사실관계
1998년 11월	사건당사자 결혼퇴직(1991년 9월 입사)
11월	실업급여 청구위해 원주지방노동사무소 방문. 결혼퇴직 위법성 인식
12월	강원지방노동위원회에 부당해고구제신청
1999년 2월	강원지방노동위원회 근로자 승소 결정
5월	중앙노동위원회 근로자 승소 결정
2000년 2월	서울행정법원 근로자 승소 판결
3월	춘천지방검찰청원주지청 근로기준법 위반 '혐의 없음' 결정
8월	서울고등법원 근로자 패소 판결
10월	대한변호사협회, 법률구조 결정
2001년 12월	대법원 근로자 패소 판결
2002년 10월	서울지방법원 근로자 패소 판결(2차 소송)
2003년 11월	서울고등법원 근로자 패소 판결(2차 소송)
2004년 3월	한국여성민우회, 법원에 결혼퇴직부당성 관련 의견서 제출
4월	민주노총, 법원에 결혼퇴직부당성 관련 의견서 제출
4월	대법원 근로자 패소 판결(2차 소송)

2. 명예퇴직 사례

가. N중앙회사건(1999)

(1) 소송제기의 배경

1999년 당시 N중앙회는 인력구조조정의 방법으로 정리해고 대신 명예퇴직을 실시하기로 하고, 그 선정기준의 하나로 '경제적·사회적 충격이 덜 심한 직원'으로 정했다. 그리고 그 예로 고령자와 사내부부를 제시했다. 그 결과 사내부부 762쌍 중에서 752쌍이 명예퇴직을 하게 되었는데, 여성이 687명으로 전체의 91.4%를 차지했다[2]. 이러한 사실은 N중앙회의 전임 노조간부에 의해 외부에 알려지기 시작했고, 한 국회의원과 여성단체에서 이 사건을 성차별적 해고사건으로 문제제기를 하면서 사회적으로 이슈가 되었다. 명예퇴직의 대상으로 '사내부부'를 기준으로 삼고, 그 중 아내직원에게 퇴직을 강요한 것은 명백한 성차별이며, 부당해고라는 것이었다. 이 사건당사자 들은 사회적 문제제기가 시작된 이후 여성단체의 지원을 받아 성차별적 해고를 주장하며 법적 투쟁을 시작했다.

(2) 법적 쟁점

N중앙회 사건은 사회적으로는 '사내부부해고'사건으로 많이 알려졌지만, 법적으로는 '명예퇴직'이 당사자의 진정한 의사에 의한 것으로 유효한가, 아니면 회사의 강요에 의한 것으로 무효인가를 다툰 사건이다. 이 사건에서 근로자측은 N중앙회에서 사내부부인 여성들에 대해서만 사직을 강요해 결국 여성들이 사직서를 제출하게 된 것은 사실상 해고에 해

---

2) 노동부(1999.8), 「여성부당해고 방지 업무처리지침」.

당하며, 또한 성차별로서 무효라고 주장했다. 그러나 법원은 사내부부 여성들이 사직서를 제출한 것은 자발적인 것이므로 사내부부라는 명예퇴직 대상자 선정기준이 성차별에 해당하는가 등은 판단할 이유가 없다고 밝혔다. 즉, 법원은 이 사건은 해고가 아니라 사직에 해당하기 때문에 해고의 부당성(성차별 등)에 대해서는 판단할 이유가 없다고 본 것이다. 이 사건은 결국 지방법원─고등법원─대법원에서 모두 여성노동자가 패소하였다. 한편, 사건당사자들과 여성단체는 위 민사소송과 별도로 N중앙회와 대표이사를 근로기준법 위반죄 등으로 검찰에 고소·고발했으나 역시 처벌되지 않았다. 검찰은 N중앙회가 고소인들을 부당하게 해고했거나 해고에 관하여 여성인 것을 이유로 남성과 차별한 것으로 볼 수 없고, 또한 이에 대한 '고의가 있었다고 보기 어렵다'는 이유로 무혐의처분을 하였다. 이에 대해 사건당사자와 여성단체는 항고, 재항고를 하였으나 모두 기각되었다.

(3) 판결요지

"원고들이 피고의 기망, 협박, 강요로 인하여 어쩔 수 없이 사직원을 제출하였다고 볼 수 없어, 원고들과 피고 사이의 근로계약관계는 원고들이 사직원을 제출하고 피고가 이를 수리함으로써 합의해지에 의하여 종료되었다고 할 것이므로, 이 사건 퇴직이 실질적인 정리해고에 해당함을 전제로 한 원고들의 주장은 받아들일 수 없다고 할 것이다. 원심이 같은 취지에서 원고들의 이 사건 퇴직을 실질적으로 정리해고에 해당하는 것으로 볼 수 없고, 원고들과 피고 사이의 이 사건 근로계약관계가 합의해지로 종료되었다고 판단한 조치는 정당하고, 거기에 실질적 해고나 정리해고의 정당성에 관한 법리오해 및 이유모순 등의 위법이 없다"(대법원 2002.11.8 선고 2002다35379 판결).

(4) 노동조합의 역할

사업장 내에서 구조조정이 진행되던 당시 노동조합은 '사내부부'라는 기준의 부당성에 대해 인식하고 있었으나 여성노동자들에 대한 실질적인 보호조직으로서의 역할은 하지 못했다. 실제 소송과정에서 N중앙회는 '사내부부'라는 기준에 대해서는 노동조합도 동의한 것이라고 주장했고, 이 사건 1심 재판부는 '노동조합과 협의를 거친' 것을 명예퇴직의 정당성을 인정하는 하나의 근거로 제시했다.

(5) 사업장외부조직의 소송지원

이 사건은 다른 사건과 달리 여성단체 등에 의한 사회적인 문제제기가 먼저 시작되었고, 당사자들에 의한 법적 투쟁도 여성단체 등의 주도적인 지원에 힘입어 진행되었다는 특징이 있다. 비록 이 사건은 법적으로는 승리하지 못했지만 '사내부부해고'에 대한 사회적 문제제기는 IMF 당시 여성 우선해고의 커다란 흐름을 막아내고, 이후 유사한 사건이 재발하는 것을 막는 사회적인 효과가 있었다고 평가되고 있다.

<부표2> N중앙회사건 주요 사실관계

시기	주요 사실관계
1999년 1월	N중앙회, 762쌍의 사내부부 중 687명의 여성노동자 해고
3월	국회 환경노동위원회, N중앙회의 성차별적 구조조정에 대한 노동부 대책 요구
5월	노동부 특별감독, N중앙회에 엄중경고
5월	해고당사자 2인과 여성단체, 여성학자 28명이 검찰에 N중앙회 고소·고발
6월	해고당사자 2인, 부당해고무효확인소송
10월	한국여성민우회 '사내부부 해고, 왜 성차별인가' 토론회 개최

11월	한국여성민우회, 이대여성학과 주최로 농협 사내부부 해고 규탄시위
12월	한국여성민우회, N중앙회 사내부부해고 사건을 다룬 다큐멘타리 '평화란 없다' 제작
12월	해고당사자 36명이 2차로 부당해고무효확인소송
2000년 1월	해고당사자 9명이 3차로 부당해고무효확인소송
3월	해고당사자 2인, 한국여성대회에서 여성운동 디딤돌로 선정
3월	N중앙회 사내부부해고자의 복직을 희망하는 서명운동
11월	서울지방법원 근로자 패소 판결
2001년 1월	서울지방검찰청 공소부제기이유고지
2월	서울고등검찰청 항고사건 처리결과 통지(이유없음)
3월	한국여성민우회, 농협 사내부부 여성해고자 원직복직소송 후원의 밤 개최
7월	대검찰청의 재항고사건에 대한 불기소처분 통지
2002년 5월	서울고등법원 근로자 패소 판결
7-8월	N중앙회사건 3심 승소를 위한 대법원 앞 릴레이 1인 시위
11월	대법원 근로자 패소 판결

나. A생명사건(1999)

(1) 소송제기의 배경

1998년 A생명은 명예퇴직을 실시하면서 사실상 사내부부를 그 대상으로 하였고, 그 결과 사내부부 88쌍 중에서 86쌍의 한쪽 배우자가 퇴직했는데, 퇴직자 중에서 84명이 여성이었다. 퇴직하지 않는 나머지 사내부부 여성 2명도 결국 1999년에 퇴직하게 되었다[3]. 이 사건의 경우 사건이 발생한 지 약 1년이 지난 후에 당사자와 직접적인 관계가 전혀 없는 '누군지 모를 제3자'가 대통령비서실에 민원을 제기하고, 이것이 담당부처인 서울지방노동청으로 이첩됨에 따라 근로기준법 위반여부를 조사하게 되면서 법적 문제로 제기되었다. 이 사건을 담당하게 된 노동청은 사건조

---

3) 서울고등법원 2002.2.26. 선고 2001나25018 판결.

사를 위해 당사자들에게 출석통지를 보냈고, 이것은 해고된 지 1년여가 지난 후에 당사자들이 한 자리에 모이게 된 계기가 되었다. 이 사건 조사결과 노동부와 검찰에서 부당해고의 혐의를 인정하고, 이를 계기로 사건당사자들이 사내부부 중 여성에 대한 퇴직강요의 부당성에 대해 보다 적극적으로 문제제기할 움직임을 보이자 A생명은 당사자들에게 '합의제안'을 하였다. 그 결과 당사자 중에서 71명은 고소취하의 조건으로 회사측과 합의를 하였다[4]. 그러나 합의제안을 거절한 사건당사자들은 법원에 '부당해고'를 문제시하며 소송을 제기했다.

(2) 법적 쟁점

A생명사건도 N중앙회사건과 더불어 '사내부부해고'사건으로 언급되는 대표적인 사건이다. 또한 N중앙회사건과 같이 법적으로는 '명예퇴직'이 당사자의 진정한 의사에 기인한 것인가, 아니면 회사의 강요에 의한 것인가를 다툰 사건이다. 이 사건도 1심에서는 법원이 여성노동자들이 강요에 의해 사직서를 제출했다고 볼 수 없다는 이유로 근로자 패소판결을 했지만, N중앙회사건과 달리 2심과 3심에서 '퇴직강요'를 인정받으면서 여성노동자들이 승소했다는 점에서 차이가 있다. 2심과 3심에서 법원이 인정한 사실관계는 1심과 크게 차이가 없지만 사건당사자들에게 중간관리자들이 퇴직을 종용한 행동에 대해 1심 법원은 '권유'로 본 반면, 2심과 3심 법원은 '강요'를 인정하여 서로 다른 결론을 내린 것이다. 이에 대해 여성단체 등에서는 '사내부부해고가 위법한 성차별적 구조조정이었음을 확인시켜 주는 판결'이라며 환영논평을 발표했다. 그러나 엄밀히 말하면 판결문에는 사내부부해고의 위법성에 대한 판단은 전혀 없고, 다만 '퇴직강요'가 있었는가 하는 것만을 판단하고 있다. 법원은 성차별이

---

4) 서울지방법원 2001.4.12. 선고 2000가합38454 판결.

아닌 사직서 제출의 의사표시에 관한 법적 효력을 판단한 것이다. 그러나 이 사건의 경우 사직서가 무효라고 주장한 다른 성차별적 해고사건과는 달리 최종적으로 여성노동자가 승소했다는 특징이 있다. 이후 이 사건당사자 4명은 1998년 해고된 후 약 5년이 지난 2002년 대법원에서 승소하자 복직했으나, 그 후 1년 이내에 모두 '자발적으로' 퇴사를 하게 되었다. 한 사람은 소송 중에 자영업을 시작해서 현실적으로 복직하기가 어려워 곧바로 퇴직하였고, 나머지 세 사람은 복직 후 1년 만에 '진짜' 명예퇴직을 하였다. 해고된 후 약 5년이 지난 후에 승소해 복직을 할 수 있었지만 개인적인 사정이외에도 그동안 바뀐 사업장 환경 등에 대한 적응의 어려움이 근로를 지속하기 어렵게 한 주요이유였던 것으로 보인다.

(3) 판결요지

"피고회사의 중간관리자들이 계속, 반복적으로 행한 퇴직권유 또는 종용행위는 원고들에 대하여 우월적인 지위에 있는 피고회사의 강요행위라고 인식될 것이어서, 사직서를 제출한 대가로 별도의 이득도 얻지 못한 원고들이 1998.8.31자로 퇴직을 원하는 내용의 사직서를 제출함으로써 표명한 사직의사는 피고의 강요에 의하여 어쩔 수 없이 이루어진 것으로서 내심의 효과의사 없는 비진의표시라 할 것이고 따라서 이는 의원면직의 외형만을 갖추고 있을 뿐 실질적으로는 피고회사에 의한 해고에 해당하고, 나아가 원고들을 해고할 만한 정당한 사유가 있고 정당한 징계절차를 밟아 해고하였다거나 근로기준법 제31조에 따른 정리해고의 요건을 갖추었다는 점에 관하여 피고로부터 아무런 주장, 입증이 없으므로 부당해고이다"(대법원 2002.7.26 선고 2002다19292 판결).

(4) 노동조합의 역할

노동조합은 회사가 구조조정을 할 움직임을 보이자 초기에는 사내부부 여성에 대한 우선해고를 규탄한다는 성명서를 발표하기는 했지만 그러한 입장을 표명한 것 외에 다른 특별한 조치는 없었다.

(5) 사업장 외부조직의 소송지원

이 사건당사자들은 유사한 사내부부해고 사건으로 사회적으로 이슈가 되었던 N중앙회사건의 당사자들에 비해 다소 늦게 여성단체의 소송지원을 받기 시작했다. 이 사건을 지원한 여성단체의 활동가에 따르면 회사 측에서 '합의'를 제안했고, 실제 당사자들과 합의조건이 논의되자 자신들은 더 이상 개입하지 않았다고 한다. 이후 합의를 하지 않고 소송을 진행한 이 사건당사자들이 1심에서 패소한 후 보다 적극적으로 소송을 진행해야 할 필요성을 느끼면서 다시 여성단체에 찾아왔고 그것이 계기가 되어 소송지원이 시작되었다.

<부표3> A생명사건 주요 사실관계

시기	주요 사실관계
1998년 8월	J생명, 88쌍의 사내부부 중 86쌍의 노동자(84쌍은 여성) 퇴직 (나머지 2쌍은 1999년 2월에 퇴직)
1999년 6월	J생명이 독일계 보험회사 A생명으로 매각
9월	대통령비서실에 A생명의 부당해고에 대한 민원접수
12월	서울지방노동청의 A생명에 대한 근로기준법 위반여부 조사
12월	A생명 퇴직사원 일부가 대표이사를 근로기준법 위반으로 고발
2000년 1월	서울지방노동청은 A생명 대표이사 사건을 서울지방검찰청에 송치
2월	퇴직자 71명과 고소취하조건으로 합의
6월	서울지방검찰청, A생명 대표이사를 근로기준법위반죄로 약식기소

7월	서울지방법원은 A생명 대표이사에게 벌금 10,000,000원 약식명령
2001년 4월	서울지방법원 근로자 패소 판결
2002년 2월	서울고등법원 근로자 승소 판결
4월	한국여성민우회, 사내부부해고 항소심 판결 평석회
7월	대법원 근로자 승소 판결
7월	A생명, 원고들에게 복직신청 요구

3. 정년퇴직 사례

가. K협의회사건(2001)

(1) 소송제기의 배경

K협의회사건은 직급정년제에 의해 40세에 정년퇴직을 하게 된 여성노동자가 정년퇴직은 무효라고 소송을 제기한 사건이다. K협의회는 행정직 6급은 주로 여성을, 행정직 5급은 주로 남성을 채용하였다. 그리고 1986년 행정직 6급을 폐지하면서 상용직을 개설하였다. 상용직의 경우 사실상 승진이 불가능했고, 상용직의 정년은 1984년 12월 19일 이후 입사자는 만 35세, 그 이후 입사자는 만 40세였다. 이후 K협의회는 1996년 상용직을 폐지하면서 해당 근로자들을 다시 행정직 6급으로 전환했다. 이러한 제도로 인해 사건당사자는 상용직으로 근무하던 1996년경 만 35세에 이르러 정년퇴직될 위기에 처했으나 1996년 상용직이 폐지됨에 따라 계속 근로하였다. 이후 2000년 6월 1일에 6직급에서 5직급으로 승진되었으나, 2001년 12월 31일에 5직급 정년인 40세에 도달하여 정년퇴직하게 되었다[5]. 이 사건당사자는 재직 중에도 K협의회의 위와 같은 제도의 부

---

5) 서울고등법원 2006.1.12. 선고 2004누8851 판결.

당함에 대해서 지속적으로 문제제기했으나 시정되지 않았고, 결국 40세에 정년퇴직을 당하게 되자 홀로 법적 투쟁을 시작했다.

(2) 법적 쟁점

이 사건은 지방노동위원회—중앙노동위원회—행정법원에서 여성노동자가 연달아 패소했다. 행정법원에 따르면 고용비용의 증가와 이에 상응한 생산성 저하, 담당인력의 고령화방지와 신진대사 촉진의 필요성을 고려한다면 K협의회의 직급정년제는 성차별이라고 볼 수 없으며, 따라서 사건당사자의 정년도 부당하지 않다는 것이었다. 그러나 고등법원과 대법원은 이러한 결정을 뒤집고 근로자승소판결을 내렸다. 그 결과 사건당사자는 2001년 12월 해고된 이후 2002년 소송을 시작한 후 약 4년이 지난 2006년 대법원에서 승소하여 2006년 8월에 5급에서 4급으로 승진하여 복직할 수 있었다. 그러나 사건당사자는 복직 후 4개월 만에 또다시 '4급 45세 정년'에 해당하여 정년퇴직되었다. 법원이 근로자승소판결을 하였으나 직급정년제 자체는 성차별이 아니라고 판시하였고, 그로 인해 K협의회는 직급정년제는 그대로 유지했기 때문이다. 이후 사건당사자는 '4급 45세 정년'의 부당성을 문제제기하며 2007년 5월 또다시 소송을 제기하였다('2차 정년퇴직' 사건). 이에 대해 지방법원과 고등법원은 부당해고에 해당한다고 판결했고, 이에 따라 2009년 1월 근로자가 복직됨으로서 사건은 종결되었다.

(3) 판결요지

"참가인으로서는 상용직의 폐지로 인하여 행정직 6직급으로 환원되는 여성근로자들의 직급을 정함에 있어, 근속기간 등을 고려하여 직제규정에 맞는 직급을 부여함으로써 10여 년간 상용직에 묶여 승진의 기회를 박탈당한 행정직 6직급 여성근로자들의 불이익을 제거하였어야 할 터인데, 별다른 조치 없이 상용직 근로자 전원을 그대로 6직급으로 환원함으로써, 종전의 승진에서의 불이익이 제거되지 아니한 채 승진규정 및 직급정년규정을 적용받게 되어 상용직이 폐지되었다 하더라도 행정직 6직급 여성근로자들의 승진에 있어서의 불이익이 여전히 잔존하게 되었다고 판단한 뒤, 직제 개편으로 인한 승진에 있어서 불합리성을 시정하지 아니한 채 참가인의 직급정년제 규정을 일률적으로 적용하게 된다면 행정직 6직급에 있다가 상용직에 편입되어 10여 년간 승진이 제한된 상황에서 다시 행정직 6직급에 재편된 여성근로자의 경우 낮은 직급으로 인하여 조기에 정년이 도래할 것임이 분명하므로 참가인이 이러한 여성근로자들에 대해서까지 조기정년의 직급정년제 규정을 그대로 적용하는 것은 현저하게 합리성을 잃은 조치로서 부당하다"(대법원 2006.7.28 선고, 2006두3476 판결).

(4) 노동조합의 역할

노동조합은 1990년에 설립되었지만 그동안 단체협약을 한 차례도 체결한 적이 없는 형식적인 조직이었다.

(5) 사업장 외부조직의 소송지원

이 사건이 행정법원에서 패소하자 D제분사건에 대한 변호인이기도 했던 이 사건 1심 변호인은 사건당사자에게 여성단체에 이 사건을 상담하고, 지원을 받을 것을 조언했다. 이에 사건당사자는 한국여성민우회를 찾아갔고, 여성민우회는 이 사건이 '승진차별로 인한 조기직급정년의 부당성과 성차별성을 다투는 최초의 소송'[6]이라고 판단해 소송지원을 시작했다. 이

---

6) 한국여성민우회 '정○○ 40세 직급정년사건'에 대한 의견서 2005.3.14.

후 이 사건은 고등법원과 대법원에서는 여성노동자가 승소했다.

<부표4> K협의회사건 주요 사실관계

시기	주요 사실관계
2001년 12월	사건당사자, 여성부 남녀차별개선위원회에 승진차별 시정신청
12월	사건당사자 '5급 40세' 정년퇴직
2002년 4월	서울지방노동위원회, 근로자 패소 판결
9월	서울남부노동사무소, 여성부 기각
10월	중앙지방노동위원회, 근로자 패소 판결
11월	서울지방검찰청 남부지청 근로기준법, 남녀고용평등법 위반 등 무혐의 결정
2004년 4월	서울행정법원, 근로자 패소 판결
7월	산업자원부 K협의회 감사결과 통보(직원정년 운영 불합리)
10월	한국여성민우회, 「정○○ 40세 조기직급정년사건, 왜 성차별인가」 토론회 개최
2005년 3월	한국여성민우회, 고등법원에 의견서 제출
2006년 1월	서울고등법원, 근로자 승소 판결
7월	대법원, 근로자 승소 판결
8월	사건당사자 복직
12월	사건당사자 '4급 45세' 정년퇴직(2차)
2007년 5월	'2차 정년퇴직'에 대한 해고무효확인소송 제기
2008년 5월	서울지방법원, 근로자 승소 판결
12월	서울고등법원, 근로자 승소 판결
2009년 1월	사건당사자 복직

4. 정리해고 사례

가. R전기사건(2004)

(1) 소송제기의 배경

R전기사건은 성차별적 정리해고가 문제된 사건이다. 2004년 R전기와 노조는 전원 여성으로 구성된 '8급 생산직'만을 해고하기로 합의했고, 그 결과 여성근로자 8명이 정리해고되었다. 이에 사건당사자들은 곧바로 노동위원회에 부당해고구제신청을 제기했다.

(2) 법적 쟁점

이 사건 정리해고의 대상이 여성만으로 제한된 것은 궁극적으로 성별 직급분리채용에서 시작된 것이다. R전기는 생산직 채용시 남성은 7급, 여성은 8급으로 분리하여 채용했기 때문이다. 그러나 법적으로는 정리해고의 정당한 요건을 갖추었는가가 쟁점이 되었다. 그중에서 합리적인 정리해고 대상자 선정과 관련해서는 첫째, 7급(남성)과 8급(여성)의 업무가 대체불가능하며, 8급(여성) 생산직의 인력이 남았는가? 둘째, 8급(여성) 생산직 중에서 해고대상자를 선정하는 기준이 정당했는가? 하는 것이었다. 이와 관련해 회사측은 7급(남성)과 8급(여성)이 서로 다른 업무를 수행하고 대체불가능하다고 주장했다. 또한 7급은 인력이 부족하나 8급은 유휴인력이 존재했으므로 8급 생산직만을 정리해고의 대상으로 하고, 그 결과 여성노동자만 해고한 것은 성차별이 아니라고 주장했다. 반면, 해고된 여성노동자들은 7급과 8급 생산직의 업무가 완전하게 구분되는 것이 아니며, '서로 넘나들며' 일을 했다고 주장했다. 노동위원회는 위와 같은 근로자측의 주장을 인정한 것은 아니지만 8급 여성근로자 중에서 해고대상자를 선정하는 방법에 문제가 있다며 결론적으로 해고는 부당하다고 결정했다. 이후 회사측은 지방노동위원회의 결정에 따라 일단 근로자들을 복직시킨 후 중앙노동위원회 재심을 신청했으나 기각되었고, 이후 행정법원에 항소했으나 결국 소를 취하함으로서 중앙노동위원회의 결정이 확정되었다.

(3) 판결요지

"이 사건 해고는 해고대상인 8급 생산직 사원으로서 해고에 반대하는 유인물을 배포한 자들을 감점처리하고, 인사고과 열등자에 대하여 이중으로 불이익한 배점을 한 점 등 해고대상자 선정의 합리성이 결여되어 부당하다고 할 것이다"(중노위 2004.9.22 2004부해235 결정).

(4) 노동조합의 역할

사건초기 R전기의 여성노동자들은 8급 생산직 여성만을 대상으로 정리해고가 실시된다는 사실을 듣고 '여직원모임'을 만들어 여성들이 노사협의의 과정에 참가할 수 있도록 해달라고 노동조합과 회사에 요구했으나 받아들여지지 않았다. 오히려 노동조합은 회사측과 8급 생산직 여성들만을 정리해고하는 것을 합의했고, 법적 분쟁이 시작되자 노동조합 수석부위원장은 노동위원회에 회사측 참고인으로 나와 위 정리해고에 노동조합과의 성실한 협의가 있었다고 증언했다.

(5) 사업장 외부조직의 소송지원

사건당사자들은 8급 여성들만으로 정리해고가 실시되자 '여성해고자모임'을 만들어 적극적인 투쟁을 시작했다. 사건당사자들은 해고 직후 회사 앞에서 농성 등 사회적 투쟁을 전개함과 동시에 지역의 여성단체, 시민단체 등에 지원을 요청해 도움을 받을 수 있었다. 이 사건은 3·8여성대회를 앞두고 여성단체에서 언론사에 보도자료를 배포하면서 전국적으로 알려지기 시작했다. 즉, 보도자료를 본 언론사들이 R전기사건에 대해 취재요청을 하기 시작했고, 당사자들이 취재에 적극적으로 응함으로서 당시 대표적인 '여성문제'로 알려지게 되었다. 이 사건은 법적으로 정리해고사건에 해당하기 때문에 정리해고의 요건을 갖추었는가가 법적 쟁점이 되었으나, 사회적으로는 육아휴직을 사용한 여성들이 불이익을 받은 대표적인 '여성노동의 문제'로 재정의되면서 사건의 실질적인 해결을 이끌었다. 즉, 회사측이 지방노동위원회의 결정에 따라 여성노동자들을 복직시킨 점, 아무런 조건 없이 행정소송을 취하함으로서 법적 투쟁을 종결시킨 점은 매우 이례적인 현상인데, 이는 무엇보다 해고된 여성노동자들의 자발적인 조직화와 높은 문제해결의지, 여성단체 등 지역사회의 지원, 언론을 통한 사회적 이슈화의 힘에서 기인한 것이라고 판단된다.

<부표5> R전기사건 주요 사실관계

시기	주요 사실관계
2003년 11월	(초) R전기, 정리해고에 대한 노동조합에 협의 요구 (21일) 노사협의회에서 여직원만으로 구성된 8급사원 정리해고 계획 (22일) 8급사원 53명 중에서 40명이 참석하여 여성조합원모임 구성. 여성조합원의 노사협의회 참여요구
12월	(15일) R전기와 노동조합은 8급 여사원 8명 정리해고 합의
2004년 1월	(10일) 여성노동자 8명 정리해고 통보 (13일) 부당노동행위 및 부당해고구제신청(전남지방노동위원회) (13일) 한국노총 금속연맹의장과 단사 위원장 간담회 (14일) 광주여성노동자회 방문상담 (15일) 한국노총 임시 총회(서울 용산구 시민회관) 선전전

	(16일) 노동실업광주센터 방문, 노동부 진정서 제출(초과연장근로)
	(17일) 해고자복직투쟁위원회 투쟁선포식
	(17일부터) 콘테이너 철야 농성 돌입
	(21-25일) 설연휴 대시민 선전전(터미널, 망월동, 시내 등)
	(27일) R전기 서울 본사 항의 방문 및 사장 면담
	(29일) 북구 정당(민주노동당, 열린우리당, 민주당) 방문
	매일 아침 회사 정문 집회투쟁(아침 7시 40분-8시 20분)
	매주 수요일 본촌공단 코카콜라 사거리 아침 선전전(아침 8시-8시 30분)
2월	(6일) 여성농민회, 여성민우회, 여성의전화 방문
	(8일) KBS2 '생방송 TV저널'에 해고자 문제 방영
	(11일) 한국노총 금속연맹 대의원대회 참가
	(13일부터) 노동청 앞 점심 선전전
	(16일) 광주지역 여성단체연합 성명서 발표 및 여성단체 R전기 앞 집회
	(17일) 부당해고 철회를 위한 광주시민대책위 결성 기자회견 및 노동청장 면담
	(21일) R전기 부당해고 철회를 위한 노동자대회
3월	(7일) MBC 시사매거진 2580 방송 : 아이 맡길 곳이 없다
	(12일) 'R전기 부당해고를 바라보는 전국 14개 민간단체 고용평등상담실 의견서' 전남지방노동위원회에 제출
	(13일) KBS 한국사회를 말한다 방송
	(17일) 여성노동자회와 여성단체연합 지노위원장 면담, 심문회의 참관
	(24일) 전남지방노동위원회 근로자 부당해고 승소 결정(부당노동행위는 기각)
4월	(6일) R전기 해고자에 대한 "복직명령"
	(19일) 광주여노 '고용평등상담실' 광주지방노동청에 R전기 고평법 위반사항 특별감독 요구
5월	(18일) 광주지방노동청, 사업장 지도점검결과 회신(고평법 위반사항 없음, 초과근로 위반 시정지시)
9월	(22일) 중앙노동위원회 근로자 승소 결정
	(28일) EBS 똘레랑스 방송
12월	회사측 행정소송 취하로 사건종결

나. I신문사사건(2005)

(1) 소송제기의 배경

2005년 I신문사는 편집국 기자 69명 중에서 23명을 경영상 이유로 해고

했는데, 그 결과 편집국에 소속된 여성기자 6명이 전원 해고되었다. 이에 사건당사자들은 사업장내 노동조합의 지원을 받으며 소송을 시작했다.

(2) 법적 쟁점

I신문사사건도 성차별적 정리해고가 문제된 사건이다. 따라서 법적으로는 정리해고의 정당한 요건을 충족하였는가가 쟁점이 되었는데, 그중에서 성차별과 관련해서는 합리적이고 공정한 해고대상자를 선정하였는가가 문제가 되었다. I신문사는 업무실적 10%, 업무태도 10%, 상벌 20%, 배우자직업유무 20%, 부양가족수 20%, 입사역순 20%를 기준으로 정리해고 대상자를 선정했는데, 이러한 '중립적 기준'으로 인해 결과적으로 편집국의 여성기자 전원이 해고되었기 때문이다. 특히 문제가 된 '중립적 기준'의 핵심은 '배우자의 직업유무'와 '부양가족수'이다. 배우자의 직업이 있을 경우, 부양가족수가 적을 경우 낮은 점수를 받게 되는 기준이 여기자가 전원 해고되는데 결정적인 영향을 미쳤기 때문이다. 이 사건은 정리해고 대상자를 결정하는데 있어서 배우자직업유무와 부양가족수와 같은 '중립적 기준'을 사용했으나 결과적으로 여성이 불이익을 받게 된 것으로 만약 이러한 기준을 법원에서 정당한 것으로 인정하는 것은 사실상 '맞벌이 여성'에 대한 해고를 정당화하는 것에 해당한다. 앞으로 정리해고는 이런 식의 '중립적 기준'을 사용해 이루어질 것으로 보여지는데 이 사건은 유사사건에 대한 선례로서 중요한 역할을 할 것으로 보인다. 이 사건은 노동위원회와 법원에서 모두 근로자가 패소하였다.

(3) 판결요지

"해고대상자 선정기준에 있어서 근로자의 부양의무의 유무, 재산, 건강상태, 재취업 가능성 등 근로자 각자의 주관적인 사정과 사용자의 이익 측면을 적절히 조화시켜야 하는 바, 참가인이 최종적으로 업무실적(10점), 업무태도(10점) 등 주관적 요소에 대하여는 합계 20점만을 부여하고, 상벌(20점), 배우자 직업유무(20점), 부양가족수(20점), 입사역순(20점) 등 객관적 요소에 대하여 합계 80점을 부여한 평가기준을 채택한 것을 2005.5.4.자 평가기준보다 객관적 요소의 비율이 증가하여 합리적인 것으로 볼 수 있는 점 <중략> 등에 비추어 보면, 이 사건 해고시 참가인이 적용한 해고기준은 합리적이고 공정한 기준이라고 봄이 상당하다"(서울행정법원 2007. 11. 22. 선고, 2006구합27281 판결)[7].

(4) 노동조합의 역할

이 사건은 연구사례 중에서 유일하게 사업장내 노동조합의 지원을 받은 것으로 나타나는데 이는 이 사건 정리해고의 대상이 여성만으로 국한된 것이 아니라는 사실과 연결된다. 이 사건당사자들은 정리해고 전후 I신문사 노동조합과 함께 '정리해고 자체의 부당성'을 주장하며 파업에 돌입했다. 그러나 이후 노동조합은 임금교섭 등 단체협약이 타결되자 이 사건과 관련한 특별한 성과 없이 파업을 철회했고, 정리해고의 문제는 소송으로 남겨졌다.

(5) 사업장 외부조직의 소송지원

이 사건당사자들은 정리해고통보를 받은 직후 여기자협회, 한국여성민우회 등에 상담을 하였고, 이들 여성단체와 함께 해고 직후 국가인권위원회에 정리해고가 성차별에 해당한다는 진정서를 제출했다. 그러나 사건당사자들은 노동위원회에 부당해고구제신청을 제기하면서 성차별을 주장한 국가인권위원회의 진정은 취소했다. 사건 초기에는 이 사건이 내포

---

7) 이 사건 고등법원과 대법원에서는 위와 같은 행정법원의 판결을 그대로 인용하였다.

한 성차별적 성격을 강조하는 듯 했으나 시간이 지날수록 성차별은 쟁점
으로 부각되지 않았다.

<부표6> I신문사사건 주요 사실관계

시기	주요 사실관계
2005년 6월	(16일) I신문사 정리해고예고통보 (17일) 한국여성민우회 상담 (21일) 임금교섭결렬 등으로 노동조합 파업돌입(정리해고철회요구) (23일) 국가인권위원회 성차별로 진정접수(이후 취하)
7월	(2일) 한국기자협회 주최 '2005 여기자 세미나'에서 해고에 항의하는 '서귀포 선언' (18일) 23인에 대해 정리해고
11월	(4일) 서울지방노동위원회 4인 부당해고 인정, 나머지는 기각
2006년 6월	중앙노동위원회 기각 결정
7월	행정소송
2007년 11월	서울행정법원 근로자 패소 판결
2008년 9월	서울고등법원 근로자 패소 판결
12월	대법원 근로자 패소 판결 : 심리불속행

5. 계약직해고 사례

가. W은행사건(2004)

(1) 소송제기의 배경

W은행사건은 특정 직무를 계약직으로 여성만 채용하고, 이들 여성노
동자를 계약기간만료를 이유로 '해고'할 경우 이것이 법적으로 문제될
때에는 어떤 방식으로 전개되는가를 보여주는 대표적인 사건이다. W은
행은 2002년 공과금서비스 전담 계약직 120명을 '여성'만으로 채용했다.

이들 계약직 여성들은 3개월마다 계약을 연장하는 방식으로 일하다가 2004년 3월 계약해지 통보를 받았다.

(2) 법적 쟁점

이에 사건당사자들은 노동위원회에 부당해고구제신청을 하는 것으로 법적 문제제기를 시작했다. W은행사건은 금융권에서 특정 직무를 분리해 여성노동자를 계약직으로 채용하는 대표적인 고용형태를 이용한 성차별의 한 유형이라고 볼 수 있다. 그러나 이 사건의 법적 쟁점은 이들에 대한 '계약기간만료'가 해고에 해당하는가 하는 것이었는데, 이는 계약직 해고 사건의 경우 법적으로 성차별 여부를 다룰 수 있는 구조가 아니기 때문이다. 사건당사자 중에서 24명이 법적 투쟁을 시작하여 노동위원회에서 근로자가 승소했으나, 행정법원, 고등법원, 대법원에서는 근로자가 모두 패소하였다.

(3) 판결요지

"근로계약이 수회 반복하여 갱신된 사정을 감안한다 하더라도, 원고와 참가인들 사이의 근로계약기간에 관한 약정은 당사자 사이의 기간제 근로에 관한 의사합치에 의해 이루어졌다고 봄이 상당하므로 그 근로계약기간의 정함이 단지 형식에 불과하여 참가인들이 사실상 기간의 정함이 없는 근로자의 지위에 있다고 보기는 어렵다. 그러나 참가인들로서는 근로계약기간이 만료된 후에도 계속 근로관계가 유지될 것으로 기대할 만한 사정이 있었다고 볼 수 있다. 그러나 원고 은행이 참가인들에 대하여 근로계약의 갱신을 거절한 것은 사회통념상 상당하다고 인정되는 합리적인 이유가 있다고 보여진다"(서울고법 2007.4.19 선고 2006누6446 판결).

(4) 노동조합의 역할

이 사건당사자들은 자신들이 해고될 것이라는 사실을 접하고 W은행 정규직 노조에 도움을 요청하였으나 노동조합에서는 (비정규직이라) 조합원이 아니기 때문에 도움을 줄 수 없다고 하였다.

(5) 사업장 외부조직의 소송지원

이에 사건당사자들은 상급단위 노조인 전국금융산업노동조합에 찾아가 비정규지부에 조합원으로 가입하였다. 그리고 금융노조 비정규지부 조합원의 지위를 유지하면서, 한편으로 전국불안정고용철폐연대 등의 지원을 받아 법적 투쟁을 진행했다. 이 사건의 경우 대부분 여성단체의 지원을 받았던 다른 사건과는 달리 노동단체의 지원을 받았다는 특징이 있다.

<부표7> W은행사건 주요 사실관계

시기	주요 사실관계
2004년 2월	(5일) 해고(계약해지) 예고
3월	(5일-9일) 전국금융산업노동조합비정규지부에 가입 계약직 여성근로자에 대한 계약해지 통보
4월	서울지방노동위원회 부당해고구제신청 제기 W은행 사무행원 부당해고 규탄대회 등 사회적 투쟁 시작 (30일) W은행 여성비정규직 부당해고 철회 30일차 투쟁결의대회
8월	서울지방노동위원회 근로자 승소 결정
2005년 5월	중앙노동위원회 근로자 승소 결정
2006년 1월	서울행정법원 근로자 패소 판결
2007년 4월	서울고등법원 근로자 패소 판결
7월	대법원 근로자 패소 판결

나. S대학사건(2005)

(1) 소송제기의 배경

S대학사건도 W은행사건과 같이 여성다수직무를 계약직화하고, 이들 여성노동자를 계약기간만료를 이유로 '해고'한 사건이다. 사건당사자는 2000년 S대학에 임시계약직으로 입사하여 약 5년 동안 근무했으나, 2005년 계약만료로 인한 근로계약종료 통보를 받았다. 한 여성단체의 회원으로 활동하고 있는 사건당사자는 여성을 비정규직으로 채용하는 방식으로 이루어지는 성차별에 대한 평소의 문제인식과 평소 친분이 있던 여성단체활동가들의 지지에 힘입어 노동위원회에 부당해고구제신청을 제기했다.

(2) 법적 쟁점

이 사건에서 법적 쟁점은 "당사자 간 근로계약서에 정한 근로계약기간이 형식에 불과하여 이 사건 근로자에게 계속 근로의 기대감이 형성되어 사실상 기간의 정함이 없는 근로자가 되었는지 여부"였다. 사건S의 경우 많은 대학들에서 '사무보조'라는 직무로 대다수의 여성노동자를 계약직으로 채용하는 고용형태를 이용한 성차별의 한 유형이지만, 법적으로 성차별 여부는 사실상 주장되거나, 판단될 구조가 아닌 것이다. 이 사건은 지방노동위원회, 중앙노동위원회, 서울지방법원에서 모두 근로자가 패소했고, 근로자가 항소를 포기함으로서 법적으로 종결되었다.

(3) 판결요지

"이 사건 임용계약관계는 약정한 계약기간이 만료됨으로서 유효하게 종료되었다 할 것이고, 피고가 임용계약기간만료에 즈음하여 원고에게

임용계약의 만료통보를 하였다 하더라도 이를 들어 고용관계를 일방적으
로 종료시키는 해고라고 할 수는 없다 할 것이므로, 원고의 나머지 주장
에 관하여 살펴볼 필요 없이 원고의 위 주장은 이유 없다"(서울지법
2007.5.9. 선고, 2006가합10972 판결).

(4) 노동조합의 역할

계약직이었던 사건당사자는 노동조합의 조합원이 아니었다. 이 사건
소송지원활동가는 S대학의 노동조합이 평소에도 노동조합의 활동을 활발
하게 하는 곳이 아니었기 때문에 이 사건에 대한 지원을 요청할 수 없었
다고 밝혔다.

(5) 사업장 외부조직의 소송지원

이 사건을 지원했던 여성단체는 "지금의 노동시장에서 형식적인 고용
형태로 인해 고용불안정과 차별을 겪고 있는 많은 여성비정규직 노동자
의 문제를 압축적으로 보여주고 있는 대표적인 사례"라고 보고 사건을
지원했다. 이 사건은 사건당사자가 여성단체의 회원이라는 점, 여성단체
의 지원이 사회적 이슈화보다는 사건당사자의 권리회복을 중심으로 진행
되었다는 특징이 있다.

<부표8> S대학사건 주요 사실관계

시기	주요 사실관계
2005년 10월	계약만료통보(2000.10월부터 4년간 계약직근무)
11월	서울지방노동위원회 부당해고구제신청
2006년 2월	서울지방노동위원회 근로자 패소 결정
9월	중앙노동위원회 근로자 패소 결정
10월	한국여성민우회 외 7개 여성노동단체 S대학에 의견서 전달

	한국여성민우회 지원으로 1인 피켓 시위
2007년 5월	서울지방법원 근로자 패소 판결 한국여성민우회 1심 판결에 대한 규탄 성명서 발표 (근로자 항소 포기로 사건종결)

6. 외주용역 사례

가. H호텔사건(2004)

(1) 소송제기의 배경

H호텔은 정규직 룸메이드 여성노동자들에게 H호텔에서 명예퇴직한 후 용역업체소속으로 전환할 것을 요구했다. 그 결과 2001년 말 룸메이드 여성노동자들은 H호텔에서 퇴직한 후 H서비스팀이라는 용역업체 소속으로 전환되었다. 호텔 룸메이드 업무가 이른바 '아웃소싱' 됨에 따라 이 업무를 수행하던 근로자들이 용역업체로 외주화 된 것이다. 이후 H호텔은 용역회사를 교체하는 방법으로 사건당사자들을 해고하였다.

(2) 법적 쟁점

2007년 7월 1심 법원은 H호텔이 H서비스팀이라는 업체를 통하여 서비스도급을 받는 형식을 취했지만 H서비스팀은 독립된 사업체라기보다는 H호텔의 노무대행기관으로 보인다며, 사건당사자들과 H호텔 사이에는 '묵시적 근로계약관계'가 성립되어 있다는 것을 인정했다. 이른바 '위장도급'을 인정한 것이다. 이러한 1심 판결에 대해 H호텔에서 항소를 제기하여 2009년 7월 현재까지 2심이 진행 중이다. H호텔사건은 최근 급속도로 확산되고 있는 외주용역화로 인해 간접고용 된 여성노동자들이 법적으로 해고를 다툴 때 어떤 방식으로 전개되는가를 보여주는 대표적인 사례이다.

(3) 판결요지

"이 사건 업무도급계약은 진정한 의미의 도급이 아닌 '위장도급'에 해당하고, 피고는 인력관리의 효율화를 위하여 그와 같은 '위장도급'의 형식을 빌어 이○○ 내지 이 사건 서비스팀 업체를 노무대행기관으로 이용한 것에 불과하며, 실질적으로 피고와 원고들 사이에는 묵시적 근로계약관계가 성립하여 유효하게 존재한다"(서울지방법원 2007.7.30 선고 2004가합96700 판결).

(4) 노동조합의 역할

이 사건 노동조합은 2001년 회사측과 룸메이드 등 주로 여성노동자들에 대한 명예퇴직 및 외주화에 대해 합의했다[8].

(5) 사업장 외부조직의 소송지원

H호텔의 룸메이드 여성노동자들은 용역으로 전환된 후 자신들이 처한 현실을 깨닫고 문제를 해결하기 위해 다양한 방법을 모색하던 중 2002년 6월 여성노조에 가입했다. 이후 사건당사자들은 2005년에는 여성노조를 탈퇴하고 민주노총 서비스연맹에 가입한 후 해고투쟁을 지속하였다.

---

8) H호텔 노사가 2001.9.13. 합의한 '임금협상 합의 의정서'

<부표9> H호텔사건 주요 사실관계

시기	주요 사실관계
2001년 12월	H호텔에서 명예퇴직 후 용역업체 소속으로 전환
2002년 6월	전국여성노동조합 가입
2004년 5월	노동부, 불법파견 인정 시정지시
11월	서울지방법원에 임금체불(추후 근로자지위확인 추가) 소송제기
2005년 5월	전국여성노동조합 탈퇴 검찰, 불법파견에 대해 무혐의 결정
12월	계약해지(해고) H호텔 앞에서 집회 등 사회적 투쟁(2007.9 현재까지 지속)
2007년 7월	서울지방법원 H호텔과 사건당사자들의 '묵시적 근로계약관계' 인정 (위장도급 인정)
2009년 7월	고등법원 계류 중

나. L호텔사건(2006)

(1) 소송제기의 배경

L호텔사건도 H호텔사건과 유사하게 외주용역화 된 여성노동자들이 어떤 법적 현실에 놓여있는가를 보여주는 사례이다. 대부분 40-50대 여성으로 구성된 L호텔 룸메이드 여성노동자들은 1988년부터 L호텔과 직접 근로계약을 맺고 근무해왔다. 그러나 2001년 9월 L호텔은 객실 룸메이드 업무를 ⓐ용역회사에 도급을 주었고, 기존에 룸메이드 업무를 수행하던 여성노동자들을 ⓐ용역회사로 전적시켰다. 이 과정에서 L호텔은 여성노동자들에게 사직서를 받고, 일종의 퇴직위로금을 지급하였다. 2년 후인 2003년 9월에는 용역회사가 바뀌어 새로운 ⓑ용역회사가 L호텔의 룸메이드 업무를 도급받았고 기존의 여성노동자들은 별도의 채용과정 없이 고용이 승계되었다. 그러나 ⓑ용역회사에 소속되어 일하던 중 여성노동자들의 근로조건은 점점 더 열악해져 갔고, 이에 여성노동자들은 2005년 8

월 전국여성노조를 찾아가 상담을 하였다. 그리고 곧바로 전국여성노동조합의 조합원으로 가입하여 L호텔분회를 결성했다. 이후 2006년 11월 L호텔은 도급회사를 ⓑ용역회사에서 본관은 ⓒ용역회사, 신관은 ⓓ용역회사로 분리해서 교체했다. 이 과정에서 ⓒ용역회사와 ⓓ용역회사는 기존 140여 명의 룸메이드들에게 채용면접을 볼 것을 요구했고, 주로 노동조합 간부들을 중심으로 총 11명의 채용을 거부했다.

(2) 법적 쟁점

이 사건에서 근로자측은 L호텔이 룸메이드 업무를 도급준 것으로 가장하고 있으나, 이것은 법적으로 불법파견(위장도급)에 해당하며 따라서 사건당사자들은 파견회사에서 2년이 경과한 시점부터 L호텔에 직접 고용된 것으로 봐야 한다고 주장했다. 사건당사자들은 복직을 위해 소위 말하는 불법파견을 인정받기 위한 법정싸움을 했던 것이다. 이 사건의 법적 분쟁과정에서 여성노동자들은 성차별을 주장하지는 않으나, 사회적으로는 이 사건 해고가 '여성노동문제'에 해당한다고 주장한 바 있다[9]. 이 사건은 사업주가 업무도급의 형태로 여성직무를 외주화할 경우 성차별을 금지하는 법은 실제로 적용될 여지가 없다는 것을 보여주는 대표적인 사례이다. 결국 이 사건은 1심 소송 중 당사자 간의 합의에 의해 종결되었다.

(3) 판결요지

"이 사건당사자들이 L호텔에 고용의제 되었다거나 L호텔이 ⓑ용역회사와 용역계약을 종료한 것이 부당노동행위에 해당한다고 볼 수 없다. 또한 ⓒ용역회사, ⓓ용역회사는 L호텔과 독립된 사용자로서 자체적인 경영상의 판단에 따라 근로자의 채용여부를 결정할 수 있다고 할 것이므

---

9) 우먼타임스, 2006.11.28. "L호텔 룸메이드 용역직 16명 해고"

로, ⓒ용역회사와 ⓓ용역회사의 이 사건당사자들에 대한 채용이 실질적
으로 L호텔에 의해 결정되었다는 점이 달리 입증되지 않는 한, ⓒ용역회
사와 ⓓ용역회사가 이 사건근로자들에 대하여 채용거부한 것을 부당노동
행위라고 할 수 없다"(지노위 2007.1.26 선고).

(4) 노동조합의 역할

외주용역 여성노동자인 이 사건 당사자들은 L호텔 노동조합의 지원3
을 받지 못했다.

(5) 사업장외부조직의 소송지원

이 사건당사자들은 외주화된 후 근로조건이 열악해지자 전국여성노조
를 찾아가 상담을 하였고 곧바로 전국여성노조의 조합원으로 가입해 L호
텔분회를 결성하였다. 이 사건 L호텔은 2007년 99주년 3·8 세계여성의
날에 여성단체연합에 의해 여성운동의 '걸림돌'로 선정되었다.

<부표10> L호텔사건 주요 사실관계

시기	주요 사실관계
2001년 8월	룸메이드를 용역으로 전환 L호텔은 ⓐ용역회사와 용역계약 체결
2003년 9월	L호텔은 ⓑ용역회사와 용역계약 체결
2005년 8월	(2일) 전국여성노조에 방문상담 (9일) L호텔 룸메이드 노조 결성(전국여성노조)
2006년 4월	서울지방노동청 룸메이드 불법파견여부에 대한 직권조사
5월	서울지방노동청 도급인정(몇 가지 사항만 시정권고)
11월	(14일) L호텔과 ⓑ용역회사의 용역계약 종료 본관—ⓒ용역회사, 신관—ⓓ용역회사와 용역계약 체결 (16일) 해고(ⓒ, ⓓ 용역회사에서 8명에 대한 채용거부) (21일) L호텔 앞 1인 시위 시작(이후 4개월간 매일 1인 시위 진행)

12월	(6일) 서울지방노동위원회 부당노동행위 구제신청
2007년 1월	(11일) 해고자 전원 복직을 위한 호텔 앞 집회 (26일) 서울지방노동위원회 부당노동행위 구제신청 각하
2월	(1일) 해고무효확인소송
3월	(4일) 3·8 세계여성의 날 L호텔 여성권익향상 걸림돌 선정 (6일) 1차 문화의 밤 진행 (14일) 2차 문화의 밤 진행 (20일) 삼보일배 소복집회 진행 (27일) 3차 문화의 밤 진행
4월	(2일) 4차 문화의 밤 진행
5월	(29일) 토론회(호텔룸메이드 투쟁사례로 본 여성노동의 실태와 대안). 주최 : 서울여성노동자회/전국여성노동조합서울지부
6월	(14일) L호텔룸메이드해고자 복직을 위한 일일주점. 주최 : 전국여성노동조합 (19일) 중앙노동위원회 초심유지 결정
12월	양당사자 간의 합의로 인한 소송 종결

■찾아보기